탈석탄의 법정책학:
삼부의 권한배분과 전환적 에너지법에 대한 법적 함의

탈석탄의 법정책학:

삼부의 권한배분과 전환적 에너지법에 대한 법적 함의

박 진 영 지음

경인문화사

책을 내면서

다양한 사회적 그리고 개인적 문제에 대해 고민하면서도 '기후위기'는 저의 삶을 가로지르는 키워드로 자리매김하였습니다. 지구온난화를 진지하게 마주하던 초등학생 시절을 떠올리면, 그것이 언제부터였는지 다시 한 번 생각에 잠기게 됩니다. 이후 학부와 대학원 과정을 통하여 환경·에너지 문제에 흠뻑 빠져들었고, 나름의 지식과 관점을 갖추게 되었습니다. 그러나 고민이 깊어질수록 스스로가 진정으로 부족했던 부분은 환경이나 에너지에 관한 지식이 아니라, '법'에 관한 탐구였음을 깨닫게 되었습니다. 즉 '법이란 무엇인가'에 대한 나름의 정립된 관점이 부재한 채로는 스스로가 고민하는 문제를 다양한 분야와 연결시키면서 그 해결책을 도출하기 어렵다고 생각했기 때문입니다. 본 박사학위 논문은 이와 같은 문제의식 속에서 출발하였습니다.

연구자로서 자신의 노력이 결실을 맺는 일은 참으로 기쁜 일입니다. 모든 결과물에 나름의 애정을 쏟지만, 박사학위 논문은 더욱 그러합니다. 본서는 2018년 9월 입학한 후, 4년 뒤인 2022년 8월에 발표한 저의 박사학위 논문인 '기후위기 시대의 전환적 에너지법에 관한 연구―주인-대리인 이론을 통한 탈석탄 문제의 해결과 함의'를 수정 및 보완한 것입니다.

본서가 구체화되기까지 많은 분들이 응원과 격려를 아끼지 않아주셨습니다. 무엇보다 지도교수님이신 조홍식 선생님은 법학이라는 거대한 학문적 세상으로 나아갈 수 있도록 이끌어주셨습니다. 만약 제가 법학이라는 학문에 대해 조금이라도 이해하고 있다면, 그 모든 것은 조홍식 선생님으로부터의 학은(學恩)입니다.

그리고 항상 따뜻한 격려와 날카로운 통찰을 통해 배움의 즐거움을 가르쳐주신 허성욱 교수님, 다양한 기회와 경험을 아낌없이 제공해주셨던 이재협 교수님, 학자로서의 진지한 태도를 보여주시며 후배에게 진심 어린 조언을 해주신 김홍균 교수님, 에너지법에 대한 열정과 중요성을 알려주신 이종영 교수님. 모든 분들의 지도편달이 없었더라면 본 글은 결코 탄생할 수 없었을 것입니다. 또한 환경·에너지법정책법센터의 이경호 선배와 조아영 선배는 치열한 학문의 세계에서 동료애를 느끼게 해준 둘도 없는 학우(學友)입니다.

그리고 부족한 저의 학위논문을 출판할 수 있도록 지원해준 서울대학교 법학연구소와 경인문화사에 대한 감사의 마음을 전합니다. 마지막으로, 본서가 기후위기를 향한 진지한 고민에 대한 약간의 실마리가 되리라는 기대와 함께 맺도록 하겠습니다.

세종시에서
저자 박진영

서 문

우리는 기후위기의 시대에 살고 있다. 지구의 평균 온도는 거침없이 상승하고 있고, 그로 인한 물리적, 생태적, 그리고 사회적 영향이 세계 곳곳에서 나타나고 있다. 이러한 위협으로부터 벗어나기 위해 인류는 그 상승폭을 1.5°C 이내로 저지하는 도전적인 과제를 도출하였다. 동일한 배경에서 우리 정부 또한 2050년에는 실질적 탄소중립에 도달할 것을 선언하였고 이를 뒷받침하기 위한 법률-「기후위기 대응을 위한 탄소중립·녹색성장 기본법」-을 마련하였다. 탄소중립 목표를 달성하기 위한 무수한 과제 중에서도, 2018년 기준 총 온실가스 배출량의 약 86%를 차지하는 에너지 부문에 대한 개혁이 시급한 문제로 부상하고 있다.

그럼에도 불구하고, 에너지 문제는 특유의 가치 의존성으로 인해 하나의 유일한 정답이 존재하지 않는 영역일 뿐더러 설사 합치된 목표가 제시되었다 하더라도 그 이익의 분산적 특성으로 인해 사회 성원의 집합적 행동을 이끌어내기 어렵다는 특징을 가진다. 나아가서, 에너지 영역을 하나의 시스템으로 바라본다면 그 속에 존재하는 무수한 인적·물적 요소들이 끊임없이 상호작용하여 강력한 경로의존성을 생성하는 까닭에, 외부적 요인에 기민하고 자발적으로 반응하지 못한다. 이것이 바로 에너지 문제에 대한 법률에 의한 개입이 요구되는 배경이자 **에너지법**이 부상하는 동력이기도 하다. 다만, 여기에 관한 국내의 논의 대부분이 개별 에너지원의 규제와 진흥 그리고 관련 기술의 개발 등에 그치고 있다. 이러한 경향은 자칫 오늘날 에너지법이 마주한 **전환적 여건**에 관한 논의를 가로막는 결과를 초래할 수 있음을 경계해야 한다.

여기서 언급하는 에너지법의 **전환적 여건**은 크게 두 가지로 대별해 볼 수 있다. 하나는 **에너지 수급체제의 전환**을 지칭한다. 화석연료는 근대 문명의 끝없는 발전을 지탱하였고, 그로 인하여 인간의 활동영역과 수준은 상상할 수 없을 만큼 확장하였다. 이러한 쾌락은 결코 멈추지 않을 것이라 여겨졌다. 그러나 기후 시스템의 변화와 그로 인한 직·간접적 영향은 우리의 생각이 틀렸음을 너무나 쉽게 증명해 주었다. 즉 인류가 의존한 화석연료 중심의 에너지 체제는 후회스러울 정도로 파괴적이고 자멸적인 결과를 초래하였고, 우리는 여기로부터 벗어나야 하는 상황에 내몰리게 되었다. 이것이 첫 번째 전환적 요청이다.

이러한 경향은 석탄화력발전소의 사례를 통해 여실히 나타나고 있다. 구체적으로 말하자면, 2050년 탄소중립과 함께 천명된 탈석탄을 구현하기 위해선 현재 건설 또는 가동 중에 있는 민간 석탄화력발전소의 취급을 고민해야 한다. 다만, 여기에는 무수한 법적 쟁점이 자리하고 있으며 탈석탄을 내용으로 하는 두 개의 입법안-「에너지전환지원에 관한 법률안」과 「전기사업법 일부개정에 관한 법률안」-이 논란을 더욱 증폭시키고 있다. 그 속에는 민간 사업자의 재산권, 매몰비용, 관련 산업 종사자들의 일자리 문제, 지역 경제 등의 비용과 함께, 미세먼지와 기후위기 대응이라는 사회적 혜택이라는 가치가 공존하기 때문이다. 즉 탈석탄 문제는 **가치의 다발**로서의 성격을 가진다. 이러한 문제적 상황은 법률을 통한 조정을 요청하지만, 해당 사안의 가치 의존적이고 동시에 가치 다원적 특성은 오히려 법적 매듭지음을 어렵게 만드는 아이러니에 빠지게 된다. 즉 법률의 제·개정을 통해 문제를 해결해야 하는 의회가 역할을 하지 못하는 **의회의 공백** 상황을 초래한다. 실제로 위의 법안들이 계류 중이고 논란의 중심에 있다는 상황이 이를 뒷받침한다.

결국, 의회의 정체와 공백은 국가의 또 다른 기관인 행정부와 사법부에게 기후위기의 실질적인 대응과 에너지 문제의 해결을 요청하게 만든다. 즉 사회적 과제의 해결을 위한 명확한 법적 근거가 마련되지 않은 상황에서도 행정부에 의한 창발적인 법해석과 행정입법, 그리고 사법부에 의한 위헌법률심사 또는 행정소송을 통해서 정부 및 민간 사업자의 탄소 유발적인 정책·계획 또는 사업에 제동을 거는 시도가 바로 그것이다. 그러나 전술한 에너지 문제의 특성을 고려하면, 입법부가 아닌 행정부와 사법부의 판단을 통해 그것을 해결해야 한다는 목소리는 여러모로 논쟁적이다. 특히 삼권분립의 원칙과 민주주의에 입각한 입법부의 우위, 그리고 법의 지배에 관점에서 비판이 제기될 수 있다. 반면, 옹호적인 견지에서 바라보는 주장도 존재한다. 기후위기는 지금 이 순간에도 진행되고 있으며, 지구는 우리의 유일한 삶의 터전이다. 이렇듯, 문제의 중대성과 시급성, 그리고 시간적 제약을 고려하면, 의회의 재가동을 기다릴 수만은 없는 것이다.

그렇다면, 우리는 삼권분립, 민주주의, 그리고 법의 지배라는 메타적 원칙들을 가능한 한 후퇴시키지 않으면서 입법부의 공백을 수용하고, 이를 보완하기 위하여 노력해야 한다. 이와 같은 입장에 선다면, 다음과 같은 물음이 고개를 들게 된다: "행정부와 사법부는 에너지 문제의 해결 주체가 될 수 있는가?" 그리고 "그들의 역할과 한계는 무엇인가?" 나아가서, "세 기관의 권한배분의 관계성은 어떻게 설정하여야 하는가?" 즉 에너지법은 더 이상 특정 에너지원의 생산과 소비 그리고 배분을 둘러싼 법규범의 집합이라는 영역을 넘어, 우리 사회가 미증유의 **사악한 문제**(wicked problem)에 맞닥뜨렸을 경우, 어떠한 방식으로 이를 극복해야 하는가라는 사회의 문제해결 방식과 체제에 관한 영역으로까지 범위를 확장한다. 이것이 바로 에너지법이 마주한 두 번째 **전환적 여건**이다.

이렇듯 탈석탄 문제는 에너지법의 두 가지 **전환적 여건**을 조명하고, 여기에 관한 고민을 촉발시킨다. 여기에 대한 나름의 해답을 탐구하기 위하여, 본 연구는 주인-대리인 이론이라는 이론적 틀을 채택하여 기후위기 그리고 탈석탄 문제를 해결하기 위한 최적의 삼부의 관계성을 검토한다. 결론부터 말하자면, 해당 사안에서의 입법부의 공백을 확인하였을 뿐 아니라 사법부의 대리인 비용이 행정부의 그것을 상회한다는 판단에 이르게 되었다. 양 기관 모두 사회적 과제의 해결에 있어서 일장일단을 가지고 있다. 특히 행정부에 의한 대응은 관료의 포획과 관료제가 가지는 쟁점, 그리고 행정규제의 형식, 수단, 강도(強度)가 초래하는 우려가 존재하는 반면, 사법부는 소송이라는 분쟁해결 과정이 가지는 구조적 한계, 법원의 부족한 민주적 정통성과 인적·물적 역량의 부재는 문제의 해결에 기여하지 못할 뿐더러 오히려 우리 사회가 가지는 법의 지배, 민주주의와 같은 원칙들을 후퇴시킬 수도 있다. 반면, 행정부가 선제적으로 문제를 포착하고, 여기에 대한 법규범이 창설되기 이전에 예방적으로 대응한다면, 이는 사법부에 의한 사후적 통제가 가능할 뿐더러 의회의 정치 과정을 작동시키는 동력으로 작용할 수 있다는 점에서 오히려 협력적 삼권분립을 이끌어낼 수 있다고 생각된다. 바꾸어 말하자면, 탈석탄 문제는 특정 기관의 개별적인 대응과 함께, **삼부의 최적의 조화**, 그리고 이를 위한 **거버넌스**에 관한 고민을 수반해야지만 문제의 해결에 실질적으로 기여함과 동시에, 그것이 규범적으로도 정당화될 수 있는 결과를 만들어 낼 수 있다고 생각한다.

　이러한 맥락에서, 본 연구는 행정부의 독자적 규제의 방안으로, 미세먼지 대응을 통한 우회적 규제를 주장한다. 이는 석탄화력발전소가 온실가스와 미세먼지를 동시에 배출한다는 특징에 착목하여 미세먼지 규제를 강화하고, 이로써 석탄화력발전을 시장으로부터 퇴출시키는 효과를 유도하는 방식이다. 이러한 접근방식은 높은 수용성, 규제 파편화의 보완, 그리고 지역 맞춤식 규제설정을 허용한다는 장점을 가지기도 한다. 추가적으로, 현존하는 탄소중립 녹색성장위원회를 통한 해결방안 역시 타진한다. 앞선 행정부 주도의 규제의 정도 등을 설정함에 있어서 독립적인 전문위원회를 활용하는 접근방식은 책임성의 향상에 기여하기 때문이다. 그럼에도 불구하고, 탄소중립 녹색성장위원회는 다양성과 전문성의 균형, 책임성과 투명성의 확보, 개별 쟁점에 대한 검토의 부재와 같은 과제를 가지는 바, 여기에 관하여 영국의 기후변화위원회와의 비교를 통해 우리 탄소중립 녹색성장위원회가 나아가야 할 방향에 대한 제언을 도출하였다.

목차

제1장

서 론

제1절 연구의 배경

"기후변화 문제는 주로 에너지 문제이다."[1]
- 데이비드 맥케이(David Mackey)

　우리는 기후위기의 시대에 살고 있다.[2] 인류를 강타한 코로나 위기와 그로 인한 세계적 팬데믹은 기후위기를 향한 우리의 위기의식을 강화시켰고,[3] 이어진 경기의 침체는 온실가스 배출을 둔화시켰다. 그러나 아이러니하게도 인류의 강력하고 적극적인 경기 부흥정책은 에너지 소비 규모를 다시 코로나 이전 상황으로 회복시켰을 뿐만 아니라, 오히려 증가시켰다.[4] 이는 기후위기와 에너지, 그리고 인류의 생존이 서로 긴밀히 상호작용함을 여실히 드러낸다.[5]

　그 중에서도, 석탄화력발전소를 비롯한 화석연료의 생산과 소비가 주목을 받고 있다.[6] 즉, 화석연료의 연소와 그로 인한 에너지원의 획득은

---

1) *"The Climate Change Problem is Principally An Energy Problem,"* David Mackey, *Sustainable Energy - without the hot air*, UIT Cambridge, 2009.

2) **기후위기**(Climate Crisis)라는 용어는 단순히 지구를 둘러싼 기후 시스템의 변화를 가치중립적으로 평가하는 차원에서의 **기후변화**(Climate Change)가 아니라, 인류와 지구의 안녕(安寧)을 위협하는 위기로 인식되어야 한다는 비판적 문제제기로 인해 사용되기 시작하였다. 필자 역시 이러한 문제의식에 공감하여 특별한 경우가 아닌 한, **기후위기**라는 용어를 사용하고자 한다.

3) Robert Beyer *et al.*, "Shifts in global bat diversity suggest a possible role of climate change in the emergence of SARS-CoV-1 and SARS-CoV-2," *Science of The Total Environment*, 767(1), 2021.

4) IEA, "Global Energy Review: CO2 Emissions in 2021," 2022. 3-4면.

5) 실제로 국제에너지기구(International Energy Agency, IEA)에 의하면 에너지 부문은 전 세계 온실가스 배출량의 약 75%를 기록하고 있다. IEA, "Net Zero By 2050: A Roadmap for the Global Energy," 2021. 5.

6) 위의 보고서.

인류 문명의 발전을 견인하여 우리에게 풍족하고 여유로운 삶을 선사한 동시에, 기후위기와 그로 인한 미증유의 문제들을 던져준 것이다.

에너지 문제의 중요성은 단순히 그로부터 배출되는 탄소의 양과 그 증가에 머무르지 않는다. 에너지 문제가 내재하는 조정문제로서의 성격과 경로의존성으로 인해 자발적인 체제의 환류작용 그리고 재구축을 어렵게 만든다. 이러한 배경은 법을 통한 정부의 개입을 불가피하게 만든다. 이것이 바로 법에 의한 에너지 문제의 해결이 조명을 받는 배경이자 에너지법이라는 영역의 출발점이다. 그럼에도 불구하고, 법을 통한 사안의 해결은 고유의 한계를 가진다. 무엇보다, 에너지 영역에서 발생하는 문제들은 대부분이 미증유의 것들이기에, 기존의 법규범으로는 대응하기 힘들다. 즉, 새로운 법률과 법체계를 구축해야 하는데, 에너지 문제가 다분히 가치의존적인 까닭에 법률이 좀처럼 만들어지지 않는 상황에 마주하게 된다. 그 결과 정치과정의 실패와 그로 인한 **의회의 공백**이 발생하는 것이다. 그럼에도 불구하고, 기후위기의 회복불가능성과 대책의 시급성을 고려하면, 우리는 정치의 장(場)에서 숙의와 합의가 이루어지기만을 손 놓고 기다릴 수는 없다.

이러한 상황에 마주하게 된다면, 기후위기의 중심에 자리한 에너지 문제에 대한 대응은 아래와 같은 새로운 -그러나 연결되어 있는- 질문을 소환한다. 예컨대 "행정부와 사법부는 에너지 문제의 해결 주체가 될 수 있는가?" 그리고 "그들의 역할과 한계는 무엇인가?" 나아가서, "세 기관의 권한배분의 관계성은 어떻게 설정하여야 하는가?"와 같이 말이다.

전술한 바와 같이, 이러한 고민은 우리 사회가 전혀 예상치 못한 불의타(不意打)에 마주하였을 때 우리가 어떠한 대응방식을 취해야 하는가에 관한 것이며, 가치가 다원화되고 세분화되는 현대 사회에서 그 실익이 더욱 가중될 것이다. 무엇보다 앞으로 2050년 탄소중립을 달성함에 있어서 민간 석탄화력발전의 문제를 넘어, 다양한 가치의 문제가 발생하리라 예상되며, 위의 물음들에 대한 고민이 바로 여기에 기여할 수 있으리라 기대한다

제2절 연구의 내용 및 구성

앞에서 살펴본 문제의식을 토대로 하여, 본 글의 내용과 장별 구성은 다음과 같다. 우선 제2장에서는 에너지 문제를 규율하기 위한 유력한 수단으로 주목을 받고 있는 **에너지법**에 관한 선행연구를 검토한다. 이를 위해, "에너지법이란 무엇인가"라는 질문을 세 가지 측면에서 바라보고, 이를 각 절에서 다룬다. 첫 번째 질문은 **에너지**에 초점을 맞춘다. 문명과 사회의 발전에 에너지가 기여하는 바를 살펴보고, 나아가서 그것이 어떻게 사회적 문제로 확장하게 되었는지를 검토한다. 이를 통해, 에너지법의 규율 대상인 에너지 문제의 발현 양상을 확인할 수 있다고 기대한다. 두 번째는 그 해결 수단인 **법**에 착목한다. 즉 과연 에너지 문제에 법이 어떠한 기여를 할 수 있을까라는 물음을 던진다. 여기서는 법이 가지는 혜택들, 그 중에서 조정 문제와 경로의존성의 해결을 중심으로 둔다. 에너지 문제는 기본적으로 권위적 결정을 요구하는 조정 문제인 동시에 사회적, 경제적 그리고 과학기술적 특성으로 말미암아 강력한 경로의존성을 내포하기 때문이다. 마지막으로, **에너지법**으로 관점을 돌려, 그 개념과 법영역으로서의 그것을 조명한다. 그 과정에서 에너지법의 원리의 개선 그리고 환경법과 기후변화법이라는 유관 영역과의 비교검토를 통해 에너지법의 지형을 보다 선명화하고자 시도한다. 나아가서, 현행 에너지법의 내용과 체계가 가지는 한계에 대해서도 강조한다.

다음으로 제3장은 본격적으로 에너지법의 구체적인 쟁점을 다루는데, 그 중에서도 민간 석탄화력발전소의 취급을 조명한다. 우선, 탈석탄 문제의 배경을 살펴본다. 특히 정부의 정책이 석탄화력발전의 진흥에서 규제로 급변한 부분에 관심을 둔다. 나아가서, 우리가 탈석탄을 추진하기 위하여 어떠한 근거를 갖추고 있는지에 대해서도 살핀다. 여기에는 헌법 및 법률, 입법안, 그리고 개별 제도가 포함된다. 검토의 결과, 우리는 마

땅한 근거를 가지지 못하는 바, 재산권을 중심으로 탈석탄의 법적 문제
와 여기에 대한 사법부의 판단을 검토한다. 그 결과, 탈석탄 문제는 **가
치의 다발**로서의 성격으로 인해 재산권의 핵심적 부분과 주변적 영역을
모두 관통하는 문제인 바, 의회의 정체와 공백을 초래하는 경향을 가진
다는 점을 확인하였다. 여기에 대한 본격적인 해결방안을 모색하기에 앞
서, 탈석탄 문제를 성공적으로 해결한 독일과 영국의 사례에 대한 검토
를 통해 시사점을 도출한다.

　이어지는 제4장에서는 의회의 정체와 입법부의 공백 상황 그리고 사
안의 해결을 위한 삼부의 관계성에 대한 고민을 조명한다. 무엇보다 기
후위기 대응과 이를 위한 탈석탄은 시간적 제약이 존재하는 문제인 탓
에, 의회에서의 논의와 숙고의 과정이 제대로 작동하기만을 기대할 수만
은 없다. 이와 같은 맥락에서 행정부와 사법부의 적극적인 역할이 요구
받고 있다. 이러한 요청에 터 잡아, 탈석탄 문제를 해결하기 위하여 행
정부와 사법부의 역량과 자리매김을 탐구한다. 그 중에서도 전자는 행정
국가의 부상이라는 세계적 흐름 속에서 정부가 사회적 문제의 해결을 위
해 때로는 법적 근거가 부실한 경우에도 창발적인 해석 및 적용을 기초
로 하여 과감한 행동에 나설 필요가 있다는 주장에 의존한다. 관련하여
2015년 오바마 당시 대통령에 의해 추진된 미국의 청정전력계획(Clean
Power Plan)이 환경·에너지 분야의 대표적인 사례로 생각되어, 여기에 대
한 소개와 평가를 포함한다. 다른 한편, 사법부의 경우 기후소송이라는
수단을 통해 문제의 해결에 기여할 수 있다는 견해를 살핀다. 실제로 세
계 곳곳에서 기후위기에 대응하기 위한 사법부의 역할이 주목을 받고
있으며, 유의미한 결과를 얻기도 하였다. 이러한 배경에서 사법부가 주
도하는 기후소송이라는 수단에 관해 그것의 긍정적 영향과 비판적 주장
을 함께 검토한다.

　위에서의 검토를 토대로 하여, 주인-대리인 이론이라는 관점을 채택
하여 탈석탄 문제에 대응하기 위하여 어떠한 기관의 역할이 기대되는지,

그리고 나머지 부와의 관계설정이 어떻게 이루어져야 하는지라는 메타적인 고민을 바라본다. 특히 입법의 우위를 전제로 하고 행정과 사법을 대리인으로 바라보는 기존의 주인-대리인 이론이 아니라, 그들의 관계를 보다 확장적 차원에서 바라보는 에이드리안 버뮬(Adrian Vermeule)의 **최적화 입헌주의**(Optimazing Constitutionalism)와 **적에 대한 위임**(Delegation to Enemies) 이론을 받아들여, 행정에 대한 강조를 도출한다. 물론 행정이 입법에 대한 무조건적인 우위를 점하는 것은 결코 아니지만, 행정부의 적극적인 개입은 의회의 정치 과정을 촉진하는 효과를 가지며, 설사 그것이 권리의 문제로 발전하더라도 사법부의 작동을 이끌어낼 수 있다는 측면에서 삼부의 조화를 기대할 수 있으리라 생각한다.

제5장은 본격적으로 앞의 검토를 바탕으로 행정부 주도의 탈석탄 문제의 해결방안을 고민하는 부분이다. 구체적으로, 행정부는 미세먼지 규제를 통해 탈석탄을 유도해 볼 수 있을 것이다. 석탄화력발전소가 탄소와 함께 미세먼지를 함께 발생시킨다는 점에 착목하여, 미세먼지에 대한 규제를 강화한다면, 탈석탄에 대한 법적 근거가 존재하지 않는 상황에서도 자연스럽게 이를 이끌어낼 수 있기 때문이다. 나아가서, 해당 방안은 직접적이고 가시적인 피해에 대한 규제인 까닭에 수용성이 높고, 지자체가 각자가 처해진 여건에 부합하는 정도와 방식으로 설계 및 수행할 수 있다는 강점을 가진다. 무엇보다, 환경과 에너지 영역에서 파편적으로 이루어진 규제의 통합을 시도한다는 차원에서도 주목할 만하다. 여기에 더해, 규제 강도의 설정과 논의의 장(場)을 마련한다는 측면에서 탄소중립 녹색성장위원회의 역할에도 주목한다. 나아가서, 앞의 두 가지 방안에 대한 함의도 강조하지 않을 수 없다. 특히, 탈석탄 문제는 거시적 차원에서는 삼부의 권한배분의 관계성에 대한 중대한 공법적 함의를 제기하며, 에너지법 영역의 차원에서는 그 전환적 확장을 허용한다.

마지막으로, 제6장은 전체적인 요약과 의의를 되돌아보고, 몇 가지 한계와 함께 향후의 전망을 확인하면서 글을 마무리한다.

제2장

에너지법에 관한 논의의 토대

제1절   왜 '에너지'인가

"문명 이전에는 숲이 있고, 문명 이후에는 사막이 있다"
- 프랑수아 샤토브리앙

"에너지는 우리 사회의 혈액이다"[1]
- 유럽 위원회

1. 에너지와 문명

에너지를 표현하고자 하는 수식어는 다양하지만, 위의 문장만큼 그 중요성을 적절히 나타내고 있는 경구(警句)는 찾아보기 힘들다. 에너지는 언제나 인류의 최대 관심사였다. 더 많은 에너지의 확보와 소비는 더 많은 경제성장과 부의 축적을 허락하였으며, **사회적 선(善)**으로 여겨져 왔다.[2] 실제로 한 사회의 규모와 발전은 얼마나 많은 에너지를 확보하였는가에 크게 의존하였으며, 그것은 인구의 증가, 사회구조의 복잡화, 그리고 구성원들의 생활수준의 향상의 원동력이 되었다. 또한 풍요로운 생활수준을 누리고 동시에 이를 유지하기 위해선 되도록 밀도[3]가 높고

---

1) 원문은 "*Energy is the life blood of our society*"이며, 아래의 문헌에서 찾아볼 수 있다. European Commission, "Energy 2020 A strategy for competitive, sustainable and secure energy," 2020.
2) 1960년대 울산공업단지가 조성되기 시작하면서 공장 굴뚝에서 연기가 솟아나오자 언론은 **번영의 상징**이라고 감격했고, 국민들은 박수를 보냈다고 한다. 이는 본문에서 언급한 **에너지의 사용**이 국가의 성장, 다시 말해 국가적 선(善)으로 직결된 사례라고 볼 수 있다. 김형국, "경제발전과정과 환경문제: 현대 한국의 경험," 환경논총 제32권, 1994.
3) 에너지의 밀도(density)란 **자원의 단위질량당의 에너지량**으로 다양한 연료마다 각자의 밀도를 가진다.

범용적이며, 저장 가능할 뿐만 아니라 값싼 에너지원의 안정적 확보가 필수적이었다.[4] 17세기에 진입한 인류는 화석연료의 연소로부터 열을 얻었고, 그 열을 통해 비등(沸騰)한 물에서 발생하는 증기압을 피스톤 운동으로 연결시켰다.[5] 이후, 가열기와 응축기가 분리된 엔진이 개발되면서 효율성과 생산성이 치솟았고, 바야흐로 풍요의 시대로 진입한 것이다.[6] 즉, 인류는 그들 자신의 역사보다 오랜 기간 동안 지표 아래 저장되어 있던 석탄이라는 축적물을 채굴해 낸 순간부터 폭발적인 열과 에너지를 손에 넣게 되었고, 새로운 역사의 한 페이지로 진입하게 된 것이다.[7]

[그림 1] 연료별 에너지 밀도

Table 1 Energy density

Source	Joules per cubic meter
Solar	0.0000015
Geothermal	0.05
Wind at 10 mph (5m/s)	7
Tidal water	0.5–50
Human	1,000
Oil	45,000,000,000
Gasoline	10,000,000,000
Automobile occupied (5800 lbs)	40,000,000
Automobile unoccupied (5000 lbs)	40,000,000
Natural gas	40,000,000
Fat (food)	30,000,000

출처: Bradley Layton, 2008. 441면

---

4) Vaclav Smil, *Energy and Civilization: A History*, MIT Press, 2017. 8면.
5) 이언 모리스, 『가치관의 탄생』, 이재경 옮김, 반니 출판사, 2016. 148면.
6) Richard Rhodes, *Energy: A human history*, Simon & Schuster, 2018. 29-48면.
7) 실제 영국은 1591년 3,5000톤가량이었던 석탄 출하량이 1700년에는 46,7000톤으로 급증하였으며, 영국의 모든 국민들은 석탄을 태운 열과 에너지를 바탕으로 생산성과 소비량이 수직상승하게 되었고, 이를 통해 폭발적인 인구증가, 도시의 팽창, 경제성장을 이룩하고 삶의 질이 향상하고 풍요로운 생활수준을 유지할 수 있었다.

위의 [그림 1]과 아래의 [그림 2]에서 나타나듯이, 화석연료는 고유의 고밀도성으로 인해 채굴 등 투자대비 얻어지는 에너지의 양이 다른 에너지원에 비하여 상대적으로 높았기에 근대의 고에너지 사회는 화석연료를 우선적으로 개발하고 사용하게 된 것이다.[8] 실제 우리 문명은 거의 완벽하게 화석연료를 기반으로 구축되어 있다. 우리가 매일같이 사용하는 휴대폰과 자동차, 컴퓨터, 에어컨, 건물, 도로 등의 수많은 기계와 설비들은 물론, 그 기계와 설비를 만드는 기계와 설비마저도 모두 직·간접적으로는 화석연료에 의존하고 있다.

[그림 2] 화석연료의 사용량과 인구증가 및 GDP의 변화

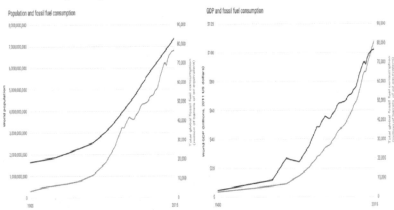

* 왼쪽 그래프는 인구 그리고 오른쪽은 GDP의 상승에 비례하여 화석연료의 사용량이 폭발적으로 증가하고 있음을 보여준다.
출처: Our Wolrd in Data

---

8) 이를 수치화한 것이 투자대비 얻어지는 에너지의 양(Energy Return On Investment, EROI)이다. 해당 수치가 클수록 낮은 투자로 많은 에너지를 얻을 수 있음을 나타낸다. 물론 화석연료 외에 오늘날 사용되는 몇몇 에너지기술, 예컨대 재생에너지와 원자력발전 등의 기술이 개발·발전되지 않았거나 경제성이 낮은 것도 하나의 요인으로 작용했다고 볼 수 있다. Vaclav Smil, 앞의 책. 211면.

2. 에너지의 사회적 문제화

가. 화석연료의 고갈: 피크오일

이러한 배경으로 인해, 1970년대부터 이어진 에너지법정책의 초기 목표는 에너지의 원활한 수급에 있었다. 이를 일깨워준 대표적 사건은 연이은 오일쇼크였다. 해당 사건은 에너지 빈국으로 묘사되는 우리에게도 커다란 영향과 변화를 초래하였고, 에너지원의 다각화, 효율화, 에너지 안전보장과 같은 핵심 아젠다가 더욱 뿌리깊게 새겨지게 된 것이다.

또 한 번, 에너지를 둘러싸고 발생한 역사적 사건은 피크오일 논쟁이다. 경제성장과 윤택한 생활을 지탱하던 에너지가 고갈될 우려가 있다는 지적이 가져온 위기의식은 실로 가공할 만한 것이었다. 물론 허버트 킹(Hubbert King)의 **정점이론**(peak theory)으로 대변되는 피크오일의 진위 여부에 관해서는 여전히 논쟁이 있지만,[9] 석유를 포함하는 화석연료의 매장량이 유한하다는 점은 상식적으로 판단 가능한 영역이며, 이를 계기로 에너지를 둘러싼 사회적 그리고 세계적 위기의식은 에너지를 본격적으로 **문제화**시켰다고 볼 수 있을 것이다. 정점이론이 에너지 문제를 더욱 복잡하고 임박한 쟁점으로 만든 데에는 화석연료 그 자체의 유한성과 더불어, 지구의 인구가 지속적으로 증가하고, 개발도상국의 경제수준이 꾸준히 향상되면서 향후 에너지 소비가 폭발적으로 늘어날 것이라는 전망이 자리잡고 있다.[10] 이는 결국 에너지 문제는 **희소자원을 어떻게**

---

9) 1956년 발표된 허버트 킹의 "Nuclear Energy and the Fossil Fuel"이란 글에서 석유와 함께, 화석연료 전반의 고갈이 예상된다고 지적하면서 피크오일 논쟁이 촉발되게 되었다. 이는 오늘날에 이르러서도 지속되고 있으나, 화석연료 채굴의 기술이 발전하고 가격이 낮아짐과 동시에, 셰일가스(Shale gas)라는 새로운 유형의 에너지원이 발견되면서, 대체적으로 피크오일 이론을 부정적으로 바라보는 견해도 자주 보인다. 대표적으로, Ugo Bardi, "Peak oil, 20 years later: Failed prediction or useful insight?," *Energy Research & Social Science*, 48, 2019.

10) IEA, 앞의 보고서.

관리할 것인가의 문제로 확장됨을 시사한다.[11]

나. 기후위기 시대의 도래

화석연료의 유한성이 에너지 문제의 시발점이 되었고, 이를 둘러싼 논쟁이 세계를 떠들썩하게 만들었으나, 오늘날에 이르러서는 더 이상 화석연료의 고갈, 그리고 그것이 실제로 발생할 것인가의 여부를 심각하게 논하지 않더라도, 지구는 우리에게 더 이상의 화석연료의 채굴과 사용을 허락하지 않을 것이다. 아래의 [그림 3]에서 엿볼 수 있듯이, 오늘날 지구 표면온도는 거침없이 상승하고 있으며, 이는 인간의 활동에 기인한 것이기 때문이다.

[그림 3] 지구 표면 온도의 변화와 그 원인

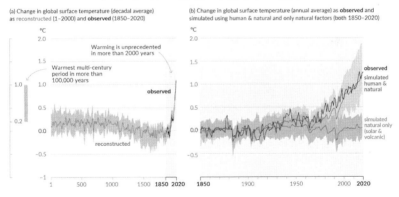

출처: IPCC, 2021

---

11) 환경 문제를 바라보는 대표적인 관점이, 이와 같은 희소 자원의 관리이다. 극단적으로 나아가면, 희소자원 관리의 실패가 사회와 문명의 붕괴로도 이어질 수 있다고 한다. 희소자원은 결국 그것에 접근할 수 있는 계급의 구분을 낳고, 이러한 억압과 통제로 인한 대다수의 구성원의 반발이 결국 문명의 붕괴로 이어지게 된다는 것이다. 조지프 테인터, 『문명의 붕괴』, 이희재 옮김, 대원사, 1999.

모든 화석연료는 연소과정에서 탄소가 산화되어 이산화탄소를 배출한다. 게다가 이산화탄소는 채굴이나 유통과정에서도 발생하기 때문에 화석연료 사용의 전 과정을 살펴보면 그 양이 매우 크다고 볼 수 있다. 오늘날 세계 곳곳에서 발생하는 산성비, 해양 산성화, 오존층 파괴, 그리고 지구 온난화로 인한 해수면 상승 등의 문제의 원인이 과도한 화석연료의 사용과 그로 인한 인위적 탄소배출에 있음이 밝혀졌다.[12]

기후위기의 영향은 국내에서도 쉽게 관찰된다. 1987년부터 30년간의 연평균 기온은 20세기 초인 1912년부터의 30년간과 비교하였을 때 약 1.4°C나 높다고 한다. 해당 수치는 세계 평균을 한참이나 상회하는 기록이며 최근 30년의 연평균 강수량은 20세기 초의 같은 기간보다 124mm나 많다. 이러한 사실은 최근 한반도의 기온이 꾸준히 상승하고 있음을 방증하는 것이다.[13]

이처럼, 화석연료의 과도한 사용이 초래한 환경적 영향은 점차 누적되어 지역 국소적인 문제를 넘어, 기후위기라는 형태로 지구의 기후 시스템 전체 그리고 인류의 안녕에 대한 **리스크**로 작용하고 있다.[14] 추가

---

12) 기후시스템의 변화는 실재하며, 그 원인이 화석연료의 과도한 사용을 필두로 하는 인간의 활동에 있음은 이미 과학계의 공통된 인식이다. John Cook, *et al.*, "Consensus on consensus: a synthesis of consensus estimates on human-caused global warming," *Environmental Research Letters*, 11(4), 2016. 해당 문헌에서는 97%의 과학자들이 인간유래의 기후의 변화가 존재함에 합의함을 강조한다. 그 종합적 영향에 관해서는, IPCC의 아래와 같은 표현이 힘을 싣는다, "Emissions of greenhouse gases due to human activities, the root cause of global warming, continue to increase, year after year." IPCC, "Global warming of 1.5°C," 2019.

13) 박정재, 『기후의 힘』, 바다출판사, 2021. 295-6면. 물론 과거로부터 지구의 역사를 돌이켜보면 다양한 기후의 변화가 발생하였다. 다만 오늘날의 기후위기가 단순한 변화를 넘어서게 된 배경은 그것이 자연 형성적 변화가 아닌, **인위적인** 변화라는 차이에 기인한다. IPCC, Climate Change 2014 Synthesis Report Summary for Policymakers, 2014.

14) 기후위기의 영향은 더 이상 환경적 측면에 머무르지 않고 인권, 금융, 생물다양성 등의 분야로 이어지고 있다. McKinsey & Company, "Climate risk and response: Physical hazards and socioeconomic impacts," 2020. 1. 16. 여기에서는 기후의 변

적으로 기후위기가 가지는 회복불가능성이 문제를 더욱 복잡하게 만든
다. 인류의 효과적인 대응 없이 기후위기가 계속해서 진행된다면 지구는
소위 **임계점**(tipping point)이라 불리는 문턱(threshold)을 넘게 되고, 더 이
상 지구의 자연치유력으로는 회복불가능하며, 악화일로를 걷는 기후 시
스템을 목격하게 되는 것이다.[15] 이와 같은 배경에서 기후시스템의 돌
이킬 수 없는 붕괴를 저지하기 위해서는 지구의 평균 상승 온도를 1.5℃
이내로 제한하도록 노력해야 하며, 2℃라는 최후의 마지노선을 사수해야
한다는 경고가 제기되었다. 이를 바탕으로, 2030년까지 2010년 기준 탄소
배출량의 45%를 줄여야 하며, 2050년까지는 실질적인 탄소중립(Net-Zero)
에 도달해야 한다는 인류적 도전과제가 설정된 것이다.[16]

요컨대, 인류는 화석연료가 가지는 폭발적인 에너지의 이용을 통해
상상할 수 없을 만큼의 문명을 팽창시키고 진보시켜왔으며, 이러한 성장
은 마치 영원히 멈추지 않으리라 여겨져 왔지만, 다른 한편에서 무서울
정도로 파괴적이면서 동시에 자멸적인 결과를 초래한 것이다. 즉, 인류
가 지속가능한 사회로 거듭나기 위해선 화석연료 중독적인 에너지 시스
템에서 벗어나서 탄소배출을 하지 않으며, 심지어는 마이너스 배출을 이
루어 낼 수 있는 세계로 진입해야 한다.[17]

다. 기후위기 대응의 어려움

기후위기의 부상과 여기에 대한 대응의 시급성과 필요성은 우리에게

화의 영향을 물리적인 것과 사회·경제적인 것으로 분류하여 검토하고 있다.
특히, 농업분야에 대한 부정적 영향이 심각할 것이고, 이는 곧 세계 식량수급
체계에 심각한 변화를 가져올 것이라 예측한다.

15) Timothy Lenton *et al.*, "Climate Tipping Points-Too Risky to Bet Against," NATURE,
    575, 2019; Nico Wunderling *et al.*, "Global warming overshoots increase risks of
    climate tipping cascades in a network model," *Nature Climate Change*, 2022.
16) IPCC, 앞의 보고서.
17) Vaclav Smil, 앞의 책(2017). 37면

탄소중립 사회로의 전환이 더 이상 선택이 아닌 **필수**임을 강조한다.[18] 그럼에도 불구하고, 기후위기 대응은 결코 쉬운 과제가 아니다.

2019년 6월 25일, 영국 환경청(Environmental Agency)을 이끄는 제임스 베번(James Bevan) 경(卿)의 의회 연설은 다음과 같이 시작한다. "바보야, 문제는 기후위기야."[19] 그의 메시지는 우리가 기후위기로 인한 다양한 부정적 영향과 환경·사회·경제적 변화를 겪고 있음에도 불구하고 그것이 기후위기로부터 파생되었음을 인식하지 못하고 각각의 개별적 문제로 인식한다는 인간의 나약함을 지적한 것이다. 실제로 이미 수십 년 전부터 기후위기에 대비해야 한다는 지적이 있어 왔으나, 우리는 그들의 목소리를 귀담아 듣지 않았다.[20] 수많은 연구가 지구의 기후시스템이 변화하고 있음을 경고하였으며, 우리는 실제 경험을 통해 이를 직·간접적으로 느끼고 있음에도 말이다.

물론 예방행위의 실시와 실제 그 효과가 발생하기까지의 시간적·공간적 거리감은 우리를 가시적이고 단기적 비용과 효과에만 매몰되게 만든다.[21] 또한, 행위와 효과의 사이에 상존하는 불확실성이 우리를 낙천

---

18) 세계화로 인해 연결된 지구촌을 무대로 하면 기후위기와 코로나 팬데믹과 같은 리스크에 대응하기 위한 행동은 그 행동을 할 것인가의 여부가 아닌, **언제** 그 행동을 할 것인가의 문제라고 지적한다. 대응이 늦을수록 악영향이 기하급수적으로 확대되고 대응의 난도가 올라가기 때문일 것이다. Gary Yohe *et al.*, "Inaction on the climate threat is NOT an option," *Yale Climate Connections*, 2020. 10. 30.

19) 원문은 "*It's the climate emergency, stupid.*" https://www.gov.uk/government/speeches /its-the-climate-emergency -stupid (2021. 10. 15. 최종방문).

20) "*It is time to stop waffling so much and say that the evidence is pretty strong that the greenhouse effect is here.*" 1988년, 미국 국회 증언에서 위와 같은 경종을 울린 당시 NASA의 제임스 한센(James Hansen)은 기후 시스템의 변화의 위험성과 대응의 필요성을 처음으로 지적한 과학자로 알려져 있다. GRIST, "The scientist who first warned of climate change says it's much worse than we thought," 2016. 3. 22.

21) Richard Lazarus, "A Different Kind of "Republican Moment" in Environmental Law," *Minnesota Law Review*, 87, 2003.

적인 사고로 유도하며, 궁극적으로는 사안의 심각성을 약화시키고 해결
에 필요한 노력과 비용을 과대평가하게 만든다. 그리하여 새로운 혁신적
기술의 개발과 같은 방식에 과도하게 의존하도록 한다. 일견 합리적인
사고로 보이지만, 이러한 접근방식은 결국 문제를 뒤로 미룰 뿐, 어떠한
공헌도 하지 못한다는 비판을 음미할 필요가 있다.[22]

　이처럼 기후위기는 인간의 제약성을 교묘하게 파고 든다. 특히, 장기
적 관점의 부재, 보이지 않는 가치에 대한 경시, 불특정 다수에게 분산되
는 피해에 대한 둔감성이 예시적이다. 우리는 장기적이고 거시적인 기후
의 변화를 제한된 시점(時点)과 공간, 그리고 인지능력으로 바라본다. 바
꾸어 말하면, 기후위기를 미디어를 통해서만 접하고 하나의 과학적 가설
로 취급하기 때문에 실질적이고 긴박한 위협으로 바라보지 못하는 것이
다.[23] 이를 빗대어, 영국의 사회학자 앤서니 기든스(Anthony Giddens)는

---

22) Holly Doremus, "Constitutive Law and Environmental Policy," *Stanford Environmental Law Review*, 22, 2003.

23) Elke Weber, "E.U. Experience-Based and Description-Based Perceptions of Long-Term Risk: Why Global Warming does not Scare us (Yet)," *Climatic Change* 77, 2006. 여기에 따르면, 인간이 장기적인 리스크에 관한 과도한 할인으로 인해 그 영향을 최소화한다고 한다. 또한, 인간은 실제 자신이 겪은 경험과 타인으로부터 또는 미디어를 통해 접한 사실을 자신과의 연관성에 따라(또는 해당 매체에 대한 자신의 신뢰도에 따라) 서로 다르게 받아들인다고 한다. 또한, 기후위기의 발생과 그 원인이 인간의 활동에 있음이 과학계의 97% 이상이 합의한 공통된 의견임에도 불구하고 일반 개개인들은 과학적 조사를 통해 밝혀진 사실을 받아들임에 있어서 해당 조사의 수행자, 즉 화자(話者)가 누구인지에 따라 받아들이는 정도가 다르다고 지적한다. 심지어는 그것을 일고의 가치도 없다고 무시해버리기도 한다. William Anderegg *et al.*, "Expert credibility in climate change," *PNAS*, 2010. 유사한 관점에서 기후위기와 인간의 심리를 다룬 문헌으로는, Andrew Hoffman, *How Culture Shapes the Climate Change Debate*, Stanford Briefs, 2015. 이러한 인간의 제한된 합리성 뿐 아니라, 의도적 무관심 혹은 순응도 작용한다는 지적을 고민해 볼 필요가 있다. 소위 **기후 무관심**(climate apathy)이라 불리는 현상은 기후위기 대응의 어려움과 그에 수반되는 노력이 너무 거대하기 때문에 기후위기에 대한 관심을 제거하고 이를 해결해야 될 과제가 아닌

"기후 문제에서는 맞서 싸울 분명한 적군이 존재하지 않는다. 우리는 그것이 제 아무리 엄청난 파괴 잠재력을 가졌다고 해도 지극히 추상적이고 모호한 위험과 싸우고 있는 셈"이라고 꼬집는다.[24] 누군가는 기후위기가 인류의 역사상 가장 큰 시장 실패라고 주장하지만,[25] 시장도 역시 인간의 사회적 창조물임을 고려하면, **인간의 실패**라고 환언될 수도 있을 것이다.[26] 결국 기후위기는 우리의 제한된 합리성을 원동력으로 발전되어 왔다고 볼 수 있다.

실제로 많은 사람들은 기후위기의 심각성에는 동의하지만 이에 대한 대응방식에 있어서는 조금 더 지켜보자는 낙관론적 입장을 취한다. 예컨대, 미국 제7순회 연방항소법원 판사이자 시카고(Chicago) 로스쿨의 교수이던 리처드 포스너(Richard Posner)는 "기후변화로 인한 위험의 크기에는 논란이 존재한다. 따라서 우리가 더 많은 정보를 획득할 때까지 기다리는 편이 낫다"고 주장하면서 기후위기 대응에 유보적 태도를 보였으며,[27] 저명한 경제학자 윌리엄 노드하우스(William Nordhaus)도 마찬가지였다.[28] 그렇다면 인류가 기후위기의 위험성을 인식하고 효과적으로 대

지구의 자연스러운 현상으로 받아들이는 심리상태를 지칭한다. 여기에 관해서는, Mark Coeckelbergh & Wessel Reijers, "Narrative Technologies: A Philosophical Investigation of the Narrative Capacities of Technologies by Using Ricoeur's Narrative Theory," *Human Studies*, 39, 2016. 나아가서, 이러한 심리상태는 환경 또는 기후 허무주의로도 확장될 수 있다는 주장으로는. 데이비드 월러스 웰즈, 『2050 거주불능 지구』, 김재경 옮김, 청림출판, 2020.

24) 앤서니 기든스, 『기후변화의 정치학』, 홍욱희 옮김, 에코리브르, 2009. 10면.

25) Thomas Covert, "Will We Ever Stop Using Fossil Fuels?," *Journal of Economic Perspectives*, 30(1), 2016. 135-6면.

26) 기후위기를 시장의 실패로 묘사한 표현은 이미 잘 알려진 영국의 경제학자 니콜라스 스턴의 것이다. The Guardian, "Stern: Climate change a 'market failure,'" 2017. 10. 29. https://www.theguardian.com/environment/2007/nov /29/climatechange.carbonemissions (2021. 10. 15. 최종방문).

27) Richard Posner, *Catastrophe: Risk and Response*, Oxford University Press, 2005.

28) William Nordhaus, "A Review of the Stern Review on the Economics of Climate Change," *Journal of Economic Literature*, 17, 2007. 686-702면. 그는 스턴 리뷰(Stern

응하기리라 기대하는 것은 지나치게 낙관적인 자세일까.

불행하게도, 우리에겐 더 이상 낙관적인 입장을 취할 여유조차 남겨지지 않은 듯하다.[29] 즉 유보적 입장을 취하면서 기술의 진보 또는 위험의 크기에 대한 보다 정확한 정보를 기대하면 할수록, 문제는 더욱 진행되고 심화되어 그 해결은 결국 불가능해진다는 아이러니를 가진다. 이것이 바로 기후위기와 탈석탄 문제와 같은 에너지 문제가 **사악한 문제**(wicked problem)인 까닭이다.

3. 에너지 문제의 양상

이처럼, 화석연료의 유한성에 그치지 않고, 기후위기라는 전 지구적 위기는 인류에게 에너지를 중요하고 새로운 문제로 만든다. 그렇지만 위와 같은 문제들은 그 스케일이 지구적인 것이어서 직관적으로 다가오기 어렵다. 따라서 에너지 문제를 보다 국내적이고 상상 가능한 형태로 이야기할 필요가 있다.

국내의 에너지 담론은 안정적인 에너지의 수급과 경제성이 핵심 가치이자 이를 달성하기 위한 과제들이 주된 에너지 문제로 여겨져 왔다. 특히 우리가 가지는 에너지 자원은 수력과 무연탄 그리고 일부 신·재생에너지[30]에 국한되어 있으며, 석유, LNG, 유연탄은 수입에 의존하기 때

Review)의 발표를 계기로 기후위기의 심각성과 대응의 필요성에 공감하면서 이전의 자신의 주장이 오류였음을 시인하였다고 한다. 물론, 그가 해당 연구의 경제적 정밀성에 완전히 공감한 것은 아니다. William Nordhaus, "Critical Assumptions in the Stern Review on Climate Change," *Policy Forum*, 2007. 9. 21.

29) 지금으로부터 약 50여 년 전인 1973년, 호르스트 리텔(Horst Rittel)과 멜빈 웨버(Melvin Webber)는 그들의 논문에서 매우 심각하지만 해결하기가 쉽지 않은 사회적 또는 지구적 문제를 **사악한 문제**(wicked problem)란 개념으로 지칭하였다. Horst Rittel & Melvin Webber, "Dilemmas in a general theory of planning," *Policy Science*, 4, 1973. 155–69면. 이는 해당 문제를 바라보는 관점이 다원적인 까닭에 뚜렷한 대응방식이 도출되지 않고 사회적 합의가 어렵다고 한다.

문에 에너지 자립도는 5% 내외에 그친다. 여기에 더하여 기후위기의 부상으로 인한 석탄화력발전을 비롯한 고탄소전원의 퇴출, 그리고 2011년 후쿠시마 원전 사고 이후 팽배해진 원자력발전에 대한 국민적 불안감과 그에 따라 높아진 규제 및 정책비용은 우리 사회로 하여금 에너지 안보, 기후위기 대응에 따른 탈화석 연료와 재생에너지 확대, 그리고 원자력 의존도를 낮추는 전대미문의 에너지 문제를 떠안게 된 것이다.[31] 한 발 더 나아가서, 우리 사회 특유의 에너지 다소비 업종에 의존한 산업구조적 특징[32]과 압축적 고도성장을 거치면서 형성된 경제성장에 대한 향수[33]를 지적하지 않을 수 없다. 이처럼, 에너지 안보와 가격을 중심으로 하는 에너지 문제에 대한 전통적 관점은 **에너지의 안정적**이고 **경제적인**

---

30) 신·재생에너지라는 용어에 관해서 양자의 구분을 강조해야 한다. 「신에너지 및 재생에너지 개발·이용·보급 촉진법」 제2조 1항에 따르면, 신에너지란 "기존의 화석연료를 변환시켜 이용하거나 수소·산소 등의 화학 반응을 통하여 전기 또는 열을 이용하는 에너지"이며, 수소에너지, 연료전지, IGCC가 나열되어 있다. 한편, 재생에너지는 "햇빛·물·지열(地熱)·강수(降水)·생물유기체 등을 포함하는 재생 가능한 에너지를 변환시켜 이용하는 에너지"이다. 문제가 되는 것은 원자력발전과 고효율 석탄화력발전 등인데 이들은 의심의 여지없이, 기존의 화석연료 기반의 에너지 기술이라고 볼 수 있을 것이다.

31) 혹자는 우리가 마주한 에너지 상황을 **에너지 삼중고**(Energy Trilemma)라는 표현으로 서술하곤 한다. 앞에서 지적한 삼중고를 넘어, 우리는 에너지 안보, 탈석탄(탈화석연료, 탈원전, 대체 에너지원의 확대라는 **사중고**(四重苦)를 겪고 있다. 물론 에너지 안보는 이어지는 화석연료로부터의 탈피와 대체 에너지원(그것이 수입에 의존하지 않는 경우에 한해)과는 긍정적인 상호관계를 가질 것이다.

32) 실제, 우리는 세계에서 두 번째로 높은 제조업 비중(26.9%)을 가지고 있으며, 주요 선진국(G20) 중 독일(71%)에 이어, 두 번째로 높은 무역의존도를 가진다(63%). 산업연구원, "장기 저탄소 발전전략(LEDS)을 산업 전환의 기회로 활용해야," 2020. 10. 23.

33) 전기요금의 경우가 대표적인데, 충분한 요금을 납부하고 있기 때문에 전기를 제약없이 사용할 수 있어야 한다는 주장이 팽배하다. 매일경제, "전기요금 누진제 개편안 열띤 토론…한전 소액주주들 반발," 2019. 6. 11. https://www.mk.co.kr/ne ws/economy/view/2019/06/405120/ (2022. 4. 10. 최종방문).

수급을 지상의 과제로 삼는 반면, 기후위기의 시대가 도래하고 에너지를 둘러싼 여건이 급변하면서, 전통적인 에너지 문제들에 더하여, 새로운 -어쩌면 더 사악한- 문제와 마주하게 되었다.

그것은 바로 앞으로 기후위기 대응과 탄소중립의 달성을 위해 지속가능한 형태의 새로운 인프라를 만들어나가는 문제와 함께, 기존의 화석연료 중심의 인프라를 어떻게 처리할 것인가라는 문제가 존재한다. 그 중에서도 석탄화력발전소는 여전히 건설 중에 있거나 인·허가를 취득하고 공사의 개시를 기다리고 있는데, 이를 어떻게 다룰 것인가에 대한 법적인 근거가 존재하지 않을 뿐더러, 해당 인프라의 존폐는 지역경제 및 노동자에 대한 직·간접적인 피해를 야기할 수 있기 때문에 문제가 더욱 복잡해진다.[34] 이렇듯, 오늘날의 에너지 문제는 기존에는 상상하지 못했던 양태로 발전되고 있으며, 우리가 현재 가지고 있는 에너지법만으로 대처하기 어려운 고민들을 던지곤 한다.

이어지는 절에서는 에너지 영역의 중요성과 에너지 문제의 대응의 어려움을 살펴보는 것과 함께, 법이라는 제도적 렌즈(lens)를 통해서 에너지 문제를 법적 문제로 포섭하고자 한다. 이를 위해선, 에너지 문제에 내재하는 특성을 면밀히 검토한 후, 그 해결을 위하여 법이 어떠한 역할을 할 수 있는지에 관하여 고민한다. 그 중에서도 조정문제적 특징과 경로의존성에 집중한다.

---

34) 이는 비단 국내에서만 발견되는 쟁점은 아니다. 그럼에도 불구하고 우리가 석탄화력발전의 비중이 높고 비교적 신규 석탄화력발전소가 다른 나라에 비해 많기 때문에 더욱 두드러지게 발생하는 것이다. J. B. Ruhl & James Salzman, "What Happens When the Green New Deal Meets the Old Green Laws?," *Vermont Law Review*, 44(4), 2020.

제2절 '법'을 통한 에너지 문제의 해결

"인간은 사람이 아닌 오로지 법에 복종해야 할 때
비로소 자유롭다"[35]
— 임마누엘 칸트

1. 가치 조정문제로서의 에너지 문제

가. 조정문제와 그 원인

데이비드 루이스(David Lewis)는 조정문제(coordination problem)를 "두 명 이상의 당사자의 이익의 일치가 우월적이고 최적조정균형이 두 가지 이상 존재하는 상호의존적 결정상황"이라 정의(定義)하였다.[36] 즉, 당사자에게 이익이 되는 복수의 균형상태가 있기 때문에 그 중 하나의 균형을 도모해야 하는 상황인 것이다. 이와 같은 조정문제에 관한 고전적 예시는 흄(David Hume)의 것이 대표적이다. 흄은 노젓기 사례를 통해 조정문제를 설명하였는데, 보트에 탄 두 사람이 동시에 같은 방향을 향해 노를 젓는다면 보트는 나아가겠지만, 서로가 다른 방향을 목적지로 삼으면 당연히 전진하지 못하고 흔들리기만 할 것이며, 한 명만 노를 젓게 된다면 보트는 제자리에 머무를 것이다. 그리고 둘 다 노를 젓지 않는다면 보트는 당연히 가만히 있는다. 이러한 상황에서 두 사람은 서로가 같은 방향을 향해 동시에 노를 젓기로 일종의 **약속**을 맺어야만 비로소 앞으로 나아갈 수 있게 된다.[37]

---

35) 원문은 *"Man is free if he needs to obey no person but solely the law"*이며, 프리드리히 하이에크, 『노예의 길』, 자유기업원, 2019. 133면에서 재인용.

36) David Lewis, *Convention*, Blackwell Publishing, 1969. 24면.

37) David Gauthier, "David Hume, Contractarian", David Boucher & Paul Kelly(eds.),

위의 흄의 표현은 규약을 통한 상호이익의 달성을 설명하기 위한 것이다. 여기에 대한 또 다른, 그리고 보다 현실 세계에서 발생할 수 있는 예시가 바로 도로의 어느 측면을 사용할 것인가를 둘러싼 조정문제이다.[38]

[표 1] 도로의 방향의 이익구조

	오른 편	왼 편
오른 편	3, 3	0, 0
왼 편	0, 0	3, 3

노젓기 사례와 달리, 통행 방향에 관한 사안은 만약 행위자간의 행위가 일치하지 않는다면, 최악의 경우 충돌로 인한 파멸적 결과로 이어지게 된다. 여기서 특기할 점은 도로를 사용하는 사람이 오른 편을 사용하는가 혹은 왼 편을 사용하는가의 여부 그 자체가 중요한 것이 아니라 서로의 행위가 일치하는 것이 해당 사례의 핵심이다. 루이스 역시 "복수의 균형상태 가운데 어느 쪽이든지 보다 균형상태를 이루는 것 자체가 중요하다"고 역설한다.[39]

조정문제를 해결하고 행위의 일치를 달성하기 위해서는 양자의 행위에 대한 명확한 기준이 제공되어야 할 것이다.[40] 여기에서 법률의 역할이 강조된다.[41]

Social Justice: From Hume to Walzer, Routledge, 1998, 17-44면.

38) Philip Soper, *A Theory of Law*, Harvard University Press, 1984. 80면.

39) David Lewis, *Convention*, Blackwell Publishing, 1969. 14면.

40) 이러한 측면에서 조정문제는 죄수의 딜레마와 불가분의 접점을 가지게 된다. 자세히는 조홍식, "물경시정치-비례입헌주의를 주창하며," 서울대학교 법학 제49권 제3호, 2008.

41) John Finnis, *Natural Law and Natural Right*, Oxford: Clarendon Press, 1980. 351면. 유사한 맥락에서 리처드 맥아담스(Richard McAdams)는 법률의 아래의 강점이 조정문제의 해결에 적합하다고 주장한다. ① 법적 결정의 공포(公布)의 강력한 주지성(publicity); ② 법적 결정이 가진 규범성을 통한 사회 구성원의 행위의 향

그러나 현실세계에서 발생하는 조정문제의 대부분은 이처럼 간단하지 않다. 전술한 도로의 통행방향의 문제가 오른편을 사용하든 왼편을 사용하든 양자에게 비슷한 정도의 이익을 제공하는 **평등한 조정문제**라면, 어떠한 약속 또는 기준에 의해 해결된 조정문제의 결과, 즉 개인에게 돌아가는 이익은 차등적으로 나타나기도 한다. 조정문제를 해결할 수 있는 복수의 선택지가 존재하여 아무것도 행하지 않는 경우보단 높은 사회적 이익을 가져다주지만, 그 중 어느 쪽을 선택하는지에 따라 보다 많은 이익을 얻는 자와 덜 얻는 자가 구분되는 것이다. 국민연금의 지급액과 납부액을 얼마로 설정할 것인지, 어느 동네에 CCTV를 설치할 것인지, 최고소득세 구간을 어느 정도로 설정할 것인지의 문제가 대표적이다. 이러한 조정문제는 **불평등한 조정문제**에 해당한다.[42]

나아가서, 조정의 대상이 **가치**가 된다면 문제는 훨씬 복잡해진다. 다원주의를 특징으로 하는 현대 사회에서는 구성원들이 자율적으로 각자의 좋은 삶(good life)에 대한 판단을 내리며, 그것들 간에는 우열이 존재하지 않는다. 나의 선택의 근거와 타인의 선택의 근거 사이에는 서로를 비교할 수 있는 하나의 유일한 척도가 존재하지 않기 때문이다. 예컨대 돈으로 경험을 살 수도 없으며, 경험이 돈으로 환원되지도 않는다. 이러한 의미에서 이 둘은 서로 통약불가능하며 동시에 비교불가능하다.[43]

도; ③ 입법자나 행정부의 제도적 역량(institutional capacity)에 의한 보다 정확한 미래예측이 바로 그것이다. Richard McAdams, "A focal Point Theory of Expressive Law," *Virginia Law Review*, 86, 2000. 1649-1729면. 다른 한편, 법률이 아닌 **관습**(convention)에 의한 조정문제의 해결을 피력하는 목소리도 보이지만, 그러한 주장은 인간의 유한성, 즉 **죽음**으로써 쉽게 반박된다. Gregory Kavka, *Hobbesian Moral and Political Theory*, Princeton University Press, 1986. 특히 185면.

42) 제레미 월드론(Jeremy Waldron)은 불평등한 조정문제를 **부분대립 조정문제**(Partial Conflict Coordination Problem)라 부른다. his, *Law and Dis-agreement*, Oxford University Press, 1999. 101-5면.

43) 가치의 다원성, 그리고 그것이 통약불가능하며, 나아가서 비교불가능하다는 주장의 대표적 논자는 조셉 라즈(Joseph Raz)이다. 그는 "A와 B는 한 쪽이 다른 쪽보다 좋지 아니하며 동시에 양쪽의 가치가 같은 것도 아닌 경우, 비교불능하

바꾸어 말하면, 그것은 조정의 대상이 될 수 없다. 이러한 가치 다원주의적 사고방식은 개인의 차원에서는 큰 문제가 되지 않으며, 자유주의를 표방하는 사회에서는 오히려 장려되기도 한다. 하지만 사회 문제를 해결하기 위해 집합적 대응이 요구되는 상황이라면 이야기가 달라진다. 모든 구성원이 자신의 실천이성에 터 잡은 판단만이 문제를 해결할 수 있는 유일한 방법이자 침해될 수 없는 권리라 주장하기 시작한다면, 홉스가 묘사한 만인에 대한 만인의 투쟁 상태, 즉 자연 상태로 회귀할 우려가 다분하기 때문이다.[44)]

다"고 이야기하면서, 다음의 사례를 제시한다. "A: 위스키를 마시면서 독서를 한다"와 "B:공원에서 산책한다"는 선택지 가운데 무엇이 더 나은 선택이라 말하기 어려운 상황이다. 그런데 A보다 "C: 포트와인을 마시면서 독서를 한다"라 더 나은 선택이라 할 때, 반드시 A보다 나은 C와 B를 비교한다고 하여도 무엇이 더 나은 선택인지 말하기 어려운 상황이 온다는 것이다." 반면, 캐스 선스틴 (Cass Sunstein)과 루스 창(Ruth chang)은 비교가능론자로서, 기수적 비교(cardinal)는 어려울지라도 서수적(ordinal) 비교는 가능하다고 주장한다. 또한, 월드론은 통약불가능성을 약한(weak), 그리고 강한(strong) 그것으로 구분하면서 "A가 B보다 중대하지만, B가 A보다 중대하지 않으며, 동시에 동등하지도 않은 경우"의 사례가 아닌 경우에는 강한 통약불능상태라고 할 수 있는 반면, 약한 통약불능상태란 A와 B간의 순위매김이 가능하며, 서로를 양적으로 형량하는 것 대신 비중에 상관없이 A와 B 중 무언가를 조금이라도 즉각적으로 선호하는 경우를 지칭한다고 한다. 이에 터 잡아서, 그 역시 약한 통약불가능성의 경우 서수적 비교를 통한 가치간의 형량이 가능하다고 주장한다. 이와 유사하게, 다 실바(Da Silva)의 경우도 마찬가지로 가치간의 형량가능성을 주장하면서 명확한 포괄적 가치(covering value)의 필요성을 역설하였다. 마치 위의 예시(A: 위스키를 마시면서 독서하기, B: 공원에서 산책하기)는 얼핏 공통되는 가치가 없기에 통약불가능하고 따라서 비교불능할 수 있지만, 내가 그 두 선택지 가운데 한 가지를 하고자 하는 배경을 구체적이고 명확하게 설정한다면 선택이 가능해질 수 있다. 만약 "고된 업무를 마치고 퇴근 후 스트레스를 풀기위해 조용하게 쉬고 싶다"라는 기준을 내세운다면 B보단 A를 선택하게 될 것이라는 것이다. Cass Sunstein, "Incommensurability and Valuation in Law," *Michigan Law Review*, 779, 1993. 여기에 대한 반박으로는, Virgi'lio Da Silva, "Comparing the Incommensurable: Constitutional Principles, Balancing and Rational Decision," *Oxford Journal of Legal Studies*, 31(2), 2011.

나. 에너지 문제 속의 가치의 조정문제

사회의 구성원들에게 "무엇이 기후위기에 대응하기 위한 가장 바람직한 에너지원인가?"라는 질문을 던져보면, 그들의 대답은 태양광발전과 풍력발전을 비롯한 재생에너지, 에너지 효율화, LNG, 수소에너지, 심지어 핵융합에 이르기까지 하나의 정답(正答)이 아닌 복수의 서로 다른 견해가 내세워질 것이다. 심지어는 각 에너지원을 어느 정도까지 보급해야 하는가와 같은 물음에 대해서도 각자가 서로 다른 견해를 제시할 것이라 쉽게 예상할 수 있다. 이는 에너지 문제가 조정 문제인 동시에 그러한 견해를 뒷받침하는 나름의 가치관과 이해관계가 존재함을 시사한다. 만약 여기에 대한 조정이 부재한 채로 각자가 자신만의 신념과 가치관을 유지하고 그것을 관철한다면, 통행방향의 사례에서 언급한 바와 같이 파멸적인 결과를 맞이할 것이다. 그렇기 때문에 에너지 문제는 기본적으로 조정이 필요한 영역인 것이다.

다만 한 가지 주의할 점은 에너지 문제가 전형적인 **불평등한 조정문제**에 해당한다. 바꾸어 말하면, 어떠한 선택을 내리는가, 즉 어떠한 에너지원을 어느 정도 채택할 것인가에 따라 손해를 입는 집단 또는 계층이 생김과 동시에 그로 인하여 이익을 얻을 수도 있다. 무엇보다 그 손해는 차등적으로 나타나고, 사회적 약자일수록 더욱 큰 피해를 입는다. 이와 같은 측면을 고려하면, 에너지 문제는 법률에 의한 매듭을 통해 사회 구성원들의 일차적 판단을 배제할 필요가 있다.

---

44) 한 가지 특기할 점은 홉스의 자연 상태는 반드시 인간의 이기심을 전제로 하지 않는다는 것이다. 오히려 공동체의 모든 구성원이 동일한 일반추상적 차원의 내용을 가진 도덕을 받아들이고 그것이 매우 자유주의적임에도 불구하고 자연상태는 유발될 수 있다. 심지어는 그것이 **선의**(good will)를 전제로 한 경우에도 마찬가지이다. Larry Alexander & Sherwin, *Rule of Rules*, Duke University Press, 2005. 한편, 이러한 상황은 **도덕적 전투**(moral combat)라 묘사되기도 한다. Heidi Hurd, *Moral Combat*, Cambridge University Press. 1999.

2. 경로의존적 문제로서의 에너지 문제

가. 에너지 시스템의 경로의존성

앞에서 살펴본 바와 같이, 에너지는 항상 **인프라**(infrastructures)를 수반한다. 전력(電力)을 예시로 든다면, 수많은 발전소로부터 생산된 전기는 변전소, 송전망, 배전망 등의 설비를 통해서 우리의 삶을 지탱하는 기업, 교통, 그리고 가정으로 도달한다. 우리는 에너지와 설비, 그리고 그것의 상호작용을 **시스템**(system)이란 개념으로 포섭해 볼 수 있다.[45] 이러한 관점에 입각한다면, 에너지 시스템을 구성하는 요소는 매우 세분화·전문화되어 있으며, 그들 간의 복잡한 상호작용을 통해 거대하고 복합적인 시스템을 구축한다고 볼 수 있다. 구체적으로, 에너지는 단순히 그것과 관련된 기술에 그치지 않고 무수히 많은 시설 등의 물적 인프라와 더불어, 인적 네트워크(엔지니어, 정책 및 법률의 입안자, 그리고 그들이 교류하는 대학, 학회, 연구용역 등), 기술의 진흥과 규제를 둘러싼 법률 및 정책 등의 제도, 사회문화적 배경(에너지를 바라보는 태도와 에너지가 특정 사회에서 가지는 의미 등), 국제정치의 흐름(석유 및 셰일가스의 국제가격, 기후위기 대응의 국제적 흐름 등)과 같이 다양한 층위에서 연결되고 활발하게 상호작용하면서 동시에 공진화(共進化)하는 **이음새 없는 망**(seamless web)을 만들어낸다.[46]

---

45) 시스템 개념은 전환이론(Transition Theory) 영역에서 적용 및 발전되고 있다. 전환이론은 기술 시스템과 사회 시스템의 동시적 구성을 전제로 한다. 기존에는 기술의 발전에 따라 사회가 결정된다는 기술결정론과 그 반대인 사회 결정론이 대립하고 있었으나, 전환이론은 기술과 사회는 서로 상호 보완적 관계임을 주장하면서, 이를 **사회·기술시스템**이라 칭한다. 이와 같은 관점은 주로 과학기술학(Science and Technology Studies, STS)이라 불리는 영역에서 나타나며, 에너지 영역은 STS의 주된 연구 테마 중 하나이기도 하다. Thomas Hughes, *Networks of Power: Electrification in Western Society*, Johns Hopkins University Press, 1983.
46) **이음새 없는 망**이라는 용어는 Thomas Hughes, "The Seamless Web: Technology,

나아가서, 이러한 시스템의 특징 중 하나는 그것이 형성부터 유지·발전의 과정을 통해 기술적·제도적 관성을 획득하고 점차 공고화[47]되는 경향을 보인다는 것이다.[48] 그로 인해 새로운 혁신적 기술이 출현하기 어려울 뿐더러 설사 그러한 경우에도 좀처럼 기존의 시장에서 가치를 평가받거나 일정한 시장점유율을 가지기 어렵다는 특징을 가진다.[49]

나. 에너지 고착의 사례

특정 기술 또는 이를 둘러싼 제도와 방식 등이 경로의존성을 획득하게 되고 일정 시간이 축적된다면, 그것은 고착의 단계로 접어들게 된다. 무엇보다 에너지 관련 인프라는 그 규모가 거대하고 일단 건설 및 가동을 시작하게 되면 최소 30년을 해당 장소에 머무르기 때문에 장기간의 **탄소고착**을 유발한다.[50] 이는 궁극적으로 화석연료 중심의 기존 에너지 시스템을 유지 및 강화하는 결과를 초래한다. 탄소고착은 다층적인 차원을 가진다. 위에서 지적한 기술적 고착이 주로 논의의 대상으로 여겨지곤 하지만 제도적 그리고 행동적 측면 또한 논하지 않을 수 없다.

제도적 고착은 탄소의존적인 에너지 수급체제의 유지와 확장을 유도하는 제도를 의미하며, 이를 나타내는 전형적인 영역이 바로 **법**이다.[51] 이러

Science, Etcetera, Etcetera," *Social Studies of Science*, 16(2), 1986.

47) 경로의존성과 관성을 통해 시스템이 형성되고 그것이 점차 공고화된다는 맥락에서 **공고화**(solidation)는 **고착**(lock-in 또는 Locked-in)과 같은 맥락에서 사용된다.

48) 실제로 휴즈를 비롯한 과학기술학의 연구자들은 전력시스템을 대상으로 연구하였으며 군수, 제약, 철도 등과 함께 과학기술학의 대표적인 연구영역이기도 하다. 국내 문헌으로는, 송성수, 『과학기술은 사회적으로 어떻게 구성되는가』, 새물결, 1999.

49) qwerty키보드의 사례가 예시적이다. Paul David, "Clio and the Economics of QWERTY," *The American Economic Review*, 75(2), 1985.

50) Gregory Unruh, "Understanding carbon lock-in," *Energy Policy*, 28(12), 2000.; Fouquet Roger, "Path dependence in energy systems and economic development," *Nature Energy*, 1, 2016.

한 법의 경로의존적 경향은 그것이 가지는 **사전적 대응**(pre-commitment)이라는 특성에 기인한다.[52] 그러나 사전적 대응은 엄격한 강제적과 유연성 사이의 균형이라는 법의 치명적인 딜레마에 마주하게 되는데, 과도하게 경직적인 법은 새로운 환경에 적응하기 어려우며, 반대로 지나치게 가변적인 법은 규범성을 결여할 우려가 있다. 그럼에도 불구하고 법은 본성적으로 보수적이며 경로의존적이기 때문에, 변화가 요구되는 상황에서도 그것이 구현되기 어려운 경우가 이따금 발생한다.[53] 특히, 전환적 여건의 가운데에 서 있는 오늘날의 에너지 시스템의 특수성을 고려하면 법이 가지는 항상성(恒常性)은 기존의 체계를 유지하기 위한 커다란 동력을 제공함에 그치지 않고 보다 지속가능한 체계로의 전환을 저해하는 요인으로 작용하기도 한다.[54] 화석연료 중심의 에너지 시스템

---

51) Oona Hathaway, "Path Dependence in the Law: The Course and Pattern of Legal Change in a Common Law System," *Iowa Law Review*, 86, 2000. 122면. 한편, 법체계의 경로의존성이 다른 체계의 그것에 비하여 전환을 어렵게 만드는 이유로 관련 조직과의 뿌리 깊은 고착을 지적하는 문헌으로는, Frederick Schauer, "Legal Development and the Problem of Systemic Transition," *The Journal of Contemporary Legal Issues,* 13(1), 2003. 277면.

52) UC 버클리(Berkely) 로스쿨의 홀리 도레무스(Holly Doremus) 교수는 법이란 장·단기적 리스크에 대한 **사전적 대응**이라고 규정하면서 그로 인하여 우리는 높은 비용이나 첨예한 갈등이 예견됨에도 불구하고 사회적 문제를 해결하고자 노력하며, 이를 위한 계획 및 정책을 수립하는 것이라 말한다. Holly Doremus, "Adapting to Climate Change with Law That Bends Without Breaking," *San Diego Journal of Climate & Energy Law*, 45, 2010.

53) 위의 논문.

54) 여기에 관해서는 다양한 문헌이 축적되어 있다. 예컨대, 하버드(Harvard) 로스쿨의 리차드 라자루스(Richard Lazarus) 교수는 환경·에너지 분야의 법제는 사회와 기술의 변화에 민감하고 유연하게 대응해야 하지만 현재 미국의 법제정 과정은 보수적이고 파편적이며, 과도하게 복잡하게 형성되어 있다고 꼬집는다. Richard Lazarus, "Super Wicked Problems and Climate Change: Restraining the Present to Liberate the Future," *Cornell Law Review*, 94, 2009. 1180면. 유사한 맥락에서 도레무스 교수도 환경 부문에서의 변화가 더딘 배경에는 인간의 본성과 함께 법적 변화에 저항하는 정치적 여건이 자리한다고 지적한다. Holly Doremus,

속에서 강력한 이해관계를 가지는 계층 및 집단이 그로부터의 전환에
저항하기 때문이다.[55] 시카고(Chicago) 로스쿨의 조슈아 메이시(Joshua
Macey) 교수는 기존의 시스템을 지탱하는 낡은 에너지법체계를 비판하
며, 이를 **좀비 에너지법**(Zombie Energy Law)이라 꼬집는다.[56]

결과적으로, 기술적 고착과 제도적 고착은 최종 서비스인 에너지를
사용하는 소비자의 행동적 고착으로 이어진다. 행동적 고착은 행위자(소
비자 또는 생산자)의 행위가 습관과 조직적 학습에 의해 어떠한 비효율
성 또는 준-최적화(sub-optimal)의 틀에 갇혀있는 상태라 정의된다.[57] 다
시 말해, 일단 소비자 또는 사용자가 특정 시스템을 익히는데 그의 시간
혹은 금전을 투자하거나 전통적 행동양식에 익숙해지면, 그들은 다른 대
안이 더욱 우수한 경우에도 이를 시도하려 하지 않는다는 것이다.

행동적 고착은 에너지 소비와 수요관리의 측면에서 다양한 연구의
주제가 되고 있다.[58] 나아가서, 행동적 고착은 앞에서 살펴본 기술과 제
도의 고착으로부터의 탈피가 일어난 이후에도 지속해서 나타난다. 이에
대해서는 일본의 전력시장 자유화 사례를 통해 살펴볼 수 있다. 주지하
다시피, 2016년 4월, 일본의 소매전력시장이 전면 자유화되었고, 다양한
전력판매사업자가 시장에 참여하였다. 다시 말해, 소비자는 다양한 독립
발전사업자로부터 지속가능한 전원(電源)의 전력을 선택적으로 공급받
을 수 있게 되었다. 이러한 변화는 2011년 후쿠시마 원자력사태 이후 다

"Takings and Transitions," *Florida State University Journal of Land Use and
Environmental Law*, 19(1), 2018.

55) Amy Stein, "Breaking Energy Path Dependencies Amy," *Brooklyn Law Review*, 2,
2017.

56) Joshua Macey, "Zombie Energy Laws," *Vanderbilt Law Review*, 73, 2020. 해당 문헌
에서는 주로 에너지 요금체계를 다루었으며, 그것이 지나치게 시장원리에 입
각하고 있다고 지적한다.

57) Myles Gartland *et al.*, "Old Habits Die Hard: Path Dependency and Behavioral,"
Journal of Economic Issues, 38(2), 2004.

58) Steve Sorrell, "Reducing energy demand: A review of issues, challenges and approaches,"
Renewable and Sustainable Energy Reviews, 47, 2015.

양한 에너지원을 요구하던 일본 국민들의 강력한 염원에 의한 결과였음
에도 불구하고, 초창기에는 독립 발전사업자로의 교체율이 매우 저조하
였다. 예컨대 자유화가 시작된 해의 8월까지의 통계를 보면, 전국적으로
전력계약을 새로이 체결한 신청건수는 319만건에 이르렀지만, 그 대부분
이 기존의 전력회사와의 계약은 그대로 유지하되, 요금체계만을 변경하
는 방식을 취하였다.[59] 새로운 기술과 제도에 대한 보수적 성향이 강한
일본 소비자의 행동방식을 고려하더라도, 독립 발전사업자로 변경하지
않은 소비자를 대상으로 정부의 인식조사에서 60%가 넘는 소비자가 "어
딘지 모르게 변경이 불안하다" 혹은 "익숙한 회사를 더 선호한다"와 같
은 고착이 발생하였다는 점을 엿볼 수 있다.[60]

요컨대, 탄소고착은 화석연료 중심으로 기반시설과 기술이 구조화될
뿐만 아니라 제도적인 차원과 행동적 차원에서도 고착화되는 현상 또한
포괄한다.

3. 법을 통한 에너지 문제의 해결

가. 가치의 조정문제를 해결하기 위한 에너지법

앞에서 살펴본 바와 같이, 에너지 문제는 집합적 행동이 요구된다.
즉 무엇이 최선의 기후위기 대응의 방식인가와 같은 가치 의존적 물음

---

59) 資源エネルギー庁, "電力小賣面前自由化に關する進捗狀況," 2016.

60) Kevin Maréchal, "Not irrational but habitual: The importance of "behavioral lock-in"
in energy consumption," *Ecological Economics,* 69(5), 2010. 본 문헌에 의하면, 에
너지 소비자의 행동은 전통적인 합리적인 모델에서 벗어난 개개인의 관습과
사회 공동체의 사회·문화적 배경에 의해서 좌우된다. 그러한 까닭에, 저자는
이러한 행동의 고착에서 벗어나기 위한 강력한 인센티브의 제공을 주장한다.
유사한 입장에서, **습관적 경로**(habit path)를 주장하는 견해로는, Zeki Sarigil,
"Showing the path to path dependence: The habitual path," *European Political
Science Review,* 7(2), 2015.

에 대한 자신의 일차적 근거를 배제하고, 사회적으로 내려진 이차적 결정에 자신의 행동을 의존해야 한다. 그리고 그 이차적 결정이 바로 **법률**이다. 여기에 관한 근거지움은 칸트의 통찰에 기댈 수 있다. 그는 여러 사람들이 모여 사는 **자연 상태**(state of nature)[61]를 폭력과 공격성이 수반되는 전쟁 상태라고 상정하였다.[62] 그렇기에 보편적이고 영속적인 평화를 위해서는 자연 상태에서 **법적 상태**(judicial state)[63]로 이행해야 한다고 주장한다.[64] 또한, 칸트는 자연 상태에서 법적 상태로 이행하기 위해서는 권리의 투쟁에 있어서 확정적인 선고를 내릴 수 있는 권한을 가지는 법관(또는 법적 기관)이 필수적이라 강조한다. 이러한 설명은 칸트가 자

---

[61] 칸트의 자연 상태에 관한 일반적 설명은 다음의 문헌을 참고할 수 있다. 윤삼석, "칸트 자연법 이론에서 자연상태의 의미," 칸트연구, 37, 2016. 한편 여기서의 **자연 상태**(state of nature)는 **사회적 상태**(social state)라고 불릴 수 있으나 시**민적 상태**(civil state)와는 구별된다. Sharon Byrd & Joachim Hruschka, *Kant's Doctrine of Right A Commentary*, Cambridge University Press, 2012. 23면.

[62] 자연 상태가 전쟁 상태임은 경험적 사실이 아니라 오히려 선험적 사실에 근접하다. 임미원, "칸트의 실천철학의 기초 – 자율성과 사회계약론을 중심으로," 법철학연구 제22권 제3호, 2019. 특히 193면. 이러한 측면에서 칸트의 자연 상태는 홉스가 말하는 자연 상태와 궤를 함께 한다. 다만 홉스는 도덕적 요소를 철저히 배제하고 정치이론의 관점에서 자연 상태와 국가를 구분하였지만 칸트는 자연 상태가 인간의 권리를 침해한다는 지극히 도덕적 측면에서 이행의 대상으로 바라본 것이다. 자연 상태가 도덕적 진공 상태라는 점에 관해서는, Francis Deng, *Sovereignty as Responsibility: Conflict Management in Africa*, Brookings Institution Press, 2010. 칸트가 말하는 법적 상태로의 이행의무는 사회성원들의 이익에 부합하기 때문이 아니라는 주장으로는, Pauline Kleingeld, "Kantian Patriotism," *Philosophy & Public Affairs*, 29(4), 2000.

[63] 한편으로 **법적 상태**(judicial state)는 칸트의 Rechtsstaat와는 차별되는 용어이다. 엄밀하게 구분하자면 후자는 "*법의 지배 하의 국가, 즉 적정절차가 보장되어 있는 국가*(The Rechtsstaat is the state under the rule of law, the state ensuring due process of law)라고 한다. Sharon Byrd & Joachim Hruschka, 앞의 책. 26면.

[64] 여기서 법적 상태는 구성원 각자가 자신의 권리를 "누릴 수 있는"(enjoy) 상태를 의미하는데, 법적 상태로 이행하지 못하는 이유는 각자가 자신의 권리를 가지지 않기 때문이 아니라, 그것을 확보(secure)하지 못하거나 일시적(provisional)이기 때문이라고 한다.

연 상태를 "법적이지 않은 상태, 즉 배분적 정의가 결여된 상태"라고 정의함에 근거한다. 여기서의 배분적 정의란 법(관)이 가져오는 정의이다.[65] 요컨대 권리의 분쟁에 대한 최종적 결정권자가 존재하지 않기 때문에, 자연 상태가 폭력 상태가 되는 것이다. 바꾸어 말하면, 그가 말하는 **법적 상태**란 배분적 정의를 실현할 수 있는 상황인 것이며, 그것은 즉 사법(private law)의 상태에서 공법(public law)의 상태로의 전환을 이야기하는 것이라 읽힌다. 이러한 칸트의 주장에 터 잡는다면, 에너지 문제는 그것이 **자연 세계**(natural world)에서 발생하는 것이 아닌, **인간 세계**(human world)에서 발생하는 것이라는 점을 망각해선 안 된다.

나. 경로의존성 문제를 해결하기 위한 에너지법

전술한 바와 같이, 에너지 산업은 수 백년의 역사, 거대한 인프라, 복잡한 제도 등의 인적·물적 네트워크를 포함하는 대규모 사회·기술시스템을 형성하고 유지해왔기에 수확체증의 법칙으로 획득한 강력한 경로의존성이 작동한다. 그렇기 때문에 기존의 관성에 제동을 걸고 이미 고착된 시스템으로부터 벗어나 새로운 시스템으로 전환하기 위한 혁신적 기술이 자연발생적으로 출현하기란 거의 불가능에 가깝고, 또한 이를 위해선 오랜 세월의 육성과 적극적인 지원을 필요로 한다.[66] 이는 탄소의존적 시스템으로부터의 전환이 결코 경제적 요인이 아니라 규범적 요인으로부터 출발해야 함을 의미한다.[67]

위와 같은 지적에 터 잡는다면, 법이 가지는 강력한 규범력은 에너지 시스템의 경로의존성과 고착을 타파하고, 지속가능한 방향으로의 전환을 만들어냄에 있어서 필수적이다. 한 가지 주의할 점은 기존 체제로부

---

65) *Sharon Byrd & Joachim Hruschka*, 위의 책.
66) 황진택, "에너지 메가트렌드와 비지니스 솔루션" in 조홍식 편저, 『기후변화 시대의 에너지법정책』, 박영사, 2013. 17장.
67) 여기에 관해선 제5장 제4절에서 재론한다.

터의 전환에 대한 저항을 어떻게 관리할 것인가이다. 만약 전환을 위한 법이 저항과 갈등에 휩싸인다면 문제해결을 위한 법이 만들어지기 어려울 뿐만 아니라 오히려 기존의 체제를 공고히 하는 **상징적 입법**으로 이어질 가능성이 짙기 때문이다.[68] 바꾸어 말하면, 에너지법은 단순히 법률을 제정한다는 임무를 넘어, 그것을 어떻게 이끌어낼 것인가라는 보다 메타적이고 광활한 차원에서의 시도를 시야에 넣어야 할 것이다.

---

[68] **상징적 입법**이란 입법자들이 사회적으로 해결이 요구되는 사안의 실질적인 해결이 아닌, 대응하고 있다는 모습을 보여주기 위한 법률의 제정을 지칭한다. 그렇기 때문에 상징적 입법은 대게 현실에서는 실현불가능한 수준의 목표를 제시하곤 하는데, 환경 분야에서 자주 보인다. 그 요인은 대게의 경우, 정치인들의 재선에 대한 욕심에 근거한다. 반면 **골격입법**이라는 용어도 존재하는데, 이는 통상적으로 국민들의 권리와 의무를 향한 근거 및 기준을 법률로서 정하되, 그 구체적인 내용은 행정입법에 위임하는 방식을 말한다. 즉 양자는 구분되는 개념이다. 상징적 입법에 관해서는 John Dewey, "The Pathology of Symbolic Legislation," *Ecology Law Quarterly*, 17, 1990. 국내 문헌으로는 홍준형, 『상징입법』, 한울, 2020.

제3절 '에너지법'의 개념과 비판

1. 에너지법의 개념

가. 에너지법의 정의(定義)

무언가의 **개념**을 규정할 때, 가장 먼저 떠올리는 방법은 그것의 **정의**(定義)를 탐색하는 것이다. 아래에서는 지금까지 에너지법이 어떠한 방식으로 정의되어 왔는가를 살펴보고자 한다.

에너지법의 정의와 관련해서는 여러 주장이 상존한다. "에너지에 관련된 법규범의 체계"[69]라는 비교적 단순한 정의부터 "인간의 생산활동과 소비활동에 필수적인 에너지의 생산·유통·분배·소비에 관하여 규율하는 법"[70]이라는 에너지의 이동에 초점을 맞춘 정의의 방식도 내세워지곤 한다. 또한, "열과 전기를 발생시키는 여러 가지 자원의 이용을 규율하는 법"[71]이라는 에너지의 형태를 강조하는 정의지움도 존재한다. 근자에는 **에너지환경법**이라는 개념과 함께, 그 내용을 "에너지 개발·저장·운송·사용을 포함하는 전 과정에서 발생하는 온실가스의 배출을 비롯한 환경오염물질의 배출을 억제하는 법령과 제도"라 바라보기도 한다.[72] 한 가지 주목할 점은 위와 같은 접근방식이 대부분 환경법의 관점에 토대를 두었다는 것이다. 이러한 배경에는 환경법과 에너지법의 높은 유사성, 바꾸어 말하면 환경 문제와 에너지 문제의 공통성이 자리한다.[73] 환경법

---

69) 허성욱, "기후변화 시대의 에너지법," 『기후변화 시대의 에너지법정책』, 조홍식 편저, 박영사, 2013. 299면.
70) 이은기, "한국과 미국의 에너지 관련 법제의 변화—기후변화에 대한 최근 에너지입법을 중심으로," 환경법연구 제34권 제2호, 2012. 118면.
71) 위의 논문. 121면.
72) 이종영, 『에너지법학』, 박영사, 2021. 369면.

의 관점에 기대서 바라보면, "에너지법은 에너지 문제에 대한 법적 대응
이자 지속가능한 에너지의 생산과 분배, 그리고 소비를 위한 법규범의
총체"라고 포괄적으로 정리해 볼 수 있을 것이다.[74]

에너지법의 바람직한 정의는 그것의 다측면성을 전제로 해야 한다는
지적도 보인다. 즉, ① 일을 할 수 있게 만드는 원천이라는 의미의 에너
지 내지 에너지 자원을 규율하는 법률, ② 1차 에너지와 2차 에너지를 포
괄하는 법률, ③ 에너지의 생산, 분배 및 이용을 포괄하는 법률, ④ 에너
지를 둘러싼 권리와 의무를 규율하는 법률이라는 관점이 바로 그것이다.
이러한 고려를 종합하자면, 에너지법이란, "1차 에너지, 2차 에너지 및
이에 준하는 에너지의 생산, 분배 및 이용에 관한 권리·의무를 규율하는
법규범의 체계"로 정의하는 것이 설득력을 가진다.[75]

나. 에너지법의 규율대상

에너지법의 규율대상은 확대일로에 있다. 우리 에너지법의 발전시기
를 세 가지로 나누어 본다면 ① 공급안정성과 경제성을 중시한 1970-80
년대, ②「대체에너지개발촉진법」을 통하여 에너지원의 다각화를 도모한
1980-90년대, ③ 지속가능개발을 접목시켜 환경책임성과 사회적 형평성
을 고려한 2000년대 이후로 구분지어 볼 수 있다.[76] 이처럼, 과거에는 안
정적이고 효율적인 에너지 수급을 위하여 그것을 둘러싼 조직과 생산
및 배분의 방식을 진흥하고자 하는 것이 에너지법의 주된 규율대상이자

---

73) 여기에 관해서는 이어지는 항에서 보다 구체적으로 검토할 것이다.
74) 이것은 조홍식, 『환경법원론』, 제2판, 박영사, 2020. 16면에서 기술된 환경법의
   개념("환경문제에 대한 법적 대응이자 환경보호를 위한 법규범의 총체이다")에
   서 가져온 것이다.
75) 황형준, "지속가능한 에너지법의 이념과 기본 원리," 서울대학교 법학과 박사
   학위논문, 2018.
76) 이준서, "한국의 경제성장과 입법발전의 분석-에너지 법제-," 한국법제연구
   원, 2013. 37-72면.

내용이었지만, 점차 그 대상이 확장되고 있다.[77]

   그 중에서도 에너지, 특히 전력의 도매시장에 경쟁체제를 도입하면서 민간 사업자가 진입할 수 있도록 허용하였고, 전기사업이 하나의 영역이자 규율의 대상으로 여겨지게 되었다. 물론 전기는 사회의 필수서비스이고 사회적 취약계층에 대한 에너지 복지의 필요성을 고려하면, 해당 사업은 온전히 경제적 논리에 의해 지배되는 것이 아니라 공익산업적 측면 또한 강조되어야 마땅하다. 이러한 배경에서, 「전기사업법」은 전기사업에 진입하기 위해서는 엄격한 허가의 요건(제7조 제5항)과 여러 의무(제14조, 18조 내지 제20조의2), 그리고 요금에 대한 규제(제15조, 16조, 16의2조, 17조)를 규정하고 있다. 나아가서, 오늘날 과학기술의 발전과 함께 석탄화력, 원자력, 재생에너지, 수소 등 다양한 에너지원이 활용되고 있는 만큼, 해당 에너지의 생산, 배분, 그리고 소비의 방식이 내재하는 위험과 리스크에 대한 규제의 필요성도 부상하고 있다.[78] 예컨대 전기자동차의 보급은 앞서 언급한 안전성이 에너지 생산의 영역을 넘어, 일반 소비자에게도 밀접하게 연관되어 있음을 인식하게 해준다. 덧붙여서, 2008년부터 이어진 밀양 송전탑을 둘러싼 갈등을 상기해 본다면, 에너지 배분의 과정에서도 마찬가지일 것이다. 무엇보다, 앞으로 기후위기 대응과 2050년 탄소중립을 달성하는 과정에서 더욱 많은 쟁점이 발생하리라 예상되는 만큼, 향후 에너지법의 규율대상은 더욱 확대될 것이다.

  다. 에너지법의 독자성

   에너지법의 독자성을 인정하는 견해는 주로 아래와 같다. 우선 에너지를 둘러싼 대내·외적 환경이 급변하고, 그 변화가 단순히 대중적인 것

---

77) 「대체에너지개발촉진법」이 산업통상자원부의 산하 법률로 포함되어 있음이 에너지를 산업과 진흥의 관점에서 바라보았음을 시사한다.
78) 「원자력안전법」과 「수소경제 육성 및 수소 안전관리에 관한 법률」이 대표적이다.

이 아니라 특정한 목적과 방향성을 가지는 규범적 전환인 까닭에, 이를 이끌어낼 수 있도록 독자적인 규율체계를 수립해야 한다는 것이다. 무엇보다 그러한 전환은 다른 영역, 예컨대 환경법, 산업규제법, 독점금지법, 경제법 등과는 분명히 차별화되기에 독자성의 확보에 더욱 설득력이 더해진다.[79]

　반면, 에너지법 영역의 탄생에 대한 비판이 존재하지 않는 것은 아니다. 우선 에너지라는 영역이 가지는 광범위성으로 인해 어디서부터 어디까지를 에너지법이라 칭할 것인지부터 시작하여, 에너지법이 아니라 오히려 **에너지정책**이 보다 핵심적인 역할을 수행한다는 지적 역시 많은 함의를 제기한다.[80] 추가적으로 전 미국 연방항소법원 제7순회법원의 프랭크 이스트브룩(Frank Easterbrook) 판사는 **말의 법**(The Law of the Horse)이라는 비유를 통하여 과도하게 세분화 및 전문화되어 가는 법체계는 결코 바람직하지 못하다고 꼬집는다. 즉 말과 관련된 다양한 행위들, 예컨대 매매, 특허, 의료 등 말과 관련된 각 영역에 대한 법률을 별도로 만들고 이를 말의 법이라는 법체계로 설정하는 것이 아니라 계약법이나 불법행위법, 상법과 같은 기존에 존재하는 법규범을 토대로 문제를 해결해야 한다는 것이다.[81] 이러한 지적은 단순히 특정 분야가 새롭다거나 그로 인하여 사회적 실천이 변하였다는 사실만으로는 해당 분야를 규율하기 위한 법률이 만들어져야 한다는 주장은 성립되기 불충분하며 오히려 기존의 법규범으로 바라보았을 때 문제의 본질이 비로소 보인다는 요지이다. 그럼에도 불구하고, 법체계가 새로운 영역을 만들어 내는 것 자체가 비판받아서는 안 된다. 현대 사회와 그 성원들의 욕구는 계속해서 세분화되고 거대화된다. 그에 따라 갈등도 깊어지며 이를 해결하기

---

79) 황형준, 앞의 논문. 33-5면.
80) 이재협, "기후변화의 도전과 미국의 에너지법정책," 경희법학 제46권 제4호, 2011. 192면.
81) Frank Easterbrook, "Cyberspace and the Law of the Horse," *The University of Chicago Legal Forum*, 207, 1996. 207면.

위한 법영역의 논의는 필수불가결하기 때문이다.

라. 우리 실정법체계 속에서의 에너지법

이하에서는 우리 실정법체계 속에 에너지법이 어떠한 모습으로 자리 매김하고 있는지를 살펴본다.

(1) 헌법 속에서의 에너지법

우리 헌법은 제120조에서 **자원**에 관한 규정을 두고 있을 뿐, 에너지에 관한 규정을 두고 있지 않다.[82] 동조의 제1항은 광물 및 기타 주요한 자원을 채취·개발하여 경제적 이익을 취하기 위해서는 법률에 의거해야한다는 함의를 제공하며, 제2항은 국토 자원의 희소성에 터 잡아, 그 보호와 함께 균형 잡힌 개발·이용을 통하여 환경보호와 경제개발의 조화를 이룩해야 함을 의미한다. 이를 위해서는 국가가 필요한 계획을 수립하게 체계적이고 계획적인 태도를 취해야 한다는 것이다.[83]

(2) 법률 속에서의 에너지법

한편, 법률의 차원으로 내려오면, 풍부한 에너지 관련 규정에 마주할 수 있다. 아래의 [표 2]는 해당 법률을 체계적으로 구분한 것인데 주로

---

82) 동조 제1항은 "광물 기타 중요한 지하자원·수산자원·수력과 경제상 이용할 수 있는 자연력은 법률이 정하는 바에 의하여 일정한 기간 그 채취·개발 또는 이용을 특허할 수 있다"고 규정하고 있으며, 제2항은 "국토와 자원은 국가의 보호를 받으며, 국가는 그 균형있는 개발과 이용을 위하여 필요한 계획을 수립한다"고 규정한다.

83) 동 조항에 관한 깊이 있는 논의로는 전종익, "헌법 제120조 제1항 천연자원 규정의 해석," 서울대학교 법학 제61권 제2호, 2020.

[표 2] 우리 에너지법의 체계

일반법	
에너지 정책	• 에너지법
에너지 전환	• 〈에너지 전환 지원에 관한 법률〉
에너지이용	• 에너지이용 합리화법
재정/금융	• 에너지 및 자원사업 특별회계법 • 해외자원개발사업법 • 교통·에너지·환경세법, 조세특례제한법
건물	• 녹색건축물 조성 지원법
교통	• 지속가능 교통물류 발전법
소비	• 녹색제품 구매촉진에 관한 법률
기술개발	• 기후기술개발촉진법
산업	• 환경친화적 산업구조로의 전환촉진에 관한 법률 • 녹색융합클러스터의 조성 및 육성에 관한 법률

에너지원별 개별법

지하자원		전기 등 전환에너지		원자력		신재생에너지 및 기타
채굴/ 개발	• 광업법 • 해저광물자원개발법 • 해외자원개발사업법	기본 사업 운영	• 전기사업법, 전원개발촉진법 • 집단에너지 사업법	기본 법률	• 원자력법	• 신에너지 및 재생에너지 개발· 이용·보급 촉진법 • 분산에너지 활성화 특별법 • 수소경제 육성 및 수소 안전관리에 관한 법률 • 에너지 산업융복합 단지의 지정 및 육성에 관한 특별법 • 〈풍력발전 보급촉진 특별법안〉 • 기후위기 대응을 위한 녹색금융 촉진 특별법안
정제/ 판매	• 석탄산업법 • 석유 및 유대체연료 사업법 • 도시가스사업법, 액화석유의 안전 및 사업관리법	보조직 사업 운영	• 전기공사법 • 전력기술관리법	안전	• 원자력시설 등의 방호 및 방사능 방재대책법	
		산업 구조 개편 관련	• 전력산업구조개편 촉진에 관한 법률 • 지능형전력망의 구축 및 이용촉진에 관한 법률	손해 관련	• 원자력 손해배상법 • 원자력 손해배상보상 계약에 관한 법률	
수송/ 저장	• 송유관안전관리법 • 위험물안전관리법 • 액화석유의 안전 및 사업관리법 • 고압가스안전관리법			기구	• 한국원자력안전기술원법	
안전	• 광산안전법	기구	• 한국전력공사법 전기공사공제조합법	개발	• 중·저준위 방사성 폐기물 처분시설의 유치지역에 관한 특별법	
기구	• 한국석유공사법, 대한석탄 공사법, 대한광업진흥공사법, 한국가스공사법	개발	• 농어촌 전기공급사업 촉진법 • 발전소 주변지역 지원에 관한 법률 • 송·변 전설비 주변 지역의 보상 및 지원에 관한 법률 • 발전소주변지역 지원에 관한 법률			
개발	• 광산피해의 방지 및 복구에 관한 법률 • 폐광지역 개발지원에 관한 법률					

* 괄호 안은 2022년 5월 현재 발의 중에 있는 법안이다

에너지원(源)을 기준으로 유형화한 것이다. 이러한 논의는 과거 구 「에너지기본법」의 제정을 둘러싸고부터 이루어졌던 것들이었으나, 동법이 현재 에너지법으로 격하되고 「지속가능발전기본법」[84], 「탄소중립기본법」, 「에너지법」 등 관련 법제의 정리가 요구되는 상황에서도 여전히 참고해야 할 재료가 될 것이다.

2. 관련 법영역과의 관계성

밴더빌트(Vanderbilt) 로스쿨의 룰(J. B. Ruhl) 교수는 어떠한 법영역이 필요한가를 고민하기 위해서는 기존의 유사한 법영역과의 비교가 전제되어야 한다고 강조한다.[85] 이를 수용하여, 우선 에너지법과 유사하다고 여겨지는 환경법과의 관계성을 둘러싸고 국내·외에서의 논의를 비교 검토하고자 한다. 여기에는 에너지법이 아닌 보다 넓은 관점에서 기후위기 그 자체를 규율할 수 있는 기후변화법(Climate Change Law)이 필요하다는 주장이 함께 부상함에 따라 여기에 대해서도 짧은 고찰을 추가한다.

가. 환경법과의 관계성

(1) 고유의 영역

에너지법과 환경법의 관계성을 논함에 있어서 대부분의 논의는 양자의 유사성, 특히 결합에 방점을 찍곤 한다.[86] 반면, 양자가 각각 고유의 영역을 가지고 있다는 부분을 놓쳐선 안 될 것이다. 무엇보다 오늘날 환

---

84) 동법은 2022년 1월 4일 제정되어 동년 7월 5일부터 시행될 예정이다. 동법의 내용과 의미에 대해서는 한상운, "대전환의 시대: 지속가능사회를 향한 새로운 출발," KEI 포커스 제10권 제3호 통권 제85호, 한국환경연구원, 2022. 5.
85) J. B. Ruhl & James Salzman, 앞의 논문. 988면.
86) 여기에 관해서는 이어지는 ii항에서 상술한다.

경보전과 기후위기 대응이라는 각각의 영역의 목적이 충돌하면서 부각되는 경향이 왕왕 나타나는 만큼 여기에 관한 논의가 실익을 가진다.

우선, 양자의 **목적**에 관해서 살펴볼 필요가 있다. 환경법은 **환경문제에 대한 법적 대응**이라 압축해 볼 수 있다. 덧붙여서, 헌법의 환경권 조항과 「환경정책기본법」 등의 실정법조문에 비추어 본다면 환경법의 목적은 "지속가능한 환경보전을 통하여 건강하고 쾌적한 삶을 국민에게 보장하는 것"이라 살필 수 있을 것이다.[87] 이를 토대로 하여, **헌법상 환경권의 충실한 보장과 생활환경과 자연환경에 대한 오염이나 훼손을 예방하고 제거하며, 이미 발생한 환경침해로 인한 피해와 손해를 전보함으로써 환경분쟁을 해결**하는 것으로 구체적인 목표를 도출해 볼 수 있다. 한편, 실정 「에너지법」은 "안정적이고 효율적이며 환경친화적인 에너지 수급 구조를 실현"하기 위함을 목적으로 천명하고 있다. 또한 「에너지이용 합리화법」에서는 "에너지의 수급을 안정시키고 에너지의 합리적이고 효율적인 이용을 증진하여 에너지소비로 인한 환경피해를 줄임으로써 국민경제의 건전한 발전 및 국민복집의 증진과 지구온난화의 최소화"에 이바지함을 목적으로 내세우고 있다. 즉 에너지법은 "안정적이고 효율적이면서 친환경적인 에너지 수급체계의 구축"을 목적으로 삼고 있다고 해석할 수 있다. 이는 에너지의 생산, 배분, 그리고 소비의 수급과정에서 환경친화성이 강조되면서 성립된 것이며, 여기에 더해 2050년 탄소중립이라는 목표의 설정으로 인해 사회적 형평성이라는 새로운 축이 세워지게 되었다. 이러한 취지는 「기후위기 대응을 위한 탄소중립·녹색성장 기본법」(이하, "「탄소중립기본법」")의 목적에서도 살펴 볼 수 있다.[88]

요컨대 환경법은 어디까지나 인간의 경제활동으로 인해 발생하는 환

---

87) 조홍식, 앞의 책(2020), 18면.
88) "기후위기의 심각한 영향을 예방하기 위하여 온실가스 감축 및 기후위기 적응 대책을 강화하고 탄소중립 사회로의 이행 과정에서 발생할 수 있는 경제적·환경적·사회적 불평등을 해소하며 (…) 현재 세대와 미래 세대의 삶의 질을 높이고 생태계와 기후체계를 보호하며 국제사회의 지속가능발전에 이바지하는 것"

경에 대한 과도한 오염과 그로 인해 수반되는 피해를 예방 및 제거하는 데 초점을 맞춘다. 반면, 에너지법은 에너지의 수급과정에 있어서 환경적인 고려와 함께 안정성, 경제성, 그리고 사회적 형평성을 고루 추구하는 작동원리를 가지게 된다. 즉 환경법과 에너지법의 목적의 차이는 그들이 규율하는 대상이 전혀 다르다는 점을 확인시켜준다. 또한 에너지의 수급을 위한 에너지법은 환경적인 고려와 함께 다른 요소들이 상호작용하며 나아가는 것이기에, 환경적 고려요소만을 지상의 가치로 내세우기 어렵다는 점도 특기할 만하다. 물론 환경법도 다른 기본권과의 조화를 도모하지 않을 수 없으나, 환경의 **보존**과 에너지의 **수급**은 본질적으로 상반되는 가치라는 지적도 보인다.[89] 나아가서 규율의 대상이 가져오는 차이는 그것이 가지는 특성에 따른 규율의 방법론 또한 달라짐을 의미하기도 한다.

이렇듯, 양자는 각각의 고유의 목적이 존재하는 까닭에, 해당 목적을 추구하기 위한 구체적인 정책과 계획이 설계되고 이행되는 과정에서 서로가 융합되지 못하고 개별적으로 추구되는 경향을 보이곤 한다. 이러한 인식은 양자를 규율하는 기관이 환경부와 산업통상자원부로 명확하게 구분되고 있는 현실에서 적절히 나타난다.

(2) 결합, 중첩, 그리고 충돌

전술한 바와 같이, 에너지법과 환경법은 각자 고유의 목적에 터 잡은 가치를 나름의 방식으로 추구한다. 그럼에도 불구하고, 에너지법의 핵심 가치 중 하나인 환경친화성이 점차 그 비중을 넓혀가고 있는 만큼, 환경법과의 결합을 주장하는 목소리도 적지 않다. 오늘날 인류의 과제로 부상한 기후위기에 대응하기 위한 정책은 에너지정책인 동시에 환경정책

---

89) Jody Freeman, "The Uncomfortable Convergence of Energy and Environmental Law," *Harvard Law Review*, 41, 2017. 341면.

이어야 하기 때문이다.[90] 이러한 배경에서 이미 국내의 몇몇 실정 법률에서 양자의 연관성을 명문화하고 있으며, 이는 앞으로 더욱 강화되리라 예상해 볼 수 있다.[91]

국내 학계에서도 기후위기 시대의 도래와 함께 환경법과 에너지법의 연관성을 탐구하고자 하는 시도는 점차 활발해지고 있다. 그 중에서도 이종영의『에너지법학』은 제6장에서 **에너지환경법론**을 고안하여 「신재생 및 재생에너지 개발·사용·보급 촉진법」이 대표적인 환경과 에너지를 아우르는 법제에 해당한다고 꼽는다.[92] 또한, 김홍균의 『환경법』에서는 "기후변화 대응"이라는 장(章)을 마련하여 새로운 환경 문제로서의 기후위기를 강조하고 있다. 다만 이는 어디까지나 기후의 변화에 따른 적응과 완화의 관점에서 온실가스 감축을 위한 몇 가지 실정 법률을 검토하고 있음에 그친다.[93]

에너지법과 환경법의 관계성을 더욱 종합적으로 검토하기 위해, 미국에서의 논의를 참고하여 시사점을 얻고자 한다.[94] 우선, 통합론자인 피츠버그(Pittsburgh) 로스쿨의 에이미 윌더머스(Amy Wildermuth) 교수는 환경법의 목적은 "너무 많은(too much) 오염을 발생시키지 않는 것"[95]이고

---

90) 허성욱, 앞의 논문(2013). 241면.
91) 위의 논문. 309면.
92) 이종영, 앞의 책. 제6장.
93) 김홍균, 『환경법』, 제4판, 홍문사, 2017. 특히 제7장(413-431면) 참조. 다른 환경법 교과서에서는 기후위기 또는 기후위기에 대한 별도의 강조는 보이지 않는다. 예컨대, 박균성 & 함태성, 『환경법』, 제8판, 박영사, 2017; 조홍식 (註80).
94) 미국 외에도 일본과 영국 등에서 에너지법에 관한 논의가 부분적으로 이루어지고 있으나, 대부분이 미국의 논의와 중첩되는 만큼, 자세한 설명은 생략한다. 藤原淳一郎, "日本におけるエネルギー法學の現狀: エネルギー法研究序説," 法學研究: 法律·政治·社会, 50(12), 1977.; Raphael Heffron et al., "A treatise for energy law," Journal of World Energy Law and Business, 11(1), 2018.
95) 여기서 말하는 "너무 많은(too much)"이라는 표현에는 적정한 정도의 오염은 허용된다는 함의가 담겨져 있다. 저자는, 미국의 환경법이 보다 깨끗한 상황을 바라기보단, **지나치게 오염되지 않는 상황**을 향해 나아가도록 설계되어 있기 때문에 에너지법과 충돌하는 문제가 발생한다고 지적한다. Amy Wildermuth, "Is

에너지법의 그것은 "안정적이고 경제적인 공급"인 만큼, 양자는 별도의 영역으로 고려되어 왔으나, 기후위기의 시대가 도래함에 따라 양자의 통합을 위해 노력해야 한다고 지적하면서, 아래와 같은 근거를 제시한다.[96] 화석연료의 경우 탄소배출량의 저감이라는 차원에서 명확한 한계가 존재함에도 불구하고 미국의 상업, 산업, 가정, 그리고 수송 등 영역에서 사용되는 에너지원이 화석연료에 과도하게 의존하는 현실을 꼬집으면서, 그로 인한 환경적 영향이 심화되고 있다는 사실로부터는 눈을 돌리고 있다고 꼬집는다.[97] 즉 에너지와 환경은 결코 분리된 영역이 아니라는 것이다. 여기에 덧붙여, 그녀는 환경법과 에너지법의 각 영역이 비록 지향점과 목표는 다르지만, 현실세계에서 속출하는 문제들은 항상 양자의 **단절된**(disconnected) 관점으로 인하여 발생한다고 강조한다. 예컨대, 에너지법은 그 과정 또는 결과에서 발생하는 환경적 영향을 사전에 고려하지 않기에 언제나 문제가 발생한 이후에 수습하기에 바쁘다는 것이다.[98] 또한, 에너지법은 이러한 환경문제를 에너지의 생산과 소비의 **비용**(cost)으로 고려하지 않는다는 것이다. 마지막으로, 다양한 에너지원의 환경적 영향을 평가할 수 있는 절차를 고안해야 한다고 주장한다. 이러한 노력은 기후위기에 대응하기 위한 통합적 관점을 제시해 줌과 동시에 토양오염이나 수질오염과 같은 개별 환경요소와 함께 화석연료의 사용이 본질적으로 해결해야 할 문제라는 관점을 심어줄 수 있기 때문이다.[99]

Environmental Law A Barrier to Emerging Alternative Energy Source?," *Idaho Law Review*, 46, 2010.

96) Amy Wildermuth, "The next step: The integration of energy law and environmental law," *Utah Environmental Law Review*, 31(2), 2011.

97) "공급은 한계를 가지지 않는다. 왜냐하면, 미국인은 그들이 필요한 만큼의 에너지가 이미 만들어져 있기를 바랄 권리를 가진다(entitled)고 여기기 때문이다." 위의 논문. 373면.

98) Amy Wildermuth, "Is Environmental Law A Barrier to Emerging Alternative Energy Source?," *Idaho Law Review*, 46, 2010. 537면.

다른 한편, 하버드(Harvard) 로스쿨의 조디 프리먼(Jody Freeman) 교수는 환경법과 에너지법이 서로 다른 관점을 요구한다는 점에서 구분론적 입장을 견지한다.[100] 구체적으로, 에너지법은 공적 기관에 의한 자연독점의 관리를 주된 업무로 삼아왔으며, 그 핵심 목적이 값싸고 풍부한 에너지의 공급이라고 주장한다. 반면, 환경법은 불법행위법과 재산권을 바탕으로 하는 공공의 건강과 복지를 보호하는 목적을 가진다. 다시 말해, 전자는 풍부한 공급과 값싼 에너지 가격, 후자는 그 부작용(considerable adverse consequences)에 대해 다룬다는 것이다.[101] 나아가서, 양자의 대표적인 규제기관인 연방 에너지 규제위원회(Federal Energy Regulation Committee, FERC)와 환경보호청(Environmental Protection Agency, EPA)의 구분으로부터 두 영역의 차별성을 설명한다. 두 기관은 규제의 대상이 다르다. 에너지를 규제하는 FERC는 전력 판매가격과 전력 인프라의 인·허가를 비롯한 시장규제를 주요 대상으로 삼는 반면, EPA는 직접적으로 전력시장을 규제하지 않고 **오염**(pollution)을 규제한다는 것이다. 또한, 법적 권한(legal authority)에서도 큰 차이를 가진다. 예컨대, 에너지규제는 연방과 주(state) 수준의 이중적 규제를 가지는 이중적 연방주의(dual-federalism)의 접근방식을 가지는 반면, 환경규제는 상대적으로 연방규제 조직이 큰 권한을 가지고 최소한의 규제를 설정하는 협력적 연방주의(cooperative federalism)를 채택한다는 것이다.[102] 만약 에너지법과 환경법을 통합해야 한다면, 양자를 통합하여 규율하는 하나의 조직이 필요하겠지만, 실제 에너지와 환경의 영역은 FERC와 EPA와 함께, 내무부(Department of Interior), 토지관리국(the Bureau of Land Management), 그리

99) 저자와 유사한 주장으로는, Lincoln Davies, "Alternative Energy and the Energy-Environment Disconnect," *Idaho Law Review*, 46, 2010.
100) Jody Freeman, 앞의 논문.
101) 위의 논문. 341면.
102) 이 둘의 차이점에 대해서는, 칼야니 로빈스, 『환경 연방주의의 법과 정책』, 한국법제연구원, 2016.

고 해양관리국(the Bureau of Ocean Energy Management) 등에 산재되어 있
는 관련 권한을 전부 통합하지 않는 한, 양자의 결합은 어려울 것이라고
지적한다. 여기에 원자력 규제위원회(Nuclear Regulatory Commission)와 같
은 전문조직까지 포함하고자 한다면 이야기는 더욱 복잡해질 것이다. 그
럼에도 불구하고, 환경과 에너지의 수렴(convergence)의 분위기가 상당히
고조되어 있으며, 실제 연방규제조직에서도 법규 조항을 유연하게 해석
하여, 법적 혁신(legal innovation)을 시도하는 경향성이 보이기도 하지만
이는 어디까지나 제한적이며 동시에 연약한(fragile) 수렴의 시도에 머물
것이라 예측한다.103)

　　다른 한편에서, 에너지법과 환경법의 관계를 연방과 주(state)의 차원
으로 구분하여 바라보는 시각도 존재한다. 미네소타(Minnesota) 로스쿨의
알렉산드라 클래스(Alexandra Klass) 교수는 주(州)정부 차원에서 환경법
과 에너지법은 이미 결합이 상당 부분 이루어지고 있다고 판단한다.104)
예를 들어, 캘리포니아와 미네소타를 비롯한 지역에서는 이러한 경향이
더욱 두드러지는데, 각 지역이 자신들의 여건에 맞는 창발적인 규제를
내세우고 있다는 것이다.105) 이러한 흐름의 중심에는 틀림없이 기후위
기의 부상이 자리하는데, 그로 인하여 에너지법의 규율범위가 확장하면
서 에너지 시장의 개혁 또는 특정 연료의 생산과 배분, 그리고 소비의
단계에서 환경법적 관점이 다수 포함되고 있다는 것이다.106) 다만, 연방
차원에서는 환경법과 에너지법이 명확하게 구분된다고 한다.107) 이는
의회에서 연방차원의 적극적인 환경법 또는 에너지법의 제·개정이 이루
어지지 못하고 있다는 배경이 작용하고 있으며, 양자의 결합을 주장하는

---

103) 여기서 말하는 **연약한 수렴**은 법률의 차원이 아닌 정책적 차원에서의 수렴을
　　지칭한다. Jody Freeman, 앞의 논문. 341-2, 356면.
104) Alexandra Klass, "Climate Change and the Convergence of Environmental and
　　Energy Law," *Fordham Environmental Law Review*, 24(2), 2017.
105) 위의 논문. 184면.
106) 위의 논문. 186-7면.
107) 위의 논문. 185면.

대다수의 학자들이 여기에 대한 문제를 제기하는 것이라 밝힌다.[108] 여기서 앞으로의 양 영역의 결합에 대한 과제가 도출된다고 한다. 즉 지역에서 다양하고 혁신적인 법정책을 설계 및 실험하고, 이를 전국으로, 나아가서 세계적으로 확대하는 것이 중요하다.[109]

일각에서는 에너지법과 환경법의 결합과 구분의 차원을 넘어선 견해도 나타나고 있다, 빌라노바(Villanova) 로스쿨의 토드 아가르드(Todd Aagaard) 교수는 환경법과 에너지법의 존재 이유가 상이하기 때문에 양자의 결합에 집착하지 않고 정책차원에서의 조화를 강조한다. 그는 에너지법에 환경적 고려요소를 추가하는 작업과 환경법에 에너지 관련 고려요소를 더하게 되면 그것은 주변적 요소에 그칠 것이기 때문에 본래의 존재 이유와 목적에 의하여 배제될 수밖에 없다고 주장한다.[110] 또한, 양자의 결합은 기존의 환경법 및 에너지법의 근본적인 변화를 요구하는데, 이는 너무 거대한 작업이기에 수많은 장애물이 존재한다는 것이다.[111] 그렇기 때문에 결합(merge)이 아닌 정렬(alignment)을 통한 조화(reconciliation)가 바람직하며, 정책 수준에서의 환경·에너지의 조화가 바로 그것이라고 한다.[112] 또한 법률은 복수의 목적과 영역을 아우를 수 없으나 정책 차원에서는 가능하기 때문에, 문제의 난이도를 현격하게 낮출 수 있고 이행가능성을 높이게 된다. 그 대표적인 수단이 바로 복수의 영역을 규율하는 조직들의 **합동 규칙제정**(joint rule-making)이다.[113] 다만

---

108) Lincoln Davies, 앞의 논문.; Amy Wildermuth, 앞의 논문.
109) 이와 같은 맥락에서, 지역을 **민주주의의 실험실**(laboratories of democracy)이라 표현한다. Alexandra Klass, 앞의 논문. 203면.
110) Todd Aagaard, "Energy-Environment Policy Alignments," *Washington Law Review*, 90(4), 2015. 1544면.
111) 위의 논문. 1545면.
112) 위의 논문. 1546면.
113) 위의 논문. 1570면. 합동 규칙제정에 관해서는 Jody Freeman & Jim Rossi, "Agency Coordination in Shared Regulatory Space," *Harvard Law Review*, 125, 2012.; Todd Aagaard, "Regulatory Overlap, Overlapping Legal Fields, and Statutory Discontinuities," *Virginia Environmental Law Journal*, 29(3), 2011.

이러한 목표는 정책목표가 잘 정돈되어 있는 경우에만 작동하며, 여전히 명확한 법적 근거가 요구되고, 정책설계의 복잡성이 증가한다는 등의 한계도 잇따른다.[114]

마지막으로, 에너지법과 환경법의 관계를 통합 또는 구분의 관점이 아닌, **대치**(displacement)되는 관계로 바라보는 시도가 있다. 밴더빌트(Vanderbilt) 로스쿨의 룰(J. B. Ruhl) 교수가 대표적이다. 그는 에너지법의 전환적 특성에 주목하여 향후 기후위기 대응을 위하여 기존의 화석연료 중심의 에너지 관련 인프라를 재생에너지 중심의 탈탄소 에너지원으로 전환하는 작업이 핵심 어젠다로 떠오른 상황에서, 기존의 전통적인 에너지법 및 환경법이 이를 저해하고 있다는 주장을 펼친다.[115] 특히 기후위기 대응을 위한 그린뉴딜이 주목을 받으면서 속도감있는 재생에너지의 보급·확대가 요구되고 있지만, 환경단체, 토지소유자,[116] 지역 주민 등은 환경법을 **무기**(weapon)로 사용하고 있기 때문에, 그린뉴딜의 구현이 지연되고 있다는 것이다.[117] 그린뉴딜은 필연적으로 재생에너지 설비, 그리고 전력공급을 위한 송배전망[118] 등의 대규모 인프라의 신속한 설치가 요구됨에도 불구하고, 환경법은 어떠한 설비의 설치가 어떠한 목적으로 이루어지는지에 상관하지 않고, 설치 그 자체를 막는 것을 목적으로 한다고 꼬집는다.[119] 이러한 문제를 해결하기 위하여, 그린뉴딜을 위한 **새로운 녹색법**(New Green Law)이 필요하다고 주장한다.[120] 이를 통하여

[114] Todd Aagaard, 위의 논문. 1574-7면. 유사한 취지에서 조홍식, "기후변화의 법정책-녹색성장기본법을 중심으로," 녹색성장 법제(I), 법제처, 2010. 95면.
[115] J. B. Ruhl & James Salzman, 앞의 논문.
[116] Holly Doremus, "Climate Change and the Evolution of Property Rights," *U.C. Irvine Law Review*. 1(4), 2011.
[117] 위의 논문, 695면; Michael Gerrard, "Legal Pathways for a Massive Increase in Utility-Scale Renewable Generation Capacity," *Environmental Law Report*, 47, 2017.
[118] Holly Doremus, 앞의 논문(2011). 706면.
[119] 위의 논문. 697-8면.
[120] 위의 논문. 721면. 다만 그 구체적인 내용이 무엇인가에 관해서는 침묵하고 있다.

그린뉴딜이 계획대로 이행될 수 있을 뿐 아니라, 그 과정에서 기존 설비의 대체, 환경보호, 주민참여, 절차적 정의 등이 균형 있게 추구된다는 것이다.

(3) 시사점

이상과 같이, 에너지법과 환경법의 관계성에 관하여 다양한 견해가 제시되고 있는데, 이를 비교·분석한 결과, 아래와 같은 시사점을 도출해 볼 수 있다. 첫 번째로, 에너지법과 환경법, 그 중에서도 전자는 각 국의 여건과 현 제도 등에 따라 큰 차이를 보인다. 예컨대, 에너지 영역이 민영화된 미국과 같은 국가는 에너지법제가 시장의 규제에 초점을 맞추고 있지만, 그에 비해 우리는 아직까지 국가 주도의 수급을 강조하고 있다. 두 번째, 에너지법과 환경법의 관계성에 관한 논의의 대부분은 한쪽이 다른 쪽으로 흡수 또는 포함될 수 있는가의 여부를 중점적으로 논의하고 있다.[121] 나아가서 에너지법과 환경법에만 머무르지 않고, **기후변화법**[122]에 대한 논의도 늘어나고 있음을 고려하면, 단순히 양자택일적 논의보다 다양한 논점을 종합적으로 포용할 수 있는 관점이 중요할 것이다. 특히 이러한 맥락에서의 다양한 법과 정책간의 정합성 또한 핵심 과제로 떠오른다. 마지막으로, 에너지법과 환경법이 서로 조화를 이루는 것이 아닌 다른 방향을 바라보는 경우도 발생할 수 있다는 점도 확인할 수 있었다. 요컨대, 에너지법은 에너지수급의 과정에서의 친환경성을 하나의 가치로 삼지만, 그 **친환경성**은 어디까지나 기후위기를 촉진시키는 **탄소배출**의 관점이 강하게 작용한다. 즉 태양광발전과 풍력발전, 그리고 원자력발전은 에너지법의 관점에서 지극히 친환경적인 에너지원이며, 화석연료를 사용하는 것들은 환경 친화적이지 않다. 여기에 따르면, 재

---

121) 우리의 경우에도 마찬가지이다. 예컨대, 이은기, 앞의 논문.

122) 기후변화법과 관련해서는, John Dernbach & Seema Kakade, "Climate change Law: An Introduction," *Energy Law Journal*, 29(1), 2008.

생에너지와 원자력발전의 확대가 바람직한 방향으로 설정된다. 다만, 재생에너지는 에너지밀도가 낮아 충분한 발전량을 확보하기 위해선 광활한 토지를 요구하는 한편, 원자력은 밀도가 높지만 고준위 방사성폐기물을 배출하는 만큼, 여기에 대한 환경적 우려가 존재한다. 이처럼 에너지법의 입장에서는 다분히 친환경적인 에너지원을 다시 **환경보전**이라는 가치를 중시하는 환경법의 관점에서 바라보면 그다지 친환경적이지 못한 에너지원으로 여겨질 수 있다.[123) 반대로 환경오염을 제거하는 환경법의 목적 자체가 탄소저감을 목적으로 하는 에너지법의 존재 이유에 부합하지도 않는다. 이와 같은 충돌은 기후위기에 대응하기 위한 재생에너지의 확장의 과정에서 산림을 비롯한 자연환경을 지나치게 훼손하는 **녹색과 녹색의 충돌**의 형태로 나타나고 있다.[124)

여기에 터 잡는다면, 에너지법과 환경법은 기후위기 대응이라는 큰 맥락 속에서는 연결선 상에 서 있으며, 부분적으로 대립하는 관계성을 설정하고 있다고 판단된다. 다만, 앞으로 탄소중립이라는 전환적 여건을 고려하면 그러한 대립은 적절히 보완되어야 한다고 생각된다. 이러한 배경에서, 생각건대, 양자의 관계는 내포 또는 충돌이 아닌, **중첩**의 관점으로 바라보는 것이 타당하다고 사료된다.[125)

나. 기후변화법과의 관계성

21세기는 기후위기의 시대라고 칭하여도 과언이 아닐 정도로, 해당 이슈는 모든 사회·경제·정치의 논의의 중심 테마로 자리매김하고 있다.

---

123) J. B. Ruhl & James Salzman, 앞의 논문. 696면.
124) 강철구 & 전소영, "지속가능 신재생에너지 정책 대안은?," 이슈&진단 339, 경기연구원, 2018. 9. 19.
125) 예컨대, 이은기, 앞의 논문. 124면. 에너지법이 환경법에 포함된다는 주장에 무게 추를 두고 있지만 동시에 「녹색성장기본법」의 제정으로 인해 양자 간의 구별이 무의미하다는 견해를 내세우고 있다.

이러한 경향은 법에서도 예외가 아니다. 일례로, 우리는 「저탄소 녹색성
장 기본법」(이하, "「녹색성장기본법」")의 제정을 통해 기후위기, 에너지,
그리고 환경이라는 서로 구분되어 있지만 연결된 영역을 이념적으로 통
합하고자 시도하였으며, 이러한 노력은 이후 「탄소중립기본법」에 의해
계승되고 있다.[126]

한편, 기후위기와 관련된 학술적·실무적 논의가 활발한 국가는 단연
미국인데, 여기에는 기존 국내 환경법 체계가 가지는 한계와 함께, 기후
위기에 대응하기 위한 연방차원의 법률이 존재하지 않고, 앞으로도 제정
되기 어려울 것이라는 우려가 녹아들어 있다고 보인다.[127] 그럼에도 불
구하고 기후변화법을 논하는 많은 문헌들이 "기후변화법이란 무엇인가"
라는 물음에 대해서는 명확한 정의를 내리고 있지 못한 모습이다. "기후
위기의 법적 대응" 또는 "법이라는 수단을 통한 기후위기의 대응"과 같
은 묘사는 찾아볼 수 있지만, 기후위기를 둘러싼 수많은 쟁점을 열거한
시도라고 읽힐 뿐, 해당 영역이 무엇인지를 정치하게 그려내지는 못하고
있다. 단지, 기후위기와 관련된 수많은 이슈들을 기후변화법이라는 분야
로 묶어내고 있는 실정이다. 실제로, 기후변화법이라는 용어를 사용하는
대부분의 문헌들은 크게 국제법과 국내법 또는 적응과 완화로 구역을
나누어서 세부 논점을 서술하고 있는 것으로 보인다.[128] 이러한 까닭에,

---

126) 「녹색성장기본법」을 통한 이념적 통합에 관해서는 함태성, "녹색성장과 에너
지법제의 대응" 법제 제36호, 2009.

127) Matthew Zinn, "Adapting to Climate Change: Environmental Law in a Warmer
World," *Ecology Law Quarterly*, 34(1), 2007. 82-3면.; Richard Lazarus, *The Making
of Environmental Law*, The University of Chicago Press, 2004. 32-5면.; Michael
Gerrard & Jody Freeman, *Global Climate Change and U.S. Law*, ABA Book
Publishing, 2014.

128) 국제법과 국내법의 관점에서 바라본 문헌으로는 Daniel Farber & Marjan Peeters,
Climate Change Law, Edward Elgar Publishing, 2016. 적응과 완화의 구분을 통해
기후변화법을 서술한 문헌으로는 Richard Hildreth *et al.*, *Climate Change Law:
Mitigation And Adaptation*, WEST, 2009.

기후변화법에 관한 문헌들 속에는 환경법과 에너지법을 넘어, 국제법, 회사법, 금융법, 불법행위법, 과학기술법, 통상법 등의 영역이 복잡하게 얽혀있는 모습이 보인다.[129)

 한 발 더 나아가서, 기후위기는 세대 간 정의, 기후 난민(climate refugee), 취약계층에 대한 기후위기의 영향, 선진국과 개발도상국간의 책임 문제 등과 같은 인권의 문제로 환원되곤 한다.[130] 이러한 쟁점들은 기후위기의 도래에 상대적으로 책임이 적은, 그리고 기후위기 대응을 위하여 노력할 경제적·정치적 제도가 갖추어지지 않은 개발도상국들이 오히려 그로 인한 피해에 더 많이 노출되어 있다는 도덕적 문제에서 출발한다. 여기에 터 잡아서, 기후위기의 영향을 차별적으로 입게 되는 자들의 권리를 어떻게 보장할 것인가라는 고민이 기후변화법의 한 가지 핵심축이 된다.[131] 이러한 배경으로 인하여, 기후변화법은 환경법과 상이한 특징을 가지게 되는데, 그 주요 내용은 ① 환경법이 개인과 환경의 관계를 중시했다면, 기후변화법은 개인의 영역을 넘어 미래 세대까지 시야에 넣어야 하며, 환경오염을 넘어 기후위기로 인한 재해의 중대성을 인식해야 한다. 또한 ② 환경용량의 한계를 인식해야 할 뿐 아니라, ③ 기후위기 대응이 비용이 아닌 혜택을 가져올 수 있다고 생각해야 한다는 것이다. 마지막으로 ④ 정책설계와 정책의 이행이 시민의 인식에 큰 영향을 미치는데, 그 결과 기업들의 경영 및 생산 행태도 변화해야지만 사회적인 지속가능성을 이룩할 수 있다는 점이다.[132]

---

129) John Dernbach & Seema Kakade, "Climate Change Law: An Introduction," *Energy Law Journal*, 29(1), 2008.; Richard Hildreth *et al.*, *Climate Change Law: Mitigation And Adaptation*, WEST, 2009. vi면.

130) Stephen Humphereys, *Human Rights and Climate Change*, Cambridge University Press, 2010.; Gosseries, Axel., & Lukas Meyer, *Intergenerational Justice,* Oxford University Press, 2009.

131) Stephen Humphereys, "Introduction: human rights and climate change" in Stephen Humphereys, (eds.) Human Rights and Climate Change, Cambridge University Press, 2010. 1-33면.

이처럼, 기후변화법의 영역이 확대일로에 서 있는 배경에는 기후위기가 인류의 경제활동과 소비양식의 전반에 거대한 영향을 미치는 동시에 지구적 규모의 기후위기에 대응하기 위해선 지구촌의 모든 국가, 그리고 그 속의 사회 구성원들이 직접적 행위자로서의 노력이 요구된다는 점이 반영되어 있는 것이다. 여기에 더하여 앞에서 지적한 기후위기를 둘러싼 문제들이 실제 소송을 통하여 다루어지고 있으며, 심지어 몇몇 국가들에서는 놀랄만한 결과가 내려지면서 기존의 환경법으론 해결하지 못했던 과제에 대한 해법으로 주목을 받게 된 사실도 간과할 수 없다.133)

이와 같이, 기후변화법이 가지는 나름의 특성이 인정되고, 그 역할이 기대되고 있음에도 불구하고, 그것이 하나의 법영역으로서 성립할 수 있는가에 대한 의문도 제기된다. 앞에서 에너지법에 관한 지적과 동일한 맥락에서 기후위기는 인류의 거의 모든 영역에 지대한 영향을 미치기 때문에, 발생하는 문제의 공통성이나 그것을 규율하고 하는 법이라는 수단의 공통적 방법론과 효율성을 찾아보기 힘들다.134) 마치, 세법(Taxation Law)은 존재하지만 자동차법(Automobile Law)은 존재하지 않는다는 룰(J. B. Ruhl) 교수의 지적이 날카롭다.135)

---

132) Holly Doremus, 앞의 책(2010). 93-101면.
133) 대표적으로 2021년 4월 29일 내려진 독일 연방헌법재판소의 결정(1BVR265618)이 있다. 한겨레, "독일 헌재 "온실가스 감축 부담, 미래세대로 넘기면 위헌," 2021. 4. 30. https://www.hani.co.kr/arti/society/environment/993404.html (2021. 10. 18. 최종방문). 국내에서도 기후위기소송은 현재진행형에 있다. 박태현, "기후변화소송: 동향과 쟁점," 기후변화법제연구사업 이슈페이퍼 3호, 2019. 기후소송에 관해서는 제4장 2절에서 사법부의 제도적 역량을 검토하면서 재론한다.
134) J. B. Ruhl & James Salzman, 앞의 논문. 993면.
135) J. B. Ruhl, "What is Climate Change Law?," Oxford University Press Blog, 2015. 8. 22. https://blog.oup.com/2015/08/what-is-climate-change- law/ (2022. 6. 3. 최종방문).

3. 에너지법의 원리

에너지법이라는 영역의 구축을 시도하면서 그 이념 및 기본원리에 관한 논의를 놓칠 수는 없을 것이다. 여기에 관해서는 많은 문헌이 축적되어 있다. 예컨대, 에너지 분야를 총괄하기 위한 **에너지기본법**의 필요성을 강조하는 입장에서는 그 입법정신을 다음과 같이 정리하고 있다.[136)]

① 환경의 보호와 에너지 자원개발의 상관관계;

② 에너지개발과 이용이 증가할수록 경제적 성장과 생산력이 향상되는지, 사회적 생산성의 증가는 오히려 자원의 보전이 큰 자극이 될 수도 있다는 사고;

③ 환경보호와 에너지자원개발의 이상적인 조화의 쟁취;

④ 에너지위기에 대처하기 위한 자원수입국인 한국의 에너지정책의 수립;

⑤ 에너지정책의 공정성이 모든 분야에 적용되도록 하는 기본정신;

⑥ 에너지 보전이 경제성장 뿐만 아니라 국가의 생산성향상에도 매우 중요하게 기여한다는 요소;

⑦ 개선된 에너지정책을 위하여 가격의 결정이 비용을 제 대로 반영해야 한다는 요소;

⑧ 에너지정책은 국민 모두에게나 예측가능 해야 할 요소;

⑨ 에너지자원의 유한성을 감안하여 화석연료인 석탄의 재개발 또는 재이용을 검토하는 요소;

⑩ 전통적인 에너지자원과 별도로 대체에너지의 연구와 개발에 주의를 기울일 요소.

---

136) 김성수, "환경법익과 에너지법익의 국내·국제적 조화를 위한 연구," 대한변호사협회, 한국의 환경 및 에너지에 관한 법원리, 환경·에너지문제연구총서 XI, 2005. 42면.

한편, 국내의 몇몇 선구적 연구에서는 에너지법 원리의 핵심을 보다 압축하여 다음과 같이 정리하고 있다:

A: 공급안정성, (경제적) 효율성, 환경책임성, 형평성[137];

B: (경제적) 효율성, 환경책임성, 형평성[138];

C: 공급안정성, 안전성, 경제성, 환경친화성, 효율성[139]

첫 번째 주장(A)은 오늘날 에너지법정책의 원리를 논함에 있어서 통상적으로 꼽히는 것들이라 생각된다. 여기에 반해, 두 번째 견해(B)는 공급안정성 원리가 빠져있는데, 해당 원리는 에너지 영역의 핵심 가치인 까닭에 전자가 보다 설득력을 가진다고 사료된다. 마지막으로, 공급안정성과 경제성, 그리고 환경성은 다른 논자와 유사하지만, 여기에 더해 안전성과 효율성을 추가한 점이 인상적이다(C). 특히, 안전성은 일본 에너지정책의 중심원리인 3E+S, 즉 환경공급(Energy Security), 경제성(Economic Efficiency), 환경(Environment), 그리고 안전성(Safety)을 중시하는 입장과 일맥상통하다.[140] 이러한 안전성은 "에너지의 생산, 수송, 저장, 사용상 발생할 수 있는 위험방지를 목적"으로 하며, 주로 원자력발전과 LNG발전, 나아가서 수소발전 등 오늘날 에너지관련 기술이 점차 고도화되는 만큼 위험성이 높아지는 현실을 적절히 반영한 것으로 읽힌다.[141] 실제로, 「에너지법」 제4조 제3항에서도 "에너지의 생산·전환·수송·저장·이용 등의 안전성 (…) 을 극대화하도록 노력하여야 한다"는 책무를 에너지 공급자와 사용자에게 부과하고 있다. 또한, 한 가지 더 주목해야 할 점은

---

137) 황형준, 앞의 논문.
138) 조홍식, 『기후변화 시대의 에너지법정책』, 박영사, 2013. 13-4면.
139) 이종영, 앞의 책. 5면.
140) 일본의 에너지정책 요약은, KOTRA, "일본의 전력시장과 재생에너지 지원정책," 2021. 4. 12.
141) 이종영, 앞의 책. 9-10면.

여기서 말하는 효율성의 원리가 다른 견해가 주장하는 경제적 효율성이 아닌, 에너지 효율을 의미한다는 부분이다. 예컨대 에너지 절약을 포함하여 수송, 건물, 발전, 산업 등의 다양한 영역에서의 효율향상의 중요성을 설파하는 맥락이라 이해된다. 실제, 에너지 효율은 "첫 번째 에너지원"(The First Energy Fuel)이라 불릴 만큼 핵심적인 영역이지만, 국내에서는 공급위주 법정책으로 인해 그 중요성이 경시되곤 한다.[142]

오늘날 에너지법에 관한 관심이 증대되면서 각각의 이념 및 원리에 관한 검토가 활발히 이루어지고 있다. 특히, 에너지라는 영역이 가지는 역동성으로 말미암아 에너지법의 이념 및 원리 또한 빠르게 변화하고 있다. 아래에서는 이러한 변화에 관하여 살펴본다.

가. 공급안정성

공급안정성은 우리 에너지법정책의 핵심 키워드임에 틀림없다. 우선, 이를 위해서 에너지 문제를 둘러싼 우리의 상황을 간략히 되짚어 보고자 한다.

에너지 빈국(貧國)이라는 키워드는 우리의 에너지 여건을 가장 잘 나타내고 있는 단어라 생각한다. 그 배경은 앞에서도 거듭 지적한 바 있다. 그 속에서 에너지 집약적 산업이 국가의 성장 동력으로 자리매김하고 있는 아이러니한 상황은 우리의 에너지법정책이 **값싸고 안정적인 공급**을 최우선 과제에 두도록 유도하였으며,[143] 공급안정성을 **빼놓을 수**

---

142) IEA의 사무총장 Fatih Birol는 2022년 1월 개최된 다보스 포럼에서 이와 같이 발언했다. "*Energy efficiency is the world's 'first fuel'*" https://www.weforum.org/events/the-davos-agenda-2022/sessions/navigating-the-energy-transition-f3b96aad0b (2022. 3. 3. 최종방문).

143) 에너지 빈국이라는 지리적 상황이 오히려 우리 에너지법정책을 국가 정책의 우선성을 유도하였고, 역설적으로 에너지정책의 개발 및 적용에 좋은 여건으로 작용했다는 견해는 매우 흥미롭다. 조홍식, 앞의 책(2013). 7면. 그러나, 일본이 우리와 비슷한 약점을 기회로 삼아 세계적 환경·에너지 기술대국으로

없는 에너지법의 원리로 상정하게 만든 것이다. 실제 우리 에너지 실정법에서도 공급안정성 원리는 곳곳에서 발견된다. 예를 들어, 「에너지법」은 제1조에서 "안정적이고 효율적이며 환경친화적인 에너지 수급(需給)구조를 실현(…)"해야 한다고 천명하였고, 「전기사업법」에서도 제3조 제1항에서 "산업통상자원부장관은 (…)전력수급(電力需給)의 안정"에 관한 종합적 시책을 마련해야 한다는 책무를 부여하고 있다. 나아가서, 이러한 공급안정성 원리로부터 **에너지의 비축과 보편적 공급**, 그리고 **다원성 확보**라는 세부적 원칙을 도출할 수 있다.[144]

다만, 오늘날 에너지법이 마주한 전환적 여건에 터 잡아보면, 공급안정성의 원리는 적절한 업데이트가 요구된다.[145] 통상적으로 공급안정성의 원리는 각 에너지원에 대해 개별적으로 만족되길 요구하였다. 예컨대 꾸준한 전력생산을 해내는 석탄화력발전과 원자력발전, 그리고 LNG발전이 대표적으로 뛰어난 공급안정성을 가진 전력원이라 칭송받는 배경도여기에 있다. 하지만, 장기적인 에너지시스템의 모습에서는 각 전원의 특성보다 전체의 시스템으로서의 공급안정성에 더욱 주목한다. 나아가서, 일정하고 지속적인 전력의 생산보다 수요의 요동에 따라 민첩하게 대응할 수 있는 공급안정성, 다시 말해 **유연성**이 더욱 큰 이점을 가지게 되었음을 지적하지 않을 수 없다.[146]

발돋움할 수 있었으나, 우리는 그 기회를 제대로 활용하지 못했다는 의견도 주목해야 한다. The Japan Times "A lesson in energy diversification," 2013. 11. 1. https://www.japantimes.co.jp/opinion/2013/11/01/editorials/a-lesson-in-energy-diversification/ (2021. 10. 15. 최종방문).

144) 이종영, 앞의 책. 6-8면.

145) Benjamin Sovacool & Ishani Mukherjee, "Conceptualizing and Measuring Energy Security: A Synthesized Approach," *Energy*, 36(8), 2011.

146) 이러한 전력시스템의 변화에 대해서는 페레이둔 시오샨시, 『에너지 전환: 전력 산업의 미래』, 2판, 김선교 옮김, 이모션미디어, 2018. 이에 덧붙여, 전체 에너지 시스템에서의 안정적 수급을 위해 기저부하(base-load)라는 개념이 절대적으로 요구되고 있으나, 재생에너지가 주전원으로 도입되면 오히려 경직된 기저부하 전원은 전력망에 부정적 영향을 미치게 된다는 연구 또한 존재한다. Emanuele

나. 경제적 효율성

경제적 효율성 원리는 일반적으로 경제성을 지칭한다. 에너지 관련 실정법을 살펴보면, 「에너지법」 제1조의 "(…)안정적이고 효율적이며 환경친화적인 에너지 수급구조를 실현하기 위하여(…)"라는 규정은 그 목적을 천명한 것인데, 여기서 "효율적이며"라는 문언이 바로 경제성을 지칭한다고 해석된다. 또한 동법 제4조 제3항에서 "에너지공급자와 에너지 사용자는 (…)에너지의 생산·전환·수송·저장·이용 등의 안전성, 효율성 및 환경친화성을 극대화하도록 노력하여야 한다"고 규정하였는데, 여기서 말하는 **효율성** 역시 **경제성**을 지칭한다고 보인다. 나아가서, 탄소중립을 위해 제정된 「탄소중립기본법」의 목적 규정에서도 "경제와 환경의 조화로운 발전을 도모"한다고 규정하였는데, 이 역시 **경제성**이 에너지법 정책의 핵심 원리임을 나타낸 것이라 읽힌다.

이러한 경제성의 원리는 에너지라는 재화가 가지는 공공성에 비롯된다. 현대 사회에서 에너지, 특히 전기와 열은 우리의 생활을 지탱하는 필수적인 서비스인 까닭에 삶의 질과 직결된다. 그로 인해 에너지 가격의 상승은 사회적으로 취약한 계층에 더욱 치명적인 영향을 초래한다.[147] 물론, 에너지의 대부분을 수입에 의존하는 우리의 여건은 세계적인 에너지 가격의 등락에 영향을 받지만, 그럼에도 불구하고 에너지의 배분[148]

Taibi *et al*., "Power system flexibility for the energy transition," IRENA, 2018. 하지만, 이는 매우 장기적 관점에서의 전력시스템을 논한 것으로, 적어도 재생에너지의 도입량이 30%이상 달성된 상황을 전제로 하기 때문에, 당면의 과제는 아니지만, 논의의 시작이 필요한 단계라 생각된다. 유사한 맥락에서 전통적인 기저부하전원인 석탄화석발전과 원자력발전에게도 유연성이 요구되고 있다. IAEA "Non-baseload Operation in Nuclear Power Plants: Load Following and Frequency Control Modes of Flexible Operation," 2018.; Cochran, Jaquelin *et al*., "Flexible Coal: Evolution from Baseload to Peaking Plant" NREL, 2013.

147) 이러한 배경에서 전술한 에너지법은 제4조 제4항에서 "에너지의 보편적 공급을 국가와 지자체, 그리고 에너지공급자의 의무로 규정"하고 있다.

과 소비의 단계에서도 경제성을 고려하지 않을 수 없다.

한편, 경제적 효율성은 기후위기의 시대에 접어들면서 급격한 변화를 맞이하게 되었다. 화석연료의 연소로 인한 탄소배출이라는 외부효과를 내재화하기 위한 과정에서 에너지 가격이 꾸준히 상승하게 된 것이다.[149) 여기에 덧붙여, 에너지의 생산과 소비의 사회적 비용은 특정 원료의 전체적 생애주기(entire life-cycle assessment)를 고려하면 더욱 상승하게 된다. 예컨대, 원자력발전과 같은 전원은 발전 이후의 단계(back-end of life-cycle)에서 발생하는 사용 후 핵연료라는 고준위 방사성 폐기물을 발생시키는 에너지원에 대해 고민하게 만든다.[150) 여기에서 추출할 수 있는 함의는 경제적 효율성을 향상시키기 위한 시도들은 이따금 안정공급의 원리를 후퇴시키거나 환경성 또는 사회적 형평성의 원리를 진보시키는 상호상쇄(trade-off)의 관계를 가진다는 점이다.[151)

다. 환경성

환경성은 종종 **환경책임성**이라 불리는데, 이는 에너지법 원리의 중핵에 자리매김하고 있다고 해도 과언이 아닐 만큼, 그 중요성이 강조되고 있다. 앞에서 살펴보았듯이, 에너지의 소비는 국가의 발전과 등치의 관계로 여겨져 왔었다. 그런데 여기서의 발전(發展)이 오로지 경제적 성장을 지향해선 안 된다는 지적이 주목받기 시작했다. 전통적인 경제성장의 결과가 부의 불평등한 재분배와 함께 대기오염, 산성비와 같은 환경문제를 야기하였기 때문이다. 이처럼 환경친화적 발전의 필요성이 대두되면

---

148) 황형준, 앞의 논문. 147-8면.

149) 환경급전의 논의가 대표적이다. 김남일 & 신힘철, "환경급전을 고려한 전력시장 운영방안 연구," 에너지경제연구원, 수시 연구 보고서17-01, 2017.

150) Benjamin Sovacool, "Valuing the greenhouse gas emissions from nuclear power: A critical survey," *Energy Policy*, 36, 2008.

151) 박진표, "전력산업의 제다이는 귀환할 수 있을까?," 전기신문, 2021. 3. 2. https://www.electimes.com/news/articleView.html?idxno=213309 (2022. 3. 3. 최종방문).

서 고안된 개념이 **지속가능한 발전**이다.[152] 이는 우리 현행 「에너지법」
의 목적에도 적확히 반영되어 있다.[153]

나아가서, 환경성은 기후위기라는 인류적 과제의 부상과 함께 한층
더 강화되었다.[154] 기후위기의 원인과 영향에 대해 다양한 논의가 있어
왔지만, 이미 인간의 경제활동이 주요한 원인으로 꼽히고 있는 점은 의
심의 여지가 없어 보인다.[155] 무엇보다, 환경성은 비단 에너지원의 생산
과정에 그치지 않고 개발, 생산, 보관, 이송, 사용, 그리고 무엇보다 사용
이후의 단계에 조명해야 할 것이다.[156] 종합하면, 더 이상 값싸고 풍부
한 에너지원의 확보를 넘어, 친환경성과의 결합을 추구하도록 요구한다
는 점에서, 기존에 에너지의 생산, 소비, 그리고 유통을 규율하는 에너지
법의 영역과 환경보전을 목적으로 하는 환경법의 영역에 공통의 분모가
발생하고 있다고 해석되고 있다.

라. 사회적 형평성

지속가능성을 논함에 있어서 단순히 환경성에만 매몰되어선 안 되며,
기후위기 등의 환경피해는 저소득층과 같은 취약계층을 고려한 사회적

---

152) Adrian Bradbrook et al., The law of energy for sustainable development, IUCN Academy of Environmental Law Research Studies, Cambridge University Press, 2005.
153) 제1조(목적) "이 법은 안정적이고 효율적이며 환경친화적인 에너지 수급(需給) 구조를 실현하기 위한 에너지정책 및 에너지 관련 계획의 수립·시행에 관한 기본적인 사항을 정함으로써 국민경제의 지속가능한 발전과 국민의 복리(福利) 향상에 이바지하는 것을 목적으로 한다."
154) Elmer Robinson & Robert Robbins, Sources, abundance, and fate of gaseous atmospheric pollutants, Stanford Research Institute, 1968.
155) IPCC, Climate Change 2014 Synthesis Report Summary for Policymakers, 2014. 2면.
156) 개발 단계에서의 환경성을 고려한 연구로는, 최지현, "미국 셰일가스 개발 및 수출 규제에 대한 소고 -환경 규제 관련 거버넌스를 중심으로," 환경법연구 제39권 제3호, 2017. 유사한 맥락에서 친환경 석탄은 존재하지 않는다는 비판으로는, NRDC, "There Is No Such Thing as "Clean Coal"," 2008.

형평성이 강조되어야 한다.[157] 2050년 탄소중립의 국면으로 접어들게 되면서 사회의 다양한 영역에서의 전환과 그로 인한 예상치 못한 직·간접적 피해가 이러한 경향을 더욱 촉진시키고 있다. 그럼에도 불구하고, 사회적 형평성이라는 원리가 가지는 모호성과 추상성으로 인하여 무엇이 형평인가에 관한 통일된 견해는 여전히 찾아보기 힘들다.[158]

형평의 원리는 그것이 적용되는 각 사회 속에서 정의되어야 마땅하다. 여기에 터 잡는다면 우리의 사회적 형평에 관한 논의가 저소득층에 대한 배려와 절차적 참여의 보장[159]에 그치고 있는 점은 아쉬움으로 남는다.[160] 특히, 기후위기 대응을 위한 다양한 수단과 방법이 논의되고 있는 가운데, 그로 인하여 예상치 못한 사회적 부작용이 직·간접적 형태로 발현될 수 있는 우려가 높아진 만큼, 여기에 대응할 수 있는 우리 여건에 부합하는 형평의 개념이 구축되어야 할 것이다.[161] 이러한 논의는

---

157) 조홍식, 앞의 책(2013). 14면에서도 같은 취지의 지적을 찾아볼 수 있다. 경제적 격차뿐만 아니라, 사회적·문화적·지리적·정치적·제도적, 그리고 다른 기타 요인으로 인해 소외된 계층이 기후위기의 영향을 그렇지 않은 계층에 비해 더욱 크게 받는다는 주장은 주목할 만하다.
158) 남궁술, "형평에 대하여 -그 역사적 조명과 아리스토텔레스的 정리-." 법철학연구 제8권 제2호, 2005.
159) **에너지에 대한 접근**(energy access)이라는 용어로 논의되곤 한다.
160) 「녹색성장기본법」은 경제성장을 추구함에 있어서 자원의 이용과 환경오염을 최소화하고, 이를 다시 경제성장의 동력으로 활용하는 **선순환구조**를 구축함에 있다. 즉 경제성장과 환경성 원리만을 강조한다는 비판이 제기되었으나, 사회적 형평이 완전히 배제된 것만은 아니다. 예를 들어, 동법 제22조(녹색경제·녹색산업 구현을 위한 기본원칙) 제4호에서 정부가 녹색성장을 추진할 때 지역 간 균형발전을 도모하고 저소득층이 소외되지 않도록 지원하고 배려할 것을 기본원칙으로 천명하고 있다.
161) 김성배, "녹색성장을 위한 환경정의의 기초연구-지속가능한 사회와 환경정의-," 녹색성장 연구 13-23-9, 한국법제연구원, 2013. 113면.; 한상운, "환경정의의 규범적 의미-환경, 정의, 법의 3면 관계를 바탕으로-," 환경법연구 제31권 제1호, 2009. 한편, 공급안정성, 경제성, 환경성, 그리고 사회적 형평성을 종합한 단계를 **지속가능한 에너지법**의 단계로 구분하기도 한다. 황형준, 앞의 논문. 169면.

그린뉴딜이라는 새로운 개념을 소환하였고, 이는 녹색성장의 개념에 사회적 형평을 더하면서 한층 더 업그레이드하였고, 그 결과가 「탄소중립기본법」으로 발현된 것으로 읽힌다.[162)]

생각건대, 우리가 마주하고 있는 형평에 관한 쟁점 중 하나는 특정 지역에 석탄화력발전소와 원자력발전소가 밀집되어 있는 유래없는 경향으로 인해 발현된다. 사회학적 관점에서 바라보면, 환경오염 피해와 고위험의 설비를 소외된 지역에 집중시켰다는 지적을 피하기 어려워 보인다.[163)] 여기에 더해서, 석탄화력발전소의 퇴출로 인한 노동자들의 일자리 문제도 고민해볼 수 있다. 현재 정부는 기존에 확정된 노후 석탄화력발전소의 LNG발전소로의 전환만을 대상으로 하여 단기적이고 간접적인 전환의 문제가 발생할 것이라는 태도를 취하고 있으나,[164)] 발전 부문 전체의 탈탄소를 고려한다면, 문제의 범위와 깊이는 더욱 확장될 것으로 예상된다.[165)] 이것이 앞으로 사회적 형평성의 원리가 보다 강조되어야 하는 배경이다.

---

162) Jaehyup Lee & Jisuk Woo, "Green New Deal Policy of South Korea: Policy Innovation for a Sustainability Transition," *Sustainability*, 12(23), 2020.

163) 특정 에너지 설비가 그것이 위한 지역과 밀접한 관계를 맺는다는 지적은 이미 다양한 문헌으로 나타난바 있다. 예컨대 한국과 일본의 원자력발전 관련 시설이 지역의 문화와 경제에 깊숙이 파고들어 종국에는 결코 분리될 수 없는 관계로 발전한다는 견해에도 주목할 필요가 있다. Jinyoung Park & Benjamin Sovacool, "The contested politics of the Asian atom: peripheralisation and nuclear power in South Korea and Japan," *Environmental Politic*, 27(4), 2018.

164) 관계부처 합동, "산업구조 변화에 대응한 공정한 노동전환 지원 방안," 2021. 7. 22. 5면.

165) 이투뉴스, "가스발전도 좌초자산화 경고등 켜졌다," 2021. 3. 29. https://www.e2news.com/news/articleView.html?idxno=231323 (2022. 3. 3. 최종방문).

4. 에너지법에 대한 비판적 논의

가. 에너지법의 체계에 대한 비판

앞에서, 실정법체계 속에서의 에너지법의 지위와 그 원리를 살펴본 바와 같이, 그것의 대강은 각 에너지원을 기준으로 하며 그 속에서 기능적 구분을 시도한다. 여기에 착목하면 현행 에너지법의 체계는 특정 에너지원의 개발과 진흥, 그리고 규제 등에 관한 법률을 단순히 결합한 것에 지나지 않는다는 비판이 가능하다. 즉 우리 에너지법은 **개별 에너지 관련 법률의 집합**이라 정리해볼 수 있을 것이다.[166]

이러한 차원의 구성에는 다음과 같은 부작용이 뒤따른다. 우선 에너지와 관련된 법률을 종합적으로 바라보기 힘들게 한다.[167] 즉 에너지법이라는 유기적이고 체계적인 개념을 형성하지 못함에 따라, 에너지법이라는 체계 전체에 대한 종합적인 전망 없이 그때그때 필요에 따라 법률을 제·개정하는 현실을 초래하게 된다. 그리고 그것이 반복되면서 에너지법체계는 더더욱 전원별로 개별적이고 산재된 형태로 거듭나는 것이다.[168]

물론 에너지원의 다양성과 특성을 고려하면, 무리하게 모든 에너지 관련 법률을 하나의 체계로 엮으려는 시도는 지양되어야 마땅하다.[169] 따라서 적절하게 에너지원의 특성을 반영하면서 하나의 카테고리로 묶는 작업이 요구된다. 특히 기본법 차원에서 도출된 에너지법의 원리가 하위 개별법에서도 적절하게 반영될 수 있도록 전반적인 개선이 필요하

---

166) 유사한 맥락에서 이를 **에너지별 법률주의**라고 명명하면서, 기능별 체계화를 주문하는 견해도 보인다. 이종영, 앞의 책. 5면.
167) 배성렬, "에너지정책기본법 제정에 관한 소고," 대한변호사협회, 한국의 환경 및 에너지에 관한 법원리, 환경·에너지문제연구총서 XI, 2005. 129면.
168) 정철, "한국의 에너지산업 관련 주요 법규 및 최근의 동향" 국제거래법연구 제17권 제2호, 2008. 3-4면.; 허성욱, 앞의 논문(2013). 248면.
169) 허성욱, 위의 논문. 290면.

며, 이를 전제로 해야만 그것이 개별 에너지원의 영역을 넘어 다른 에너
지원, 에너지법정책의 지도이념 및 원리, 그리고 궁극적으로 기후위기
대응과 2050년 탄소중립이라는 여건과 상호작용할 수 있을 뿐더러 우리
가 마주한 에너지법의 여건을 직시할 수 있을 것이다.

나. 에너지법의 내용에 대한 비판

에너지법에 가해지는 비판은 단순히 그 체계에 머무르지 않고 그 내
용으로까지 확장된다. 바꾸어 말하면 현행의 에너지법의 내용이 오늘날
우리가 마주한 전환적 여건에 비추어 충분하지 않다는 것이다. 여기서
말하는 전환적 여건은 바로 기후위기 대응과 2050년 탄소중립이라는 과
제로 대표될 수 있는데, 이를 달성하는 과정에서 마주하게 되는 에너지
문제는 이전에는 상상하지 못한 양상을 보이는 까닭에 기존의 에너지법
과의 갈등을 유발한다.[170)

앞에서 에너지법에 관한 국내의 논의를 확인하였듯이, 대부분은 현존
하는 법규범을 정리하고 이들의 **체계화**에 집중하였다. 물론 그로 인하여
에너지법이라는 영역이 하나의 법체계로 설 수 있게 되었음은 의심의
여지가 없다. 그러나, 우리 에너지법이 나아가야 할 바람직한 방향을 적
절하게 제시할 필요가 간과되고 있다. 에너지법이 처한 여건을 면밀히
검토하고 그 속에서 마주할 수 있는 문제들을 확인하며, 여기에 대응하
기 위하여 에너지법이 어떠한 방향으로 나아가야 할 것인가에 대한 고
민이 바로 그것이다.[171)

---

170) 에너지법의 전환적 특성이 기존의 법규범과의 갈등을 초래한다는 주장에 대
한 예시로서의 석탄화력발전소의 폐쇄와 재산권의 문제를 지적한 문헌으로
는 Kaisa Huhta, "The contribution of energy law to the energy transition and
energy research," Global Environmental Change, 73, 2022. 3면.
171) 예를 들어, 탄소중립의 맥락에서 강조되는 **정의로운 전환**과 같은 논의가 대
표적일 것이다. 지현영, "탈탄소사회로의 정의로운 전환을 위한 연구," 대한변

한 가지 특기할 점은, 위와 같은 미증유의 에너지 문제는 단순히 에
너지 영역에 머무르지 않는다는 것이다. 앞에서 에너지법의 개념을 살펴
보면서, 에너지 문제는 조정문제이자 경로의존적 특성을 가지기 때문에
강력한 규범력을 토대로 하는 법규범에 의해 해결되어야 한다는 주장에
터 잡아 에너지법의 필요성과 역할을 주장하였다. 그러나 오늘날 제기되
는 에너지 문제는 여기에서 한 발 더 나아간 형태로 제기된다. 즉 2050년
탄소중립이라는 과제가 주어지면서 해당 목표를 어떻게 달성해야 하는
가를 둘러싸고 집합적 행동이 성립되어야 하지만, 해당 사안은 다분히
가치 의존적인 까닭에 그 속의 수많은 이해관계자의 선호가 첨예하게
대립하고, 그로 인하여 사회 선호의 결집으로서의 법률이 만들어지지 않
는 경향이 나타나게 된다. 이러한 여건 속에서 우리에게 주어진 기후위
기 대응과 탄소중립이라는 목표에 어떻게 다가가야 하는가가 오늘날 제
기되는 에너지 문제의 정수이다. 이러한 경향은 후술하는 민간 석탄화력
발전소의 취급과 관련해서 두드러지게 나타나는 바, 여기에 대한 검토를
전제로 하고 자세히 살펴보기로 한다.

호사협회, 변화하는 에너지와 환경 정책에 대한 법적 연구, 환경·에너지문제
연구총서 XV, 2021.

제4절 소결

에너지는 인류 문명의 발전과 풍요로운 삶을 허락해주었다. 그러나 다른 한편에서 과도한 화석연료의 생산과 소비는 **사악한 문제**를 초래하였는데, 그것이 바로 기후위기이다. 해당 쟁점은 단순히 기후 시스템의 변화로 인한 직·간접적 피해를 넘어, 우리의 삶과 사회경제적 체제를 보다 지속가능한 방향으로 전환하도록 요구하고 있다.

특히 조정문제이자 경로의존적 특성을 가지는 에너지 문제는 자발적인 해결이 어렵기 때문에 강력한 규범력을 가지는 법률을 통한 해결이 요구되곤 한다. 이와 같은 배경 속에서 **에너지법**이라는 영역이 탄생하게 되었고, 국내에서도 여기에 대한 선구적 연구가 이루어지고 있는 바, 그 개념을 살펴보았다. 특히 에너지법의 정의, 규율대상, 독자성, 그리고 에너지법의 원리에 집중하였다. 그 중에서도 에너지법이라는 영역이 과연 독자적인 법영역으로서 성립될 수 있는가에 대한 논의는 국내 뿐 아니라 해외, 특히 미국에서도 활발하게 이루어지고 있는 것으로 보인다. 생각건대, 기후위기의 부상과 근자의 2050년 탄소중립 과제는 에너지 문제의 중요성과 특수성을 부각시키고, 전술한 바와 같이 법에 의한 해결을 요청하는 바, 에너지법은 독자적인 영역으로 구분될 수 있다고 사료된다. 나아가서, 에너지법은 공급안정성, 경제적 효율성, 환경성, 사회적 형평성의 원리를 가지는데, 각각의 내용에 대한 선행연구를 검토하였다. 그럼에도 불구하고, 에너지법에 대한 비판이 존재하지 않는 것도 아니다. 앞서 지적한 에너지법의 독자성을 포함하여, 국내의 에너지법, 특히 그 체계가 하나의 영역으로서의 통합성과 정합성을 가지지 못하다는 지적이 바로 그것이다.

제3장

에너지법의 쟁점: 탈석탄 문제

제1절 문제의 배경

"화석연료는 반드시 고갈한다. 그것도 아주 급속도로 말이다"
- 윌리엄 톰슨 (켈빈卿)

" 개개 정치인들이 논쟁적인 사회·경제적 정책에 대한 확정적인 입장을
취함으로써 얻는 것보다 잃는 것이 훨씬 많다. [1]
- 리처드 스튜워트

1. 왜 석탄화력발전인가

2021년 10월 18일, 우리 정부가 세 가지 2050 탄소중립 시나리오안[2]을

---

1) Richard Stewart, "The Reformation of American Administrative Law," *Harvard Law Review*, 88(8), 1975. 1965면.
2) 2021년 8월에 발표된 해당 시나리오의 초안에서 제시된 3가지 안을 살펴보면, 탈석탄을 어떻게 포착할 것인가에 따라 접근방식이 달라지는 것으로 보인다. 1안은 유지 후 CCUS 활용으로 실질적인 탈석탄을 지향하지만, 2안과 3안은 모두 조기폐쇄를 내용으로 하고 있다. 즉, 전자는 실질적인 탈석탄, 후자는 절대적인 탈석탄을 지향한다. 전자의 방식을 채택한다면, 추가적인 비용이 발생하지만 여전히 석탄화력발전설비를 유지할 수 있다는 점에서 수용가능성이 예견된다. 그럼에도 불구하고, 총 6기(6240MW)의 민간 석탄발전소가 2050년 이후에도 가동하게 된다면, 현재의 약 20%에 가까운 석탄발전 설비가 가동하게 되는 셈이고, 그로부터 발생하는 탄소배출량을 아직 상용화 단계에도 이르지 못한 기술로 상쇄한다는 주장은 현실가능성의 측면에서 치명적인 한계를 가지게 된다. 요컨대, 석탄화력발전 설비를 완전한 제로로 만들지 않더라고, 최대한 그에 가깝게 다가가기 위해서는 민간 발전사업자와의 맞닥뜨림은 불가피한 현실인 것이다. 이러한 시나리오는 결과적으로 두 가지 안으로 압축되었으나, 위의 취지는 여전히 유효하다고 생각된다. 관계부처 합동, "2050 탄소중립 시나리오," 2021. 10. 18.

발표하였는데, 국내·외의 그것[3])과 마찬가지로 탄소 집약적인 현행의 화석연료 중심의 에너지 공급체제를 적극적으로 전환해야 한다고 지적하고 있다.[4]) 이는, 전술한 에너지시스템의 경로의존성과 그로 인한 탄소고착을 고려하면, 탄소의존적인 인프라를 어떻게 취급할 것인가라는 물음이 기후위기 대응의 성패에 핵심적임을 의미한다.[5]) 그 중심에 있는 것이, 소위 **하이퍼 배출원**(hyper-emitter)이라 묘사되는 석탄화력발전이다.[6]) 여기에 관하여 IEA는 세계 각국이 새로운 석탄화력발전소의 건설 인·허가를 중단해야 하며, 기존의 발전소들 역시 빠르게 퇴출시켜야 한다고까

---

3) IEA, "Net Zero By 2050: A Roadmap for the Global Energy," 2021. 5.; ETC, "Making Clean Electrification Possible: 30 years to electrify the global economy," 2021. 4. 국내의 시나리오로는, KAIST & 기후솔루션, "2050 탄소중립 전환 시나리오," 2021. 5.

4) 탄소중립에 도달하기 위해서는 국내 탄소배출량의 정점을 유도하고 감속추세로 접어들기 위한 노력이 중요하다. 그 과정에서도 전력부문의 역할이 필수적임을 강조하는 연구로는, 김동구 & 손인성, "우리나라 온실가스 배출 정점 도달 시점 분석," 에너지경제연구원 기본연구보고서 18-13, 2018.

5) 현재의 탄소 집약적 에너지설비를 그대로 운용한다면, 1.5°C 목표를 달성하기 어렵다는 주장은 이미 다양한 연구에서 제기되고 있다. Steven Davis *et al.*, "Future CO2 emissions and climate change from existing energy infrastructure," *Science*, 329, 2010.; Christopher Smith *et al.*, "Current fossil fuel infrastructure does not yet commit us to 1.5°C warming," *Nature Communication*, 10(101), 2019.; Pfeifer Hepburn *et al.*, "Committed emissions from existing and planned power plants and asset stranding required to meet the Paris Agreement," *Environmental Research Lettters*, 13, 2018.

6) IEA의 분석에 따르면, 현재 존재하는 에너지 인프라가 그대로 설계수명까지 가동된다면, 2050년 탄소예산의 약 30%를 차지할 것이라고 한다. 무엇보다 해당 인프라의 절반가량이 전력 부분에 해당하며, 그 중 40%는 석탄화력발전 관련 인프라가 차지한다는 점에 주목해야 한다. IEA, 앞의 보고서(2021). 39면. 유사한 취지의 연구로는 Don Grant, "Reducing CO2 emissions by targeting the world's hyper-polluting power plants," *Environmental Research Letters*, 16, 2021. 국내에 관해서는, Minwoo Hyun *et al.*, "Feasibility trade-offs in decarbonisation of power sector with high coal dependence: A case of Korea," arXiv(Prepring), 2021. 11. (arXiv: 2111.02872).; Climate Analytics, "Transitioning towards a coal-free society: science based coal-phase out pathway for South Korea under the Paris Agreement," 2020. 2.

지 경고하고 있다.7)

이러한 흐름은 우리에게도 커다란 함의를 가져다준다. 2020년 기준, 국내 전력부문에서 석탄화력발전이 차지하는 비율은 무려 40%에 육박하기 때문이다.8) 그러한 와중에도 「제9차 전력수급기본계획」에 따르면, 2021년 기준 7개의 신규 석탄화력발전소가 건설 중 또는 건설 예정에 있다. 만약 해당 발전소가 계획대로 건설되고 예상수명을 마친다면, 2034년 석탄화력의 발전비중이 전체의 22. 7%(28.3GW)를 기록할 것이고, 아래의 [그림 4]와 같이, 2050년에도 여전히 가동 중인 석탄화력발전 설비를 보유하게 된다.9) 그 결과, 파리협정 준수를 위한 배출경로의 약 3배 이상의 탄소를 배출하게 될 것이다.10)

[그림 4] 2050년 탄소중립과 민간석탄발전소의 수명11)

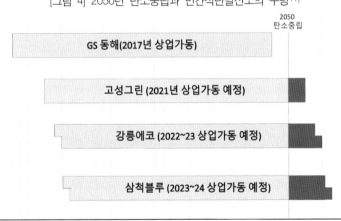

출처: 한국기업평가, 2020 재구성

---

7) IEA, 앞의 보고서(2021).
8) 에너지경제연구원, 「2021 에너지수급통계연보」, 2022.
9) 산업통상자원부, 「제9차 전력수급기본계획」, 2020. 12.
10) Climate Analytics & 기후솔루션, 앞의 보고서.
11) 김미희 & 조원무, "흔들리는 민자석탄발전의 위상 – 민자석탄발전사 신용도방어 가능할까?," 한국기업평가 Issue Report, 2020.11.

앞과 같이, 탈석탄은 시급하고 중대한 동시에 매우 지난(至難)한 과제이다. 그 원인의 하나는 현재 건설·계획 중인 7기의 발전소 중 6기가 민간에 의하여 추진되고 있으며, 정부의 석탄화력발전 감축의 흐름에 비교적 수용적인 발전공기업과 달리, 그들은 극렬하게 반발한다는 점이다.[12] 더욱이, 탈석탄의 흐름이 자칫 발전사업자의 재산권의 문제로 연결될 수 있음이 사안을 더욱 어렵게 만든다.[13] 즉, 탈석탄 문제는 기후위기 대응이라는 공익과 민간 발전사업자의 재산권 보호, 즉 **공익 vs. 재산권**이라는 서로 다른 가치 간의 대립으로 바라볼 수 있다.[14]

2. 국내 석탄화력발전의 현황

우선 국내의 석탄화력발전 현황을 간략하게 살펴보자. 아래의 [표 3]과 같이 남동발전, 남부발전, 동서발전, 서부발전, 중부발전의 5개의 발전공기업의 총 발전량의 약 50% 이상이 석탄발전으로 구성되어 있으며, 그 소계는 1억 3271만톤으로 국내 발전부문의 총 온실가스 배출량의 약 65.6%에 달한다.

여기에 그치지 않고, 아래의 [표 4]에서 나타나듯이, 2021년 기준, 신서천화력(한국중부발전)을 제외하고, 고성하이화력 1, 2 호기 (고성그린파워), 강릉안인화력 1, 2호기 (강릉에코파워), 삼척화력 1, 2호기 (삼척블루파워)의 총 6기의 민간발전소가 「제6차 전력수급기본계획」에 포함된 후, 이미 건설 중에 있다.[15]

---

12) 전자신문, "민간발전사, '석탄발전 상한제' 법안에 반대 의견…국회 논의도 공전," 2021. 9. 28. https://www.etnews.com/20210928000064 (2022. 3. 4. 최종방문).
13) 예컨대, 민간발전협회는 후술하는 두 가지 탈석탄 법안이 모두 헌법에 위배된다며 반대하고 있다. 구체적인 쟁점에 관해서는 이어지는 절에서 후술한다.
14) 박진표, "석탄화력발전 퇴출 법정책을 둘러싼 몇 가지 법적 쟁점," 전기저널, 2021. 5. 7. http://www.keaj.kr/news/articleView.html?idxno=4034 (2021. 10. 10. 최종방문).
15) 전력거래소, "2020년 4분기 발전소 건설사업 추진현황," 2020.

[표 3] 국내 발전공기업의 석탄발전소 운용 현황

발전사업자	총 발전설비		석탄발전 설비			온실가스	
	용량 (MW)	비중 (%)	발전기 (기)	용량 (MW)	발전 비중 (%)	배출량 (tCO2)	비중 (%)
한국남동발전	9,910	11	14	8,988	91	53,399,748	24
한국남부발전	11,104	12	10	6,044	62	36,670,122	16
한국동서발전	11,111	12	14	6,940	54	39,001,786	17
한국서부발전	10,886	12	10	6,100	56	34,673,737	15
한국중부발전	9,947	11	10	6,088	61	34,269,302	15
한국수력원자력	23,250	25	-	-	0	3,112,732	1
소계	76,208	83	58	34,160		201,127,427	

출처: 전력거래소, 2020

[표 4] 건설 중인 민간 석탄화력발전소

발전소명	발전사명	용량 (MW)	확정 수급 계획	발전 사업 허가	실시 계획 승인	공사 계획 인사	준공
고성하이 #1	고성그린파워	1,040	6차	'13.04.	'15.10.	'16.04.	'21.04.
고성하이 #2	고성그린파워	1,040	6차	'13.04.	'15.10.	'16.04	'21.10.
강릉안인 #1	강릉에코파워	1,040	6차	'13.04.	'15.10.	'16.02	'22.09
강릉안인 #2	강릉에코파워	1,040	6차	'13.04.	'15.10.	'16.02.	'23.03.
삼척화력 #1	삼척블루파워	1,050	6차	'13.07.	'18.01.	'18.01.	'23.10.
삼척화력 #2	삼척블루파워	1,050	6차	'13.07.	'18.01.	'18.01.	'24.04.

출처: 전력거래소, 2021

3. 탈석탄 정책의 흐름

민간 석탄화력발전은 높은 기대와 함께 도입되었다.[16] 2008년 확정된 「제4차 전력수급기본계획」부터 민간의 석탄발전사업이 허용되면서 5개의 민간사업자들이 사업권을 획득하였고, 낮은 발전단가를 통해 폐쇄적인 기저발전 시장에 활력을 불어넣을 것이라 기대했다.[17] 2010년에 작성된 제5차 계획에서 9기를 추가로 반영하였고 이어진 제6차 계획에서는 12기를 새롭게 더하였다. 2015년에 수립된 제7차 계획에 이르러서는 총 20기의 민간 석탄화력발전소가 확정되었다. 여기에 공명하듯이, 정부는 정산조정계수와 총괄원가보상 방식을 통하여 사업자들의 적정 수익을 담보해왔다.[18]

[그림 5] 민간 발전사의 발전량 비율

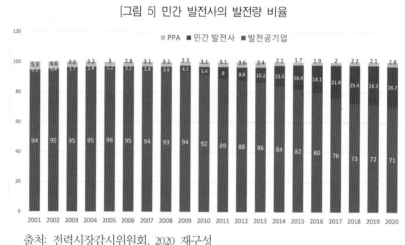

출처: 전력시장감시위원회, 2020 재구성

위의 [그림 5]에서 나타나듯이, 우리 전력시장에서 민간 발전기업의 발전비중은 2001년 약 0.1%에서 점차 증가하여 2020년에는 26.7%를 차지

---

16) 박원주, "전력산업의 구원투수 '민간발전기업'," 전기저널 제449호, 2014. 5.
17) 위의 글.
18) 2014년 5월, 「전기사업법」 개정을 통하여 민간 석탄화력발전소에 대한 정부승인차액제도(Vesting Contract)를 적용하고자 하였으나, 과도한 수익이 예상되어 정산조정계수 방식으로 회귀하였다고 한다. 천근영, "정부승인차액정산제도 시행에 따른 전력산업계 대응 방안," 전기저널, 대한전기협회, 2015. 3. 기후솔루션, "탈석탄 시대, 전력시장의 개선 방향 심포지움," 2021. 4. 21.

하였다. 발전량으로 보아도 2003년에는 약 5,315GWh이었지만 2020년에
는 141,390GWh를 기록하며 약 26.6배가 상승하였다.[19]

그러나, 2016년부터 「미세먼지 관리 특별대책 세부 이행계획」과 「석
탄화력발전 대책회의」를 시작으로 석탄발전을 둘러싼 환경규제가 강화
되기 시작하였다. 이러한 기조는 문재인 당시 대통령의 취임과 함께 더
욱 박차를 가하게 되었는데, 2017년 5월 15일, 그는 미세먼지 대책의 일
환으로 30년 이상 된 노후 석탄화력발전소를 6월 한 달 동안 일시적으로
가동 중단할 것을 지시하였다. 이와 함께, 건설 중인 석탄화력발전소 중
공정률이 10% 미만인 9기에 대해서는 원점에서 재검토하라는 업무지시
를 내리면서 소위 **탈석탄 논쟁**이 촉발된 것이다.[20] 이에 따라 2017년 7
월 서천1, 2호기(중부발전), 영동1호기(남동발전), 영동2호기를 2019년 1
월에 폐쇄할 것이라 결정하였고, 2019년 11월에 개최된 「제3차 미세먼지
종합특별대책위원회」에서는 삼천포 1, 2호기(남동발전), 호남 1,2호기(동
서발전), 보령 1, 2호기(중부발전)의 6개 노후 석탄화력발전소를 2021년
내에 모두 폐지키로 결정하였다. 당초 2019년 12월 삼천포 1, 2호기를 시
작으로 2021년 1월 호남 1, 2호기, 2022년 5월에는 보령 1, 2호기를 추가
폐쇄할 예정이었으나, 적극적인 미세먼지대응을 위하여 조기 폐쇄를 결
정한 것이다.[21]

한 발 더 나아가서, 2019년 발표된 「제3차 에너지기본계획」에서는 **석
탄발전의 과감한 삭감**이라는 정책방향을 제시하였다. 이에 따라, 석탄발

---

19) 전력시장감시위원회, "전력시장분석보고서," 2020. 38-9면.

20) 매일경제, "文 업무지시 3호, 노후 발전소 셧다운…'미세먼지' 줄이기," 2017. 5.
15. https://www.mk.co.kr/news/entertain/view/2017/05/323981/ (2021. 10. 15. 최종
방문).

21) 에너지신문, "노후 석탄화력 조기폐쇄, 급해진 발전사들," 2020. 4. 14. https://
www.energy-news.co.kr/news/articleView.html? idxno=69963 (2021. 10. 15. 최종방
문). 나아가서, 건설 중에 있는 석탄발전소 7기의 조기 폐쇄도 검토 중이다. 연
합뉴스, "홍남기, 신규 석탄발전소 7기, 2050년 이전 조기중단도 검토," 2020. 4.
21. https://www.yna.co.kr/view/AKR20210421163100001 (2021. 10. 15. 최종방문).

전의 경제성이 급격하게 낮아지고 석탄상한제, 봄철 가동 중지 등의 규제가 만들어지면서 LNG발전과의 급전순위가 역전되는 현상까지 발생하기도 하였다.[22] 이와 같은 흐름에 따라, 「제9차 전력수급기본계획」에 의하면 2020년 40%를 초과하던 석탄의 발전비중은 2034년 기준 22.7%로 추락할 것이라는 전망이 내세워지고 있다. 여기에 덧붙여, 문재인 대통령은 2020년 10월 28일 국회 시정연설에서 2050년 탄소중립을 선언하였으며, 약 1년 뒤인 2021년 10월 18일에 발표된 2050 탄소중립 시나리오에서 제안된 두 가지 시나리오는 모두 석탄화력발전의 중단을 전제로 하고 있음을 확인할 수 있다. 즉, 2050년에 이르러서는 국내의 모든 석탄발전이 폐지되어야 한다는 결론에 이른다. 이를 뒷받침하듯이, 2021년 10월에 영국 글래스고에서 개최된 유엔기후변화협약(COP26)에서 2050년까지 석탄화력발전을 전면 폐기할 것이라 천명하기도 하였다.[23]

한편 정권교체를 통해 보수정부를 구성한 윤석열 대통령은 2022년 7월, 「새정부 에너지정책 방향」을 통해 에너지 안보가 다시금 주요한 고려 요소로 부상하면서 **합리적 감축**이란 용어를 내세우며 기존의 석탄화력발전의 퇴출에 신중한 태도를 보였다. 그러나 이것이 탈석탄이라는 방향성을 부정하는 것은 결코 아님을 명심할 필요가 있다.

이렇듯, 석탄화력발전을 둘러싼 정부의 입장은 커다란 전환을 보이고 있다. 그 배경에는 기후위기가 본격적인 **위기**로 인식되고 있음을 상기시킴과 동시에, 지금까지 탄소감축의 주요 수단으로 여겨졌던 배출권거래제와 같은 시장메커니즘이 신속하고 실질적인 기후위기 대응으로 이어지지 못했다는 성찰을 일깨워주기도 한다.[24] 이러한 지적을 반영하여,

---

22) 이투뉴스, "석탄잡는 직도입가스… 환경급전 가속화," 2020. 9. 7. https://www. e2news. com/news/articleView.html?idxno=225808 (2021. 10. 10. 최종방문).

23) 매일신문, "[속보] 文, G20서 "한국 2050년까지 석탄발전 전면 폐기,"" 2021. 10. 31. http://news.imaeil.com/page/view/2021103121400837932 (2021. 10. 10. 최종방문).

24) 「2020년 국가온실가스 감축 로드맵」상 2017년 목표치보다 실제 배출량이 약 15%가량 높게 기록되었다.

2020년 수립된 「제9차 전력수급기본계획」은 당시 「2020년 국가온실가스 감축 로드맵」을 업데이트한 「2030 온실가스 감축 로드맵」에 따른 전환부문의 감축목표를 달성하기 위한 온실가스 감축 방안을 담고 있는데, 여기에는 ① 석탄발전 설비를 폐지하는 방안과 ② 잔여 석탄발전 설비의 연간 발전량을 제약하는 방안이 내세워지고 있으며, 2021년 12월 10일 발표된 산업통상자원부의 「에너지 탄소중립 혁신 전략」 그리고 같은 해 12월 28일에 발표된 「석탄발전 폐지·감축을 위한 정책 방향」도 유사한 취지를 포함한다.[25]

이처럼 석탄화력발전소를 규제하기 위한 움직임이 활발하게 이루어지고 있음에도 불구하고, 현재 가동 또는 건설·계획 중에 있는 민간 발전 설비를 어떻게 취급할 것인가에 대해서는 구체적인 해결책을 제시하지 못하고 있다.[26] 무엇보다 발전공기업의 노후 석탄화력발전이 LNG발전 등으로 전환하고 강력한 미세먼지 대응책의 대상이 되면서, 민간 발전사의 전력거래량 비중이 현저하게 늘어나는 경향이 이러한 문제의식을 더욱 확장시킨다.[27] 요컨대, 우리의 온실가스 감축 목표는 점차 높아지지만, 이를 달성하기 위한 수단은 크게 변하지 않고 있다. 그렇다면 그 배경은 무엇일까? 여기에 대답하기 위해서는 현재 우리 사회가 탈석탄을 위하여 어떠한 준비를 갖추고 있는가를 살펴볼 필요가 있다. 구체적으로, 석탄발전을 규제하기 위한 법적 근거는 무엇이며, 이를 갖추고 있는가, 만약 그렇지 않다면 왜 그러한가라는 물음이 바로 그것이다.[28]

---

25) 산업통상자원부, "석탄발전 폐지·감축을 위한 정책 방향," 2021. 12. 10.

26) 일단 석탄발전소의 연간발전량 제한 및 온실가스부가금 등의 논의를 시행할 것이라 하지만, 어디까지나 보완적 수단에 지나지 않는다. 자세히는, 산업통상자원부, 「제9차 전력수급기본계획」 2020. 12. 40면. 탈석탄 선언만 존재할 뿐 어떠한 구체적인 정책과 대안은 존재하지 않는다는 지적으로는, Climate Analytics, "Transitioning towards a coal-free society: science based coal phase-out pathway for South Korea under the Paris Agreement," 2020. 2. 20.

27) 에너지경제, "'현실 따로 이상 따로'에 '결국 국민 골탕 우려'," https://m.ekn. kr/view.php?key=20220612010001524 (2022. 7. 5. 최종방문).

4. 탈석탄의 법정책적 근거

가. 헌법 및 법률

(1) 행복추구권

우리 헌법은 제10조에서 "모든 국민은 (…) 행복을 추구할 권리를 가진다"고 규정하고 있다. 통상적으로 해당 규정의 자연법적 그리고 포괄적 성질로 인하여 그것이 기본권의 문제 또는 규범화의 대상으로는 적합하지 않다고 지적된다.[29] 이렇게 바라본다면, 행복추구권은 이를 통해 구체적 법적 분쟁을 해결하기보단 모든 국민은 행복해야 한다는 당위적이고 이상적인 삶의 방향성을 제시하는 것으로 해석하는 것이 바람직하다고 보인다.

한편, 국내에서 행복추구권을 근거로 기후위기 대응과 석탄화력발전의 퇴출을 요구하는 목소리도 보이지만,[30] 전술한 바와 같이, 이를 근거로 하여 탈석탄 문제를 해결하기엔 역부족이라 생각된다.

(2) 환경권

미세먼지가 주요한 사회적 문제로 부상하면서, 석탄화력발전소 유래의 대기오염이 헌법상 환경권을 침해한다는 주장이 제기되곤 한다.[31]

---

28) 정부의 분석은 다음과 같다. ① 자발적인 조기폐쇄 유인의 부재, ② 강제폐쇄를 뒷받침하기 위한 법과 제도의 부재, ③ 대체기술의 또는 및 낮은 주민 수용성의 해결. 산업통상자원부, "석탄발전 폐지·감축을 위한 정책 방향," 2021. 12. 10. 2면.

29) 김선택, "헌법재판소 판례에 비추어 본 행복추구권," 헌법논총 제9집, 1998,

30) 뉴시스, ""온실가스 감축 목표 미흡해"…중학생이 헌법소원 냈다," 2020. 11. 12. https://mobile.newsis.com/view_amp.html?ar_id=NISX20201111_0001230 779 (2021. 10. 10. 최종방문).

31) 대표적인 사례가 삼척 석탄화력발전소를 대상으로 한 소송이다. 관련해서는,

이러한 견해는 법해석에 있어서 모호성이 존재하고, 그로 인한 사회적 과제와 갈등이 제기된다면 시대적 가치와 인식에 부합하는 법해석을 통해 사법의 역할을 수행하여 법적 보호의 공백과 불균형을 완충해야 한다는 법원의 역할에 관한 인식이 전제된 것으로 보인다.[32]

우리 헌법 문언으로 돌아가보면, 제35조 제1항은 모든 국민은 건강하고 쾌적한 환경에서 생활할 권리를 가진다고 새긴다. 여기서 말하는 건강하고 쾌적한 환경에서 생활할 권리는 어디까지나 절대적인 으뜸패(trump)의 지위를 가지는 것이 아니라, 다른 다양한 가치들과 조화를 이루어야 한다는 점을 주목해야 한다.[33] 만약 환경권이 사법적 권리로 인정되기 위해선 권리의 주체, 대상, 내용, 행사방법 등이 구체적으로 규정되어야 할 것이다.[34]

이렇듯, 환경권은 그것이 다른 권리를 배제할 수 있는 절대적 규범력을 가지는 것이 결코 아니기 때문에 해당 조항을 토대로 탈석탄을 주장하기에는 어렵다고 생각된다.[35]

(3) 「탄소중립기본법」

「탄소중립기본법」의 제1조는 탄소중립 사회로의 이행을 천명하고, 이를 위해서는 화석연료에 대한 의존도를 낮추거나 없애야 한다고 강조할 뿐 아니라, 녹색기술과 녹색산업의 육성을 통하여 화석에너지의 사용을

경향신문, "삼척화력발전소, 환경권 침해…회사채 발행 중단하라," 2021. 6. 21. https://m.khan.co.kr/national/national-general/article/202106211435001 (2021. 10. 10. 최종방문).

32) 예컨대, 이용훈, "환경오염피해 구제와 법원의 역할-환경권의 해석에 있어 -," 환경법연구 제38권 제2호, 2016. 7면.

33) 조홍식, 앞의 책(2020). 227-56면.

34) 대판 1995. 5. 23. 선고 94마2218 전합.

35) 물론 그것이 환경권의 본질적인 부분을 제한하는 경우에는 그렇지 않다. 조홍식, 앞의 책(2020). 253면.

단계적으로 축소하는 녹색경제의 구축을 도모하기 때문에, 이에 터 잡아서 석탄화력발전으로부터의 탈피를 이끌어 낼 수 있다고 주장해볼 수 있다. 다만, 위에서 사용한 용어들의 해석에 의하면 발전효율이 낮은 노후 석탄화력발전소의 폐쇄 또는 대체에는 도달할 수 있지만, 그것이 즉각적으로 신규 석탄화력발전소의 건설 중단 또는 조기 폐쇄를 뒷받침할 수 없다. 요컨대, 해당 법률이 고효율의 신규 석탄발전소 건설을 퇴출의 대상으로 바라보는지 혹은 진흥의 대상으로 간주하는지에 관해서는 결코 명확하지 않다.

(4) 「온실가스 배출권의 할당 및 거래에 관한 법률」

우리나라는 국가 온실가스 감축목표를 수립하고 이를 달성하기 위한 수단으로서 2015년 1월 1일부터 온실가스 배출권거래제를 시행하고 있다. 그러나 배출권 시장안정화를 위한 정부 개입이 이루어지면서, 배출권거래제를 통한 온실가스 감축 유인은 상당히 약화된 상황이다. 특히 발전 부문의 경우 2015년 3월 배출권거래비용의 전력시장가격 영향을 최소화화기 위해 이를 기존의 변동비에 포함하지 않고 별도의 정산체계를 마련하는 것으로 전력시장운영규칙이 개정되는 등 배출권거래제 규제 이행에 대한 발전사의 경제적 부담을 완화하고자 추가적인 배출권 거래비용의 보전 방안이 마련되면서, 배출권거래제를 통해 발전부문의 온실가스 감축을 유도하기는 사실상 어렵다는 평가가 나오고 있다.[36]

나아가서, 배출권거래는 사회 전체의 관점에서 보다 효율적인 온실가스의 감축을 향해 나아가는 메커니즘인 만큼, 발전부문, 그 중에서도 석탄화력발전이라는 특정 영역의 온실가스 배출량을 제로화시키기 위한

---

36) 배출권거래제는 우리의 탄소배출량을 삭감하는데 기여했지만 탄소중립을 위하여 보다 적극적인 배출량 저감을 위해선 보다 적극적인 접근방식이 필요하다고 지적된다. 김동구 & 손인성, "우리나라 온실가스배출 정점 도달 시점 분석," 에너지경제연구원, 기본연구보고서 18-13. 2018. 138-9면.

수단으로는 적합하지 않다는 점을 고려하면, 이를 통해 탈석탄을 이끌어 내기는 어렵다고 보인다.

나. 입법안

(1) 「에너지전환 지원에 관한 법률안」

앞에서 살펴본 듯, 현행 법체계에서 탈석탄을 구현하기 어렵다는 지적에 따라, 국회에서는 나름의 법적 근거를 마련하기 위한 움직임을 보이고 있다. 그 중에서도 양이원영 의원이 발의한 「에너지전환 지원에 관한 법률안」(이하, "「에너지전환 지원법」")이 대표적이다.[37] 해당 법안은 정부가 추진하는 에너지 전환정책을 법적으로 뒷받침하고, 그 과정에서 발생할 수 있는 발전사업자에 대한 구조개편의 지원을 위하여 발의되었다.[38] 특히 후자를 추진함에 있어서 에너지전환지원위원회(제3조)와 비용심사 전문위원회(제4조)를 설립하여 전환의 대상과 지원의 수준을 검토한다.[39] 구체적으로, 산업통상자원부장관이 발전사업자와 발전사업의 변경, 취소 또는 철회를 내용으로 하는 협약을 체결하고(제6조), 이를 수행한 경우에는 일정 수준의 지원을 제공한다(제8조). 나아가서, 발전사업자 뿐 아니라, 산업 전체의 구조적인 전환을 위한 재취업, 퇴직금 등에

---

37) 의안번호 2104504.
38) 이러한 취지는 법안의 제안이유에서 찾아볼 수 있다.
39) 법안 제3조(에너지전환지원위원회) ① 다음 각 호의 사항을 심의·의결하기 위하여 산업통상자원부 소속으로 에너지전환지원위원회
   1. 제6조에 따른 발전사업 변경 등 협약 체결에 관한 사항
   2. 제7조에 따른 지원 여부 및 금액에 관한 사항
   3. 제10조에 따른 지정 등의 철회 및 그에 대한 지원에 관한 사항
   4. 제11조에 따른 에너지전환 대상 산업 구조개편 등에 관한 지원에 관한 사항
   5. 제12조에 따른 에너지전환 대상 지역 지원에 관한 사항
   6. 그밖에 에너지전환 지원을 위하여 대통령령으로 정하는 사항.

대한 지원(제11조)과 함께 해당 발전소 등이 위치한 지역에 대한 지원(12
조)도 규정하고 있다. 이러한 지원금은 원자력발전소 및 석탄화력발소를
운영하는 발전사업자들이 발전량에 비례하여 부과된 에너지전환지원부
금을 기초로 한다(제14조). 또한, 만약지원금의 조정에 관해서는 제17조
에서 규정하는 조정위원회가 권고할 수 있다.

[표 5] 「에너지전환 지원법안」 주요 내용

구분	조항	주요내용
에너지전환 정책 추진에 관한 사항을 법률에 명문화	제1조	에너지전환의 이행을 전제로 그에 필요한 지원 등을 규정함이 법의 목적임을 명시
	제2조	'에너지전환'의 정의가 원전, 석탄화력발전의 감축 및 신·재생에너지발전의 확대임을 규정
	제22조	산업통상자원부장관이 매년 에너지전환 목표 달성 현황 및 가능성 평가
지원 절차·방식 및 소요재원 확보·운용에 관한 사항 규정	제3조~제5조	에너지전환지원위원회, 비용심사전문위원회 구성·운영
	제6조~제10조	발전사업자에 대한 지원
	제11조	관련 산업 구조개편에 대한 지원
	제12조	에너지전환 대상 지역 지원
	제14조	에너지전환지원부담금 설치 (원전 또는 석탄화력발전소 운영 발전사업자를 납부의무자로 규정)
	제16조	에너지전환기금 설치 (신설되는 부담금 및 전력산업기반기금 재원 등으로 운용)
	제17조~제21조	지원 대상 해당여부 등에 관한 분쟁 조정 절차 규정
	제23조~제25조	벌칙 및 공무원 의제 규정
	부칙 제2조	2017년 10월 24일 국무회의에서 심의·의결된 에너지정책의 이행을 위한 사항부터 적용

다만, 해당 법안은 여러 문제점을 지적받고 있다. 무엇보다 제10조는 "산업통상자원부장관은 에너지전환을 위하여 불가피하고 공공의 이익을 위하여 특별히 필요한 경우에 한정하여 발전사업 변경 등 협약 체결에 동의하지 않는 발전사업자에 대하여 지원위원회의 심의·의결을 거쳐 해당 발전사업을 위한 지정 등(제7조 제1항 제3호는 제외한다)을 철회할 수 있다"고 규정하고 있는데, 이는 헌법상 법률유보의 원칙과 명확성의 원칙을 심각하게 훼손할 우려가 다분하다. 그 이유는 **에너지 전환을 위하여 불가피**하다는 판단의 기준은 다분히 해석의 영역에 위치하고 있기 때문이며, **공공의 이익을 위하여 특별히 필요한 경우**라는 문언 또한 마찬가지이다. 만약 해당 법률안이 그대로 제정된다면 산업통상자원부의 장관은 마음먹기에 따라 특정 전원 및 산업을 좌지우지할 수 있는 권한을 가지게 된다. 유사한 취지에서, 기획재정부 역시 법안의 제10조와 같이 적법한 허가를 받은 발전사업자의 지정을 철회할 수 있도록 법적으로 규정하는 것은 발전사업자의 지위 및 시장의 불안정을 야기할 우려가 있으며, 불가피하게 철회 권한을 부여할 필요가 있다하더라도 제정안의 철회사유는 포괄·추상적이므로 이를 보다 구체화할 필요가 있다는 의견을 제시하였다.[40]

추가적으로, 동 법안의 제14, 15조에서는 지원기금을 조성하기 위하여 에너지전환지원부담금을 신설하고 원자력 및 석탄화력발전소를 운영하는 발전사업자에 발전용량에 따른 부담금을 징수할 수 있도록 규정하고 있는데, 여기에 대한 비판도 제기되고 있다.[41] 예컨대, 원자력발전과 석탄발전사업자를 특정하고 이들에게 부담의무를 지우는 것이 공정성의 관점에서 의문인 동시에,[42] 지원 대상 사업자에게 스스로에 대한 지원을

---

40) 채수근, "에너지전환 지원에 관한 법률안 검토보고," 제328회 국회 제13차 산업통상자원중소벤처기업위원회, 2020. 11.

41) 위의 보고서, 25-8면.

42) 「부담금관리 기본법」 제5조(부담금 부과의 원칙) ① 부담금은 설치목적을 달성하기 위하여 필요한 최소한의 범위에서 공정성 및 투명성이 확보되도록 부과

위하여 부담금을 징수하는 구조와 그로 인한 전력요금 상승에 대한 우려가 나타난다. 지원금과 관련해서는 기금의 재원이 주로 부담금과 전력산업기금, 그리고 온실가스 배출권거래 수익금에 의존하고 있으나, 전력산업기금과의 중복성, 배출권거래제도 수익금 활용을 위한 법적 근거 부재 또한 함께 문제시되고 있다.

여기에 그치지 않고, 보상에 관한 규정인 제12조 제2항에 대하여, 산업통상자원부는 에너지전환 대상지역에 대한 지원의 필요성은 인정하지만, 국책사업 취소에 따른 토지소유자에 대한 보상은 입법례가 없으며 향후 여타 국책사업 추진 시 토지매입 진행의 어려움 등이 발생할 우려도 있을 뿐 아니라 피해지원범위도 발전소 부지면적 등을 감안할 때 과도하게 넓게 설정된 측면이 존재하므로 신중하게 검토해야 한다는 입장을 밝혔다.[43] 기획재정부 또한 에너지전환 대상 지역 내 토지보상과 관련하여, 정부 정책전환에 따른 토지보상 입법례가 없었고, 보상 사유가 발생하는 경우 지원 대상 및 금액이 현재로서 명확하게 예측되지 않으므로 신중한 검토가 필요하다는 의견을 제시하였다.[44]

즉 해당 법률안은 탈석탄을 의도했던 조문의 상당 부분을 수정을 피하지 않을 수 없을 것이고, 결과적으로 해당 법률안을 통한 일방적인 석탄발전소의 퇴출은 사실상 불가능하다고 읽힌다.[45]

(2) 「전기사업법 일부개정안」

2020년 12월 30일, 「전기사업법의 일부개정안」이 발의되었다.[46] 해당

되어야 하며, 특별한 사유가 없으면 하나의 부과대상에 이중으로 부과되어서는 아니 된다.
43) 채수근, 앞의 보고서(2020). 24-5면.
44) 위의 글. 22-5면.
45) 서울경제, "[단독]"원전·석탄발전 사업권 박탈 지나쳐"…'에너지전환법'독소조항 들어내기로," 2021. 3. 10. https://www.sedaily.com/NewsVIew/22JR6N5AA7 (2021. 10. 10. 최종방문).

법안은 2050년 탄소중립을 달성하기 위하여 전환부문의 온실가스 배출량을 공격적으로 삭감할 필요가 있다는 배경에서 배출권비용을 원가에 반영하여 발전기의 가동여부를 결정하는 방식과 함께 전력시장과 전력계통 운영시 석탄화력발전소의 발전량을 직접 제한할 필요가 있다고 밝힌다.[47]

동 법안은 석탄상한제와 그에 따른 지원 시책을 수립·시행할 수 있는 법적 근거를 마련하였다는 점에서 의의를 가진다. 정부가 「제9차 전력수급기본계획」에서 내세운 2030년 석탄화력발전량 비중 목표인 29.9%를 달성하기 위한 대표적인 수단이 바로 노후 석탄화력발전소의 폐지와 석탄화력발전의 발전량을 직접 제한하는 석탄상한제이다. 또한, 해당 법안은 제33조 제1항을 통해서 규정된 시간대별 전력거래 규정을 완화함에 따라 월별 또는 계절별 거래를 허용하였다는 점에도 주목해야 한다. 이는 석탄화력 유래의 전력거래에 대한 용량 메커니즘(capacity mechanism)의 본격적인 도입을 시사하는 것이기 때문이다. 이는 수개월 정도의 선도계약을 통하여 일정 정도의 석탄화력발전 전력비중을 확보함으로써 전력시장의 안정성과 해당 비중의 점진적 축소를 통한 석탄화력발전의 퇴출을 도모할 수 있는 효과적인 제도로 활용되고 있으며,[48] 산업통상자원부역시 그 필요성과 효과성에 동의하고 있다.[49] 다만, 거꾸로 말하자면 용량 메커니즘은 석탄화력발전량을 완전히 없애는 것이 아니라 오히려 일

---

46) 의안번호 2107030.

47) 위 법안. 2면.

48) 석탄화력발전에 대한 용량 메커니즘을 도입하고는 있는 대표적인 국가로는 영국이 있다. Department for Business, Energy & Industrial Strategy, "Capacity Market," 2014. 7. 24.

49) 산업통상자원부 박진규 차관의 발언에서 그 취지가 엿보인다: "2030년까지 NDC 목표를 이행하고 2050년까지 탄소중립 달성을 위해서 석탄발전 감소가 필수적입니다. 실질적으로, 실효적으로 감축할 수 있는 수단이 필요하기 때문에 이 제도 도입을 찬성하고 또한 석탄발전사업자가 여러 가지 제한을 받는 입장에서도 명백하게 지원시책도 제안할 필요가 있어서 동의를 합니다." 제387회 임시국회 산업통상자원중소벤처기업위원회 산업통상자원특허소위원회 제1차 회의록, 2021. 5. 11. 56면.

정 정도의 비중을 확보할 수 있도록 보장하는 제도로도 해석될 수 있다는 점에 주의해야 한다.[50]

[표 6] 「전기사업법의 일부개정안」 주요 개정조문

구분	조항	조문
발전량 제한	제29조의2	산업통상자원부장관은 온실가스 감축을 위하여 대통령령으로 정하는 바에 따라 석탄을 연료로 사용하는 화력발전의 연간 발전량을 제한할 수 있다.
손실 보상	제30조	② 산업통상자원부장관은 제29조의2에 따른 발전량 제한을 받는 전기사업자에 대하여 지원 시책을 수립·시행할 수 있다.
전력 거래의 가격	제33조	① 전력시장에서 이루어지는 전력의 거래가격(이하 "전력거래가격"이라 한다)은 전력의 수요와 공급에 따라 결정되는 가격으로 한다.
업무	제36조	제1항 1.~8. (생략) 9. 제29조의2의 발전량 제한에 따른 전력시장 및 전력계통 운영에 관한 업무
전력시장운영규칙	제43조	①~③ (생략) ④. 전력시장운영규칙에는 다음 각 호의 사항이 포함되어야 한다. 1.~6. (생략) 7. 제29조의2의 발전량 제한에 따른 전력시장 및 전력계통 운영에 관한 사항

---

[50] 양이원영 의원이 유사한 취지의 지적을 제기하였다. 여기에 관하여 산업통상자원부 박진규 차관은 매년 동일한 발전량을 보장한다면 그렇게 해석될 수 있지만 목표치가 점진적으로 낮아지기 때문에 그에 맞추어 발전 총량을 줄여나갈 수 있다는 점에 착목하면, 석탄화력발전에 대한 보장으로는 해석되기 어려우며, 한편에서 전력시장의 안정성 또한 고려하지 않을 수 없다고 답변한다. 산업통상자원중소벤처기업위원회, 제387회 임시국회 산업통상자원특허소위원회 제2차 회의록, 2021. 5. 20. 34-36면. 또한, 단순히 석탄화력이 온실가스 배출량이 많기 때문에 그 상한을 제한하고 금전적으로 지원하는 쾌도난마식의 접근은 바람직하지 않다는 이철규 의원의 지적도 고민해 볼만 하다.

그럼에도 불구하고, 석탄화력발전을 제한받은 발전사업자들이 어느 정도의 보상을 받을 것인가에 관해서는 구체적인 논의가 이루어지지 않고 있다. 동 법안의 비용추계서 미첨부 사유서에서는 "현 시점에서 발전량 제한을 받는 전기사업자에 대한 지원의 내용 및 방법 등 구체적인 계획이 마련되지 않아 추가재정소요를 파악하기 곤란"하다고 밝히고 있다.

여기에 관해서 한 가지 간과해서는 안 될 점은 전력요금의 인상여부에 관한 사회적 합의의 존재 여부이다. 만약 석탄상한제와 같은 제도가 시행된다면, 환경급전의 이행과 발전공기업들이 소유하고 있는 석탄화력발전소의 가동 중단에 따른 지원 등에 의해서 전력요금에 적지 않은 변화가 발생할 수 있다. 그럼에도 불구하고 국민들은 해당 제한의 이행으로 인하여 전력요금이 어떻게 증감할지에 관한 정보가 부족한 채로 국회에서 논의가 이루어지는 것인데, 이를 진정한 민의의 반영이라 해석할 수 있는가 곱씹어 볼 필요가 있을 것이다.

(3) 「탈석탄에너지전환법안」 (가칭)

아직 논의의 단계이지만, 정의당에서 류호정 의원을 중심으로 탈석탄을 통한 에너지전환과 그에 따른 정의로운 노동의 전환을 위한 법안을 준비 중에 있다. 그 주요 내용을 정리하면 다음과 같다.[51]

---

51) 이하에서 언급하는 해당 법안의 예상되는 내용은 정의당의 관련 토론회를 중심으로 정리한 것이다. 정의당, "'탈석탄에너지전환법' 제정을 위한 토론회," 2021. 10. 28.

[표 7] 「탈석탄에너지전환법안」 주요 내용

목적	기후위기 대응을 위하여 석탄 사용을 획기적으로 줄여 탈탄소 사회 전환을 앞당기고, 이 과정에서 생길 수 있는 사회·경제적 불평등의 해소
기본 원칙	• 신규 건설 금지와 기존 설비 폐쇄(시점 명시) • 단계적 지원금/보조금 철폐 • 공공기관 및 공적 기금의 투자금지 • 저소득층을 위한 에너지 복지 강화
기존 발전소의 가동중단 및 폐쇄	• '사회적 수명(social & legal life)' 개념 도입 (구조수명이나 설비수명과 달리, 특정 시설 및 설비가 더 이상 사회적으로 필요하지 않게 되면 기능적으로 이상이 없더라도 수명을 다할 수 있음을 강조) • 미세먼지 계절 관리제를 강화하여, 지역 주민들의 건강상 피해가 우려되는 경우, 지자체가 발전소 가동 중지를 요청할 수 있는 법적 근거 마련
건설 중 발전소 폐쇄	• 전기사업법상 허가 철회 조항 추가 (좌초자산 비용이 특정 기준을 초과한 경우, 전기위원회 심사와 이의제기, 보상금 상정 절차 등을 거쳐 허가 철회) • (가칭)탈석탄위원회 설립하여 좌초자산에 의한 피해 최소화를 논의하기 위한 거버넌스 구축
제도적 뒷받침	탈석탄에너지전환기본계획 수립(2030 탈석탄 명시)

　해당 법안은 **사회적 수명** 이라는 새로운 개념을 도입하고자 시도한다는 점에서 참신함을 가진다. 이는 발전설비의 수명을 경제성과 공학적 관점에만 판단하던 기존의 발전설비 수명관리 지침의 한계를 날카롭게 비판하면서 해당 설비의 필요성이 사회적으로 어떻게 판단되는가에 따라 수명이 결정되어야 한다는 새로운 관점을 제시하였다. 다만, 법안의 의도와는 반대로 석탄화력발전설비의 수명이 기존의 30년보다 늘어날 여지도 남긴다는 점을 지적하지 않을 수 없다. 오늘날 검토되고 있는 수소 혼소발전을 바라보면, 더욱 그러하다.[52] 또한, 그 기준을 어떻게 설정

<hr>

52) 산업통상자원부는 에너지 부문의 핵심 기술로 무탄소 전원, 즉 수소혼소 및 전소 발전과 암모니아 발전을 꼽기도 하였다. 산업통상자원부, 제2차 탄소중립 산업전환 추진위원회, 2021. 11. 17.

할 것인가라는 중대한 의문에 관해서는 침묵하고 있다.

다. 제도

(1) 「발전설비 수명관리 지침」

현재 석탄화력발전소의 수명을 명기하고 있는 근거로는 산업통상자원부의 「발전설비 수명관리 지침」이 있다. 해당 지침의 제5조 제1항에서는 석탄화력발전소의 설계수명을 30년으로 설정하고 있으며, 수명이 도래하거나 노후화로 인하여 경제성을 상실할 경우에는, 규정된 절차에 따라 폐쇄하도록 규정을 갖추고 있다.[53] 그러나 이를 바꾸어서 말하면, 정부는 발전소의 기준수명을 사실상 30년으로 못 박았고, 가동기간이 30년에 도달하지 않은 발전설비의 조기폐쇄에 관해서는 어떠한 규정도 설정하지 않은 것으로 읽힌다.[54]

---

[53] 발전설비 수명관리 지침
제5조(기준수명)
　1. 적용수명 : 설계수명
　　발전설비의 수명관리 기준으로 적용하는 기한은 설계수명을 적용하는 것을 원칙으로 하며 그 적용기간은 아래와 같다.

설계수명	기　력	복　합	내연력
	30년	30년	25년

[54] 「제9차 전력수급기본계획」에 의하면, 석탄발전소는 30년 수명 도래 후 폐지라고 명언하고 있다. 산업통상자원부, 「제9차 전력수급기본계획」, 2020. 특히 31, 40면 참조.

제2절 탈석탄의 법적 문제화

1. 탈석탄의 법적 쟁점: 재산권

오늘날 우리 사회가 안고 있는 탈석탄 문제의 핵심에는 재산권 문제가 자리하고 있다. 다만, 탈석탄 문제가 단순히 기후위기 대응이라는 공익과 발전사업자들의 재산권의 대립으로 환원되기 어려운 무수한 가치들의 충돌임은 앞에서 지적한 바와 같다. 그렇다면, 이를 탐구하기 위하여 우선적으로 재산권과 손실보상의 법리를 간략하게나마 검토한 후, 탈석탄 문제가 의회의 정체를 유발하는 근본적인 원인인 가치의 다발로서의 성격에 조명하고자 한다.

가. 재산권 및 손실보상의 법리

재산권에 관하여 우리 헌법은 제1항에서 재산권의 내용과 한계를 법률로 정하도록 위임하고, 제2항에서는 재산권의 행사가 공공복리에 적합하도록 의무지웠으며, 마지막 제3항에서는 공공의 필요에 의한 재산권의 수용·사용 또는 제한 및 그에 대한 보상을 마찬가지로 법률에 위임하고 있다. 이러한 조문의 내용을 정리하자면, 재산권은 공공복리라는 사회적 기속의 범위 속에서 그 구체적인 내용과 한계가 법률을 통하여 정해짐과 동시에, 해당 법률을 통해 보장된 재산권의 수용·사용 또는 제한, 즉 공용침해 및 그에 대한 손실보상 역시도 법률에 의해 정해지도록 구조지우고 있다. 무엇보다 재산권 규정은 그 형성과 한계를 모두 법률에 위임하고 있을 뿐 아니라, 보상을 요하지 않는 사회적 기속과 보상을 요하는 공용침해로 세분화될 수 있음을 의미한다.

한편, 제3항에서 새기는 공용침해에 의한 손실보상은 "공공필요에 따른 적법한 행정상의 공권력행사로 말미암아, 사인에게 가하여진 특별한 희생에 대하여, 사유재산권의 보장과 전체적인 평등부담의 차원에서 행정주체가 행하는 조절적인 재산적 전보"라 이해된다.[55] 즉, ① 적법한 공용침해, ② 그로 인한 손실의 발생, ③ 특별희생의 발생이라는 요건이 만족된 경우, 그 손실에 대해서는 정당한 보상이 지급되어야 함을 의미한다.

(1) 재산권의 대상 및 내용

헌법재판소는 헌법상 재산권을 "경제적 가치가 있는 모든 공법상·사법상의 권리"로 해석하였으며,[56] 더불어서 "사적 유용성 및 그에 대한 원칙적인 처분권을 내포하는 재산가치 있는 구체적인 권리를 의미한다"고 새기고 있다.[57] 즉 재산권 주체의 재산에 대한 배타적 사용, 이용, 그리고 수익과 재산에 대한 자유로운 처분이 재산권의 구체적인 내용이 된다.

여기에는 단순한 영업상의 이득이나 재화의 획득에 관한 기회, 기업활동의 여건 등은 포함되지 않는다고 판시한다.[58] 예컨대 PC방 전체를 금연구역으로 지정하는 금연구역조항의 시행으로 인하여 흡연 고객이 이탈함으로써 PC점주의 영역이익이 감소하더라도, 이는 장래의 기대이익이나 영리획득의 기회에 손실을 입는 것에 지나지 않기 때문에, 이를 가리켜 헌법에 의해 보호되는 재산권의 침해라 볼 수 없다고 판단하였다.[59]

(2) 재산권의 제한

재산권의 제한은 크게 헌법 제23조 제1항에서 지칭하는 **한계**와 제2항

---

55) 김동희, 『행정법 I 』, 박영사, 2007. 538-9면.
56) 헌결 1992. 6. 26. 90헌바26.
57) 헌결 2002. 7. 18. 99헌마574.
58) 헌결 2003. 4. 24. 99헌바110.
59) 헌결 2013. 6. 27. 2011헌마315.

의 **공공복리**, 그리고 제3항에서 말하는 **공공필요에 의한 재산권의 수용·사용 또는 제한**에 의해서 추출될 수 있다. 이처럼 재산권을 규정한 우리 헌법 조문은 공통적으로 그 내용과 한계가 법률에 의해 경계 지워지면서 동시에 사회적 기속성을 강조하고 있다.[60]

그 중에서도 헌법 제23조 제2항은 **공공복리**라는 기준을 통해 재산권의 제한을 허용하고 있는 바, 그 기준이 무엇인가를 살펴야 하는데, 여기에 관하여 법원 역시 해답을 내리지 못하고, 어디까지나 사안별로 비례의 원칙에 입각한 공익의 형량에 의존할 수밖에 없음을 확인할 수 있다.[61] 한편, 헌법 제23조 제3항을 살펴보면 **공공필요에 의한 재산권의 수용·사용 또는 제한**이 법률로써 허용되어 있음을 확인할 수 있다. 여기서 말하는 **공공필요**가 무엇을 의미하는지에 관해서도 역시 살펴볼 필요가 있다. 이를 헌법 제37조 제2항에서 말하는 **필요한 경우**와 동일시하는 견해도 보이나, "국가안전보장·질서유지 또는 공공복리를 위하여 필요한 경우"를 넘어, 국가 정책적 고려까지 포괄해야 한다는 의견이 이목을 끈다.[62] 다만 위의 의견을 수용한다면 재산권을 공공필요의 명목 하에서 과도하게 제한하고 이를 금전적 보상으로 대체할 수 있기에, 과잉금지원칙을 적용해야 한다는 관점 역시 간과해선 안 된다.[63]

나. 재산권에 관한 사법심사

(1) 비례의 원칙

재산권은 입법형성적 권리인 동시에 비례의 원칙을 준수해야 하며, 그 본질적인 내용까지 부인되어선 안 된다.[64] 여기서 말하는 비례의 원

---

60) 헌결 1989. 12. 12. 선고 88헌가13 전원재판부.
61) 헌결 1999. 4. 29. 94헌바37.
62) 성중탁, "현대 사회국가와 행정법의 과제," 공법학연구 제19권 제2호, 2018.
63) 허영, 『한국헌법론』, 제17판, 박영사, 2021, 487면.

칙은 목적이 추구하는 공익과 수단으로 제한되는 사익을 서로 비교 교량하여, 수단으로 인한 불이익이 달성하고자 하는 목적보다 우월한 경우에는 당해 수단을 채택하여서는 안 된다는 형식적 요청이라고 이해되며, 이익형량으로 통칭될 수 있다. 이와 같은 방법론은 사법(私法)의 영역 뿐 아니라, 국가권력의 작동을 통해 달성하고자 하는 공익과 그로 인하여 제한받는 수범자의 자유 및 권리 사이의 충돌이 발생하는 경우에도 형량이 기본적인 심사기준으로 작용하고 있다.[65]

(2) 공법상 이익형량

행정국가의 시대에 있어서 탈석탄의 사례와 같이 개인의 기본권과 공익이 부딪히는 경우가 다수 발견되곤 한다. 그럼에도 불구하고 **공익**이 무엇인가에 관해서는 일률적으로 규정된 기준이 존재하지 않고, 오로지 개별적 사안을 종합적으로 판단하지 않을 수 없다.

여기에 관하여 우리 헌법재판소는 공익에 의한 재산권의 제한에 있어서 그 강도(强度)와 범위는 그것이 가지는 의미와 영향에 따라 달라질 수 있음을 시사하였다.[66] 또한 유사하지만 반대의 취지에서 "개별 재산권이 갖는 자유보장적 기능이 강할수록, 즉 국민 개개인의 자유실현의 물질적 바탕이 되는 정도가 강할수록 그러한 제한에 대해서는 엄격한 심사가 이루어져야 한다"고 판시하기도 하였다.[67] 즉 재산권의 사회적 기속성을 둘러싼 이익형량을 적절하게 수행하기 위해서 우선적으로 재산권이 가지는 철학적·이론적 뒷받침과 함께 특정 사안에서 정부의 정책 및 규제 등으로 인하여 피해를 받을 수 있는 사업자들의 개인적 불이

---

64) 헌결 1989. 12. 22. 88헌가13 전원재판부.

65) Francisco Urbina, *A Critique of Proportionality and Balancing*, Cambridge University Press, 2017.

66) 헌결 1998. 12. 24. 89헌마214

67) 위 판결.

익과 함께, 그것이 한 사회 내에서 초래할 수 있는 영향과 의미를 종합적으로 읽어내지 않으면 안 된다고 판단한 것이다.[68]

다만, 이와 같은 이상(理想)적인 주장은 현실에 관한 소위 나이브한 인식에 기초하고 있다는 지적이 제기될 수 있다. 기본적으로 이익형량은 대립하는 가치들의 우선순위와 비중을 가릴 수 있음을 전제로 하고 있으나, 현실 세계에서 무수한 가치들은, 전술한 바와 같이, 서로 통약불가능하고 나아가서는 비교불가능하다. 이러한 비판에 터 잡는다면 이익형량 그 자체가 가능한가라는 회의적 태도로까지 나아갈 수 있는 것이다.[69] 또한 민주적 정치과정 또는 행정의 재량행위를 거쳐서 도출된 법규범을 사법부가 이익형량이라는 명목 하에 그것을 구성하는 가치의 사슬을 해체하고 다시 재구성할 수 있는가에 대해서도 의문이 제기될 수 있다.[70]

2. 가치의 다발로서의 탈석탄 과제

가. 재산권의 다층적 차원과 탈석탄 문제

재산권은 입법을 통해 그 내용과 한계에 경계지워짐에도 불구하고

---

68) 류해웅 & 성소미, "토지에 대한 공익과 사익의 조정에 관한 연구," 국토연구원, 2000.

69) 여기에 관해 스칼리아(Antonin Scalia)는 "이익형량을 하는 것은 어느 선이 더 긴가와 어느 바위가 더 무거운가를 서로 비교하는 것과 같다"며 강력하게 비판한다. Bendix Autolite Corp. v. Midwesco Enters., Inc., 486 U.S. 888, 897 (1988). 그는 양자는 하나로 **환원될 수 있는**(reducible) 동일한 속성을 공유하지 않기 때문에, 이 둘은 통약불가능하고 나아가서는 비교불가능한 것이라 지적하였다. Chief Justice John Roberts, Jr., "In Memoriam: Justice Antonin Scalia," *Harvard Law Review*, 130(1), 2016. 17면.

70) Niels Petersen, "Proportionality and Judicial Activism: Fundamental Rights Adjudication in Canada, Germany and South Africa," *International Journal of Constitutional Law*, 16(3), 2017. 54면.; Julian Rivers, "Proportionality and Variable Intensity of Review," *Cambridge Law Journal*, 65(1), 2006. 181면.

그 본질을 침해할 수는 없다는 점을 확인하였다. 아래에서는 여기에 덧붙여, 탈석탄이라는 사안 자체가 본질적으로 다양한 가치와 권리의 상존 나아가서 그것들의 첨예한 대립을 내포하고 있는 까닭에 의회의 정체가 발생할 수밖에 없다는 점에 조명한다. 즉, 재산권은 그것이 **으뜸패로서의 권리**의 측면과 그 내용과 한계가 민주적 절차에 의해서 결정된다는 **주변적 권리**의 측면이 혼재하는 다층적 차원을 가진다는 것이다.[71] 바꾸어 말하면, 핵심적 영역 또는 본질적 영역은 으뜸패로서의 성격을 가지기 때문에 마땅히 보호되어야 하나, 주변적 영역은 충분히 공공복리에 터 잡은 정치적 판단에 따라 그 사정(射程)이 경계지워질 수 있음을 의미한다. 혹자는 이를 **으뜸패로서의 인권**과 **공공재로서의 헌법상 권리**로 구분한다.[72] 이러한 특징은 아래의 [그림 6]에서 재산권의 주변적 부분을 점선으로 묘사하게 만든 배경이기도 하다.

이러한 재산권의 특성에 착목하면, 비례의 원칙에 따라 **공공복리, 공공필요, 침해를 받으리라 예상되는 자의 불이익** 등을 종합적으로 고려한 후, 사안별로 적용해야 하며, 다양한 쟁점이 혼재되어 있는 탈석탄 문제가 발생한 사회가 마주한 맥락과 여건 속에서 **무엇이 공공복리이며, 무엇이 공공필요인지, 그리고 그로 인한 사회적·경제적 영향은 어느 정도인지**를 가늠하지 않고는 판단이 서지 않는다.[73] 무엇보다 재산권이 사

---

71) 이는 표현의 자유(Freedom of Expression)가 적어도 다원적 측면의 논의로부터 지지받아야 한다는 토머스 스캔런(Thomas Scanlon)의 주장으로부터 시사받았다. Thomas Scanlon, "A Theory of Freedom of Expression," *Philosophy & Public Affairs*, 1(2), 1972. 한편, 재산권에 관한 논의에서 **권리의 다발** 또는 **권리의 묶음**이라는 표현이 종종 등장하는데(원어로는 a bundle of rights), 이는 해당 권리가 역사적으로 축적된 다양한 권리의 복합체인 까닭에 서로 다른 상황에서 서로 다른 측면이 강조될 수 있다는 바를 표현한 것으로 이해된다. Wesley Hohfeld, "Fundamental Legal Conceptions as Applied in Judicial Reasoning and Other Legal Essays," *The Yale Law Journal*, 23(1), 1913.

72) 長谷部恭男, 『憲法の理性』, 東京大學出版会, 2006. 80면.

73) 공공성의 관점에서 바라본 문헌으로는 이광필, "공공성과 형량문제," 공법연구 제24권 제2호, 1996.

회적 관련성을 가지고 사회적 기능을 가지면 가질수록 재산권의 내용과
한계를 결정하는 입법자의 형성권한이 폭 넓게 인정되는 만큼, 탈석탄
문제가 가지는 사회·경제적 영향에 대한 논의의 실익이 가중된다.[74]

[그림 6] 재산권의 다층적 차원

[표 8] 탈석탄을 둘러싼 가치들

비용	혜택
고용상실	미세먼지 저감
지역경제 타격	기후위기 대응
전기요금 인상	
보상	
매몰비용	

　　생각건대, 탈석탄 문제와 가장 직접적으로 연결되어 있는 가치들로
는, ① 고용 상실(또는 전환), ② 지역경제 타격, ③ 전기요금 인상, ④ 보

---

74) 헌결 1989. 12. 22. 88헌가13.; 헌결 2005. 3. 3. 2003헌마930.

상, ⑤ 매몰비용, ⑥ 미세먼지 저감, ⑦ 기후위기 대응 등을 꼽을 수 있다. 통상적으로 ①~⑤는 탈석탄으로 인한 직·간접적 부정적인 영향을 미칠 수 있는 우려들이며, 곧 탈석탄의 비용으로 여겨질 수 있다. 반면 ⑥과 ⑦은 탈석탄으로 인하여 얻을 수 있는 혜택으로 규정해 볼 수 있을 것이다. 간략하게나마 각각에 대하여 살펴본다.

나. 탈석탄 속 가치의 검토

(1) 고용 상실

우리 사회가 탈석탄을 성공적으로 이끌어내기 위해서는 기존에 가동 중 또는 건설 중인 석탄화력발전소의 조기폐쇄 또는 건설 중단이 불가피하다. 그렇게 된다면 해당 석탄화력발전소에서 고용된 노동자들은 일자리를 잃게 될 가능성이 크다. 실제 「제9차 전력수급기본계획」에서 발표한 30여기의 폐쇄를 가정한다면, LNG발전소로의 전환을 시야에 넣는다고 해도 약 5천명의 고용상실이 발생할 것이라 예측된다. 만약 전환이 제대로 이루어지지 않는다면, 그 규모는 약 8천명에 이를 것이다.[75] 이와 같은 배경에서 현재 석탄화력발전소에서 근무하고 있는 수많은 종사자들은 극심한 고용불안에 시달리고 있다고 한다.[76] 정부는 신규 일자리를 창출하고 LNG발전으로의 전환 등을 통하여 인력을 재배치함과 동시에, 재교육을 통한 재취업을 지원하는 등의 방안을 마련하고 있으나

---

75) 매일노동신문, "정의로운 전환? "석탄화력 노동자 최대 7천935명 실직"," 2022. 5. 27. labortoday.co.kr/news/articleView.html?idxno=208643 (2022. 3. 3. 최종방문).
76) 충남연구원, 노후석탄화력발전소의 단계적 폐쇄와 친환경에너지(발전소) 전환 타당성 연구 (2차년도): 충청남도 정의로운 전환 전략과 과제, 2021. 2. 68면.; 매일경제, "[기후위기, 노동위기] ① 탄소와의 싸움, 일자리는 안전할까" 2021. 10. 30. https://www.mk.co.kr/news/society/view/2021/10/1028504/ (2021. 11. 10. 최종방문).

현장에서의 불안감은 여전하다.[77] 더욱이, 탈석탄에 의한 고용상실의 문제는 발전사업자보다 중소규모의 1, 2차 협력사에게 보다 치명적으로 다가온다는 점에서 향후 문제는 더욱 심화되리라 예상된다.[78]

(2) 지역경제 타격

석탄화력발전소의 가동중단과 폐쇄는 해당 시설이 입지하고 있는 지역의 경제에도 커다란 영향을 미친다.[79] 이는 직접적인 타격과 간접적인 타격으로 구분될 수 있는데, 전자에는 발전소의 가동중단으로 인한 지역세수의 감소가 포함된다. 특정 지역에 석탄화력발전소가 입지하게 되면 「발전소주변지역 지원에 관한 법률」에 따라 반경 5km 이내의 지역에 대한 지원사업이 추진된다. 여기에는 주변지역의 개발과 주민의 복리를 증진하기 위한 기본지원사업과 발전소가 건설 중이거나 건설이 예정된 주변지역과 그 특별자치도·시·군 및 자치구 지역에 대한 특별지원사업, 그리고 전력사업에 대한 국민의 이해를 증진하기 위한 홍보사업 등이 포함된다.[80] 또한, 석탄화력발전소가 가동을 시작하여 전력을 생산하면 사업자는 해당 시설의 소재지에 지역자원시설세를 납부해야 한다.[81]

---

77) 관계부처 합동, "2050 탄소중립 시나리오," 2021. 10. 18.
78) 여기에 더해, 정규직과 비정규직이 가지는 차이는 상당하다고 한다. 고용 재배치나 재취업은 정규직에게 해당되는 이야기이며 비정규직은 일자리가 사라질 위험이 크기 때문이다. 경향신문, "곧 사라질 직장에 다니는 석탄 노동자들" 2021. 6. 4. https://www.khan.co.kr/national/labor/article/202106040600075 (2021. 10. 15. 최종방문).
79) Jinyoung Park & Benjamin Sovacool, 앞의 논문.
80) 「발전소주변지역 지원에 관한 법률」 제10조(지원사업의 종류 등).
81) 「지방세법」 제11장 '지역자원시설세' 해당 세제는 주로 지역주민이 기피하는 시설을 입지시키기 위하여 사업자가 지자체에 납부하며, 지역 자원을 보호하고 안전 및 환경개선을 목적으로 도입되었다. 도입 당시인 2014년에는 kw당 0.15원의 세율을 가지고 있었으나, 이듬해 0.3원으로 인상되었으며, 2024년부터는 0.6원으로 인상될 계획이다. 충청신문, "박완주, 화력발전 지역자원시설세 10

석탄화력발전소가 다수 입지하고 있는 충남도의 경우, 연간 732억원 가량의 세수가 예상된다고 한다.[82] 즉 탈석탄이 본격화된다면, 위에서 언급한 지역에 대한 지원은 철회될 것이다. 실제 보령 1, 2호기의 폐쇄로 인하여 520여 개의 일자리가 줄어들고 약 44억원의 지역자원시설세와 주변지역지원금이 감소하는 것으로 예측되었다.[83] 한편, 후자의 영향에는 일자리 및 인구감소 등으로 인한 지역경제에 대한 2차적 타격을 꼽을 수 있는데, 일자리의 소멸이 인구의 감소로 이어지고, 이는 곧 지역경제의 침체라는 형태로 연결될 수 있다.[84]

(3) 전기요금 인상

　탈석탄으로 인하여 전기요금에 어떠한 변화가 예상될 것인가에 관해서는 다양한 견해가 존재한다. 먼저 에너지경제연구원에 따르면, 2030년 태양광발전단가가 2020년 기준 약 30% 하락하고 풍력발전 역시 10% 가량 낮아질 것으로 예상되는 만큼, 석탄화력발전의 환경비용, 주민갈등 등 사회적 비용을 포함하면 오히려 재생에너지가 지금보다 더욱 저렴해질 것이라 한다.[85] 다른 한편, 재생에너지는 발전단가가 아닌 계통연계 등을 포함한 시스템가격을 고려해야 하며, 그러한 경우 재생에너지의 발전단가는 더욱 증가할 것이라는 지적도 제기된다.[86]

　　0%인상 법률안 국회 통과," 2021. 12. 12. http://www.dailycc.net/news/articleView. html? idxno=667836 (2022. 3. 3. 최종방문).

82) 위의 기사.

83) 충남연구원, 위의 보고서. 66-8면.

84) "10년 전쯤인가, 회사에 불미스러운 일이 있어서 회식을 금지한 적이 있었어요. 그때 발전소 주변 식당 주인들이 와서 회식 금지 취소하라고 시위를 했어요. 발전소 노동자들이 없으면 그만큼 장사가 안 된다는 거예요." 경향신문 (註255).

85) 에너지경제연구원, "재생에너지 공급확대를 위한 중장기 발전단가(LCOE) 전망 시스템 구축 및 운영," 기본연구보고서, 20-21, 2020.

86) 이러한 맥락에서 석탄화력발전은 재생에너지가 아닌 가스발전으로 대체될 수밖에 없는데, 이는 곧 전력요금의 인상으로 직결되는 것이기도 하다. 현대경제

이렇듯, 탈석탄으로 인한 전력요금의 인상 여부는 수많은 요인들이 복잡하게 얽혀있기 때문 단언할 수 없는 물음이다. 만약 기존의 전력 생산·배분·소비의 체제, 그리고 요금 제도를 유지한 채로 석탄화력발전소의 발전분을 재생에너지 및 LNG발전으로 대체한다면 요금의 상승은 불가피할 것이다. 그러나 에너지시스템 자체를 근본적으로 혁신한다면 그 결과는 달라질 수 있다.[87] 또한, 석탄화력을 대체할 수 있는 전원을 무엇으로 선택할 것인가에 따라서도 그로 인한 비용이 천차만별일 것이다. 즉 탈석탄으로 인한 비용은 에너지 믹스의 구성 여부에 따라 변화할 수 있는 것이다.

(4) 보상

앞에서 검토한 바와 같이, 탈석탄의 가장 큰 쟁점 중 하나는 기존의 사업자에 대한 보상 문제이다. 우리 헌법 제23조 제3항은 공공복리를 비롯한 공공필요에 의한 재산권의 제한을 허용하고 있으며, 제한 및 그에 대한 보상은 법률에 근거해야 할 뿐 아니라 정당한 보상이 요구된다고 천명하고 있다. 발전사업자들 역시 석탄 및 LNG발전의 질서있는 퇴장을 위해서는 퇴출 대상 발전기의 실질적 잔존수명을 반영한 적정 보상이 마련되어야 한다고 주장하고 있으며,[88] 정부 역시 퇴출 석탄에 대한 보상을 고려 중인 것으로 보인다.[89]

연구원, "친환경 전력정책의 비용과 편익," 2017. 8. 21. 다만, 본 보고서는 석탄화력발전의 감소 뿐 아니라 원자력발전까지 포함한 에너지믹스의 전환을 대상으로 삼은 것이기에 여기서 언급한 수치의 수용에는 신중해야 한다.

87) 이유수, "에너지전환시대의 전력시장 개혁 방향," 2019. 1. 17. 한편 탈석탄(또는 탈원전)과 상관없이 전력요금은 상승할 것이라는 견해도 존재한다. 정책&지식 포럼, "탄소중립 어떻게 봐야하나?," 서울대학교 행정대학원, 2021. 12. 21.

88) 매일경제, "탈석탄에 돈 새는 발전공기업 "정부가 손실 메꿔달라"," 2021. 3. 7. https://www.mk.co.kr/news/economy/view/2021/02/126755 (2022. 3. 3. 최종방문).

89) 산업통상자원부, 앞의 자료(2021). 6면.

보상의 실시와 함께, 그 규모가 어느 정도에 이를 것인가가 탈석탄의 비용구성과 국민적 수용성에 큰 영향을 미칠 것으로 보인다. 이는 석탄화력발전의 기술적·제도적·경제적 잠재성이 강하게 작용하기 때문에, 여전히 유일한 정답이 존재하지 않는 물음이기도 하다.

(5) 매몰비용

현재 7기의 석탄화력발전소가 건설 중에 있으며, 그 중에서 공정률 40%를 초과한 삼척화력발전소 1, 2호기가 건설 중단된다면 매몰비용이 약 2조원에 이를 것이라 한다.[90] 그 외에도 고성하이 1, 2호기와 강릉안인 1, 2호기의 경우 총 10조원 이상이 투자되었고, 공정률은 각각 95%와 67%에 달한다.[91] 만약 탈석탄 기조가 지속된다면, 이러한 매몰비용은 점차 부풀어 오를 것이라 쉽게 예상해 볼 수 있다. 특히 지난 신고리 5, 6호기 공론화에서도 매몰비용이 주요한 요소로 작용한 만큼, 그 중요성을 간과해선 안 된다.[92]

(6) 미세먼지 저감

한편, 탈석탄이 가져오는 편익도 고려하지 않을 수 없는데, 무엇보다 석탄화력발전에 대한 제동의 시발점이 되었던 미세먼지의 감소효과를 꼽을 수 있다. 실제로 석탄화력발전소가 다수 입지하고 있는 충남의 경

---

90) 서울경제, "삼척火電 1·2호기공사중단땐 매몰비용 2조!... 발전사업자·정부도 반발," 2020. 10. 8. https://www.sedaily.com/NewsVIew/1Z91X5DJVH (2022. 3. 3. 최종방문).

91) 한국경제, "수兆 투자한 강릉·삼척발전소…손해 떠안고 '강제폐업' 될 수도," 2021. 3. 2. https://www.hankyung.com/economy/article/2021022132941 (2022. 3. 4. 최종방문).

92) 중앙일보, "매몰비용 집단 지성 발휘된 신고리 5·6호기 공사 재개 결정," 2017. 10. 21. https://www.joongang.co.kr/article/22034753#home (2022. 3. 3. 최종방문).

우 다른 지자체에 비하여 미세먼지를 포함한 대기오염물질이 높게 측정되고 있으며,[93] 2017년 6월 한 달 동안 발전을 멈춘 기간에는 과거 2년에 비하여 미세먼지(PM2.5)가 약 15% 가량 감소한 것으로 나타난다.[94] 만약 발전공기업들이 「미세먼지 감축 로드맵」을 성공적으로 달성하면, 그 사회적 편익은 2030년까지는 연간 3조 5181억 원, 나아가서 각각의 발전기 폐지까지 고려하면 연간 16조 5351억 원에 이를 것이라 추정된다.[95]

(7) 기후위기 대응

탈석탄이 기후위기 대응에 기여함은 앞에서 살펴본 바와 같기에 여기서는 별도의 논의를 추가하지 않는다.

다. 소결

이렇듯, 탈석탄 문제는 재산권의 본질적인 영역과 주변적 영역에 존재하는 가치들을 가로지르는 사안이다. 이러한 탈석탄 문제의 특징은 아래의 [그림 7]과 같이 묘사될 수 있다. 본래 가치의 조정 문제는 의회에서의 정치과정을 통해 해결되어야 마땅하지만, 가치의 다발로서의 성격을 가지는 탈석탄 문제는 오히려 의회의 작동을 요원하게 하고, 의회의 공백을 생성하여 사회구성원의 선호를 한 방향으로 결집하기 어렵게 만든다. 이에, 아래에서는 의회의 정체가 발생하는 이론적 배경을 탐구하는 동시에, 그것이 탈석탄의 사례에서 어떻게 적용되는지 살펴보고자 한다.

---

93) 한국환경정책·평가연구원, "국내 발전소 주변 주민건강영향조사 방안 마련 연구," 2016. 12.
94) 명형남, "충남의 석탄화력발전 일시 가동중단에 따른 주민건강실태조사 결과와 제언," 2017. 12. 7.
95) 유찬효, "석탄화력 미세먼지 감축협약 이행의 환경개선 효과와 사회적 편익 연구," 중앙대학교 산업창업경영대학원 기후경제과 석사학위논문, 2021.

[그림 7] 재산권의 사정과 탈석탄

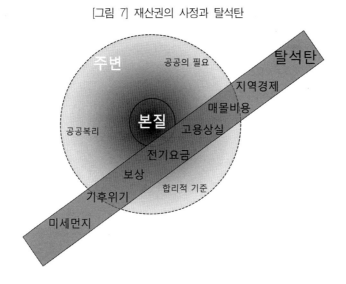

3. 의회의 정체(Congressional Logjam)

가. 의회 정체의 이론적 배경

의회의 정체는 주로, 기존의 체제를 지배하던 가치와 여건의 변화로 인해 새롭게 부상한 가치의 사이에서의 투쟁 구도가 만들어지면서 나타난다.[96] 여기서 한 가지 특기할 점은 그 가치들은 서로가 통약불가능하고 비교불가능하기 때문에, 어떠한 하나가 더 우월하다거나 열등하지 않다.[97] 즉 이는 가치판단의 영역으로 돌입하고, **선택** 또는 **결단**을 요구하는 딜레마적 상황인 것이다. 이러한 경향은 민주주의와 가치 다원주의의 팽배로 인해 더욱 증폭되었다.[98]

---

96) Deborah Stone, *Policy Paradox and Political Reason*, Scott Foresman & Co, 1988.
97) 제2장 제2절에서 가치의 조정문제를 설명하면서 언급한 라즈의 예시를 상기해 볼 수 있다.
98) Anthony Downs, *An Economic Theory of Democracy*, Harper and Row, 1957. 가령,

의회의 정체 속에는 변화에 저항하는 기존 체제의 행위자들로부터의 비난과 압력을 회피하여 자신의 재선가능성을 보호하려는 강력한 동기 (motivation)가 작용하며, 그로 인해 입법부의 구성원들로 하여금 부작위 또는 상징적 입법안을 제정할 이익구조를 구성한다. 이처럼, 가치의 전환기 시대에 있어서, 정치는 이른바 **비난회피의 정치**(the politics of blame avoidance)로 탈바꿈하고, 이는 궁극적으로 사회적 문제의 해결을 지연시키는 상황을 발생시킨다.[99]

나. 의회 정체의 정당성

지금까지의 논의와는 반대의 관점에서, 오히려 정치과정의 정체로 인한 입법의 공백이 현대 민주주의의 사회에서는 자연스러운 현상인 동시에, 이를 결코 문제시해서는 안 된다는 주장도 제기된다. 여기에 관한 통찰력있고 명료한 설명은 스칼리아(Antonin Scalia)의 것이 대표적이다. 그는 미국의 법안 통과 시스템은 애당초 의회의 정체를 전제로 하고 설계되어 있음을 지적한다.[100] 즉, 의회의 정체는 그 자체가 악(惡)이 아니라, 오히려 우리 사회의 소수자의 권리를 보호하기 위한 장치라는 것이다.[101] 만약 사회의 절대다수가 손쉽게 그들의 이해관계에 비추어 특정

원자력발전소에 대한 사회적 수용성의 변화를 상정해 볼 수 있을 것이다.

99) Kent Weaver, *The Politics of Blame Avoidance*, Cambridge University Press, 1986.; Tim Groseclose & Nolan McCarty, "The Politics of Blame: Bargaining before an Audience," *American Journal of Political Science*, 45(1), 2001.; David Schoenbrod, *Power Without Responsibility: How Congress Abuses the People through Delegation*, Yale University Press, 1995. 10-21면.

100) "*Gridlock is what our system was designed for. That is what has saved us. (…) It is precisely the difficulty of enacting legislation that the framers thought would be the principal protection for minorities.*" 이는 2011년 10월 6일 개최된 Washington Ideas Forum에서 스칼리아가 발언한 것이다.

101) James MacGregor Burns, *The Deadlock of Democracy: Four-Party Politics in America*, Prentice-Hall, 1963.

법안을 통과시키고, 그것이 사회 전체에서 규범력을 발하게 된다면, 소수자들은 언제까지나 자신의 권리를 지켜내지 못할 것이다. 그렇기 때문에 가치의 문제를 다루는 법률은 여러 사회적 쟁점에 대한 치열한 논의가 수반되어야 하며, 이러한 과정을 통하여 특정 사회가 어떠한 가치에 대한 인식의 변화를 경험한 후에야, 그것이 법률의 제·개정이라는 선호의 결집체로서 발현되는 것이다.102)

다. 탈석탄 문제와 의회의 정체

환경·에너지 분야는 앞서 살펴본 의회의 정체가 발생하는 전형적인 무대이다. 특히 에너지 문제에 대한 법정책은 재분배적 성격이 강하기 때문에, 변화에 대한 기득권의 저항이 거세다.103) 또한, 문제해결을 위한 법제정의 권위가 입법부, 행정부, 그리고 사법부에 분산되어 있으며, 심지어 각 부처 안에서도 파편화되어 있다는 현실이 이를 더욱 복잡하게 만든다.104) 이처럼 이해관계가 첨예한 사안을 둘러싸고 의회가 정치적으로 양분화되고 극단화되며, 궁극적으로는 **기능장애**(dysfunction)105)의 늪에 빠질 수밖에 없다.106)

---

102) 물론 여기에 대한 반론도 존재한다. 즉, 입법부의 공백이 사안을 둘러싼 권리의 침해와 사회 전체의 효용의 증가를 비롯한 쟁점을 숙고하는 것이 아니라, 사안을 정쟁화하고 특정 계층 및 업계의 이익이 과도하게 대표되는 등 불필요한 정체가 발생하고 있다는 것이다. 특히 환경 및 에너지의 영역은 하루가 다르게 기술과 과학이 진보하여 지금껏 문제를 적절하게 규율해왔던 법률, 정책, 그리고 규제가 더 이상 효과를 내지 못하여 그 내용과 방식이 변화를 요청받는 경우가 이따금 발생하기 때문이다. Jody Freeman & David Spence, "Old Statutes, New Problems," *University of Pennsylvania Law Review*, 163(1), 2014.

103) Jody Freeman & David Spence, 위의 논문. Fabien Prieur, "Costs of climate politics," *Nature Climate Change*, 9, 2019. 436-437면. 여기에 관한 실증적 묘사는, 나오미 클라인, 『이것이 모든 것을 바꾼다』 이순희 옮김, Open Books, 2014. 263-269면.

104) Richard Lazarus, 앞의 논문(2009). 1198면.

105) 위의 논문. 63-79면.

이와 같은 논의를 탈석탄의 사안에 적용해보자. **가치의 다발**로 대변되는 해당 사안은 정부의 정책방향이 공익상의 필요가 명백한지를 판단함에 있어서 기후위기 완화에 대한 기여와 더불어 그로 인하여 야기되리라 예상되는 다양한 사회적·법적 영향을 고려하지 않을 수 없다.[107] 특히 그 중에서 무엇이 우선되어야 하며, 그것을 누가 결정할 수 있는가는 결코 정답이 존재하는 영역이 아닌 까닭에, 환경·에너지 문제를 규율하는 법률 또는 규제는 사회의 변화, 인과관계의 발견, 과학기술의 진보, 생활양식과 가치관의 변화에 따라 즉응하기 위한 유연성(flexibility)과 동적 특성(dynamic feature)을 갖춰야 한다.[108] 그렇지 못한다면 정치과정은 계속해서 실패할 수밖에 없으며, 결과적으로 **빈사상태**(moribund)에 빠질 것이다.[109] 이는 역사 속에서 반복된 사실이기도 하다.[110]

이러한 상황은 결국 우리가 법의 지배의 시대에 살고 있음을 상기하게 만든다. 즉 우리가 대의 민주주의라는 의사결정 체제를 채택하고 있음을 고려하면, 무엇이 공익인가를 판단함에 있어서 입법자가 법률 속에서 정해야 할 몫임을 부정하기 힘들다.[111] 재산권의 침해 여부를 살펴본

---

106) Breaking the Logjam: Environmental Reform for the New Congress and Administration Paper Symposium, Yale Law School, 2008.

107) Richard Lazarus, 앞의 논문(2009). 1181면.

108) 위의 논문. 1180면.

109) Richard Lazarus, "Congressional Descent: The Demise of Deliberative Democracy in Environmental Law," *Georgetown Law Journal,* 94(3), 2006.

110) Richard Lazarus, "Environmental Law Without Congress," *Journal of Land Use & Environmental Law,* 30(1), 2014.

111) 조홍식, "법에서의 가치와 가치판단: 원고적격의의 규범학(Ⅰ)," 서울대학교 법학 제48권 제1호, 2007. 240-1면.
"가치의 통약불능성이 가지는 의미는, 위와 같이 '무엇이 권리인가'의 문제에서보다 '무엇이 공익인가'의 문제에서 더 크다. 권리가 설정되었다는 것은 그 권리가 설정된 가치에 대해 보호할 필요가 있음을 천명한 것이다. 그리고 권리가 설정된 경우에는 그 권리의 주체나 범위가 비교적 분명하고, 그 만큼 판단의 어려움이 경감된다. 반면, **공익의 문제를 '무엇이 다수 또는 사회 전체의 이익인가'의 문제로 정식화한다면, 고려해야 할 가치도 많고 또한 어떤**

앞에서도, 그것의 내용과 한계는 입법자의 과제임을 확인할 수 있었다.[112] 재산권의 개념은 오랜 세월의 고민과 경험의 축적을 통해 그 권리에 담긴 가치가 형성되며, 그것은 다른 이들로부터 침해받지 않고 오롯이 해당 권리를 가지는 자 스스로의 처분에 맡겨져야 한다. 그러나 절대적인 재산권의 개념은 결코 인정될 수 없기에 재산권의 개념 역시 지속적인 변화와 새로운 사상에 적응하여 정의되어 진다. 바꾸어 말하면, 재산권의 내용과 한계는 결코 획일적으로 또는 일률적으로 판단될 수 없는 사항일 뿐 아니라 다양한 사항을 종합적으로 고려해야 하는 작업임에 틀림이 없다.[113]

위와 같은 배경을 고려하면, 의회의 정체, 나아가서 입법부의 공백은 더욱 치명적이다. 탈석탄 문제 속에서 가치와 권리를 조정해야 하는 주체는 입법부임에도 불구하고, 그것이 원활하게 작동하지 않는다면 입법부의 영역을 넘어 행정부와 사법부에게 그 해결이 요청되곤 한다. 이는 곧 입법부와 행정부, 그리고 사법부의 권한배분을 둘러싼 관계성에 영향을 미치며, 종종 예상치 못한 방향으로 나아가게 한다. 여기서 다음과

가치판단방식을 채택할지도 불분명하다. **우리는 '누구의 것인가'라는 권리의 문제보다 '공동의 것을 어떻게 사용할 것인가'라는 공익의 문제를 논할 때 더 많은 논란에 빠지게 된다는 것을 경험으로 알고 있다. 판단기준의 모호성이 전자의 문제에서보다 후자의 문제에서 더욱 크기 때문이다.** 실정법의 자율성을 인정하는 것도, 공적 영역에서 각 개인의 도덕적 판단이 상쟁하면서 생길 폐해가 너무 크기 때문에 이를 방비하기 위해서이다. 법실증주의는, 가치관이 서로 다른 사람들이 사회적으로 상호 작용하는 공공영역을 규율하는 규칙에 관해서는, 개개인의 실천적 가치판단을 차단할 힘을 실정법에 인정하고, 나아가 무엇이 그런 실정법에 해당하는가의 인정 기준을, 실질적인 도덕상의 판단과는 독립해서 설정한다. 요컨대 상쟁하는 가치는 그 상쟁을 잠재울 어떤 '매듭'을 필요로 하는데, 법실증주의는 '**다수의 결정**'이란 매듭을 선택한 것이다." 강조와 밑줄은 저자의 것이며, 이하 마찬가지이다.

112) 헌결 1995. 2. 23. 92헌바14.; 헌결 1993. 7. 29. 92헌바20, 그리고 헌법 제23조 제1항 후단.
113) 헌결 1998. 12. 24. 89헌마214.

같은 고민이 이어진다: "입법부의 공백을 어떻게 해결할 것인가", "현실로서 존재하는 공백을 받아들인다면 그리고 그것의 해결만을 기다릴 수 없는 문제에 마주하게 된다면, 행정과 사법은 어떠한 역할을 해야 하는가", "그 중에서 누가 사회적 문제의 해결자로 나서야 하는가", 마지막으로 "그로 인해 삼부의 권한배분의 관계성에는 어떠한 변화가 예상되는가?"

이처럼 탈석탄 문제는 우리 사회가 미증유의 난제에 맞닥뜨렸을 때의 해결방식과 이를 위한 삼부의 권한배분의 관계성에 관한 메타적인 차원의 고민을 제기한다. 여기에 관해 본격적으로 탐구하기 이전에, 탈석탄을 성공적으로 달성한 해외의 사례와의 비교검토를 통해 시사점을 도출하고자 한다.

제3절 해외 사례의 검토

1. 독일

가. 탈석탄정책의 현황

독일정부는 2011년 6월, 2022년까지 원자력발전소를 단계적으로 폐쇄하고 재생에너지를 확충한다는 소위 탈원전 정책이라 불리는 에너지전환(Energiewende)정책을 천명하였다. 다만 이를 추진하기 위하여 재생에너지에 폭 넓은 지원을 제공하여 발전비용을 끌어내렸기에, 상대적으로 가격이 높아진 LNG발전은 시장에서 홀대받는 동시에, 그 부족분을 재생에너지와 함께 석탄발전이 보완한다는 예상치 못한 반작용이 발생하게 되었다.[114]

독일정부는 이러한 문제를 해소하고자 「전력시장개혁안」(stronmmarkt 2.0)을 제시하여 국내의 일부 갈탄발전소에 전략적 예비력이라는 지위를 부여하여 평시에는 전력시장 진입을 금지하되 수급이 핍박한 상황에서만 발전소를 가동하는 조정역할을 하도록 제도화하였고, 각 발전소에는 용량에 따른 보상을 제공하였다. 한 발 더 나아가서, 2019년 12월에는 기후위기 대응을 법제화하기 위한 「기후보호법」을 제정함으로써 1990년 대비 2030년까지 55%, 2050년까지 탄소중립을 달성한다는 목표를 발표하였다.[115] 해당 목표를 달성함에 있어서 전력부문의 탈탄소화가 핵심이라는 지적에 따라, 국내 최대 탄소배출원인 석탄화력발전을 2038년, 빠르면 2035년까지 단계적으로 폐쇄하는 취지의 「탈석탄법안」을 2020년 1월

---

114) 에너지경제연구원, "독일 에너지전환 정책의 추진 배경 및 전망," World Energy Market Insight 제13-22호, 2013. 6. 14. 특히 18-9면.

115) 2021년 4월말 내려진 독일연방헌법재판소의 결정에 의하여 기후보호법의 목표가 2030년 65%, 2045년 탄소중립으로 각각 상향되었다.

29일, 내각회의에서 결정하였다.[116] 뿐만 아니라, 「탄광지역구조강화법 안」이 국회를 통과하여 탈석탄을 위한 법적 체제를 갖추게 되었다.

[그림 8] 독일의 전원별 발전량 비율(1990-2021)

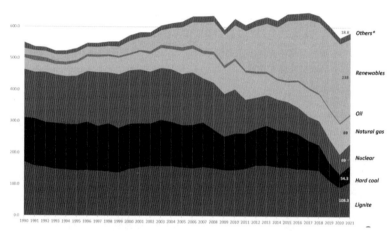

출처: Clean Energy Wire, 2020

나. 「탈석탄법안」의 내용

「탈석탄법안」은 독일 국내의 석탄발전을 사회적 부담없이 단계적이 고 착실하게 삭감하여, 그로 인한 온실가스 배출을 감소시킴과 동시에, 전력을 안정적이고 효율적으로 공급하는데 목적을 두고 있다.[117] 이를 달성하기 위하여, 아래 [그림 9]에서 나타나듯이, 석탄과 갈탄의 발전 비

---

116) 탈석탄법안의 공식 명칭은 「석탄화력 발전설비 감축 및 폐지와 기타 법률개 정을 위한 법안」(Entwurf eines Gesetzes zur Reduzierung und zur Beendigung derKohlever-stromung und zur Änderung weiterer Gesetze Kohleausstiegsgesetz).
117) 「탈석탄법안」 제2조 제1항.

중을 ① 2022년 15GW, ② 2030년 석탄 8GW와 갈탄 9GW, 그리고 ③ 적어도 2038년까지 완전퇴출을 목표로 삼고 있다.[118] 또한, 석탄발전의 경우에는 2026년까지 경매를 통하여 단계적으로 퇴출을 진행하되, 2027년부터는 법률에 따라 강제적으로 폐쇄하도록 규정하고 있다.[119] 만약 경매를 통하여 최저보상금이나 폐쇄에 따른 삭감 배출량을 제시한 발전사업자의 경우에는 그에 따른 보상금을 지급하지만, 경매가 진행될수록 보상금의 상한은 줄어들고 2027년 이후에 잔존한 발전소에 관해서는 법적 폐쇄에 따른 보상금의 청구권을 상실하도록 하여 자발적인 폐쇄를 이끌어 내고 있다. 갈탄발전에 관해서는 연방정부와 사업자간의 계약에 의하여 각각의 광산과 발전사업자에 대한 설비폐쇄에 따른 지원금을 설정하고 있다. 만약 계약이 성립되지 않는 경우에는 법률에 의한 설비폐쇄를 명할 수 있다. 또한, 150MW이하의 소규모 설비는 입찰참여와 정부와의 계약 중 하나의 선택을 할 수 있다.[120]

추가적으로, 석탄 및 갈탄발전소가 LNG발전 또는 재생에너지 기반의 열병합발전소로 전환하는 경우에는, 보조금과 함께 기존의 열병합발전소에 대한 지원책을 2029년까지 연장하도록 규정하고 있다. 추가적으로, 탈석탄 계획에 따라 고용을 상실하게 되는 고령의 발전소 근로자에 대하여 고용계약 종료 이후 최장 5년까지 고용조정지원금을 지급한다.[121] 또한 전력을 대량으로 소비하는 기업에 대해서도 탈석탄에 따르는 전력요금의 상승 부담을 완화하기 위하여, 2023년부터 일정정도의 연방보조금을 지원한다.[122]

---

118) 동조 제2항.
119) 양의석, "독일 연방정부의 脫석탄정책 이행 상황 분석과 시사점," 세계 에너지시장 인사이트, 제20-10호, 에너지경제연구원, 2020. 5면.
120) 위의 글. 9면.; 동법안 제3장 '석탄발전의 삭감과 이를 위한 입찰', 제4장 '법률에 의한 석탄발전의 삭감.'
121) 동 법안 제8장 '조정급부금.'
122) 동 법안 제50조 제5항.

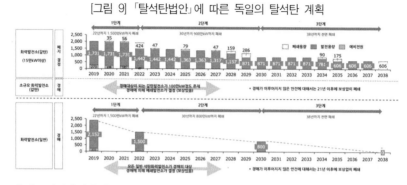

[그림 9] 「탈석탄법안」에 따른 독일의 탈석탄 계획

출처: 「탈석탄법안」을 토대로 저자 작성

독일이 이처럼 강력한 탈석탄 법안을 가질 수 있게 된 배경에는, 2018
년 6월경에 설립된 「성장, 구조개혁, 고용위원회」를 언급하지 않을 수 없
다. 해당 위원회는 통상 탈석탄위원회라고 불리면서 독일 내의 석탄발전
소를 순차적으로 폐쇄한다는 전제를 가지고 그 시기를 논하기 위하여
만들어진 기구이다. 독일에서는 2017년 말부터 2018년 1월까지의 기간
동안 실시된 석탄발전에 관한 여론조사에서 약 3,000여명의 의견을 물은
결과, 70%가 탈석탄이 독일의 경제성장에 도움이 될 것이라 답변하였다
고 한다. 또한 그 시기에 있어서도 2025년까지 탈석탄을 달성해야 한다
는 대답이 67%, 2040년까지라 대답한 비중이 62%를 기록하였다. 무엇보
다, 답변자 가운데 약 1,000여명은 석탄광산이 위치한 지역에 거주하는
사람들로, 탈석탄으로 인한 지역경제에 대한 영향이 예견됨에도 불구하
고 오히려 탈석탄을 지지하는 견해를 내세웠다고한다.[123]

탈석탄위원회가 석탄발전설비의 폐쇄를 전제로 논의를 시작할 수 있
는 데에는 1960년대부터 이어져온 역사적 흐름이 자리하고 있다. 당시,
독일의 석탄산업은 사양산업으로 전락하였고 정부의 보조금에 과도하게
의존하고 있었기 때문에, 독일정부는 재정건전화를 위하여 1968년에 「석

---

123) Green Peace, "Soziale Akzeptanz eines Kohleausstiegs in Deutschland und in den
Kohlerevieren: Ergebnisse einer Umfrage und Conjoint-Analyse," 2018. 5. 29.

탄산업조정법」(Kohleanpassungsgesetz)을 제정하고 석탄산업의 대대적인 구조조정을 단행하였다. 그 연장선상에서, 2007년 노사정의 원만한 합의를 위하여 독일정부는 강제적인 정리해고 없이 2,300억 유로라는 막대한 보조금을 통하여 산업을 성공적으로 축소하였다. 여기에 더하여 독일정부는 「탈석탄법」에서 규정한 바와 같이, 설비폐쇄와 노동자와 소비자 지원을 위하여 약 400억 유로를 추가적으로 부담하고자 한 것이다.[124]

이러한 배경을 고려하면, 탈석탄위원회가 석탄발전으로부터의 완전한 극복을 결정한 것도 일견 납득이 간다. 이미 2007년의 노사정 합의에서 경제성이 낮은 탄광산업의 퇴출이 목표로 제시되었기 때문에 「탈석탄법」으로 인한 독일 국내의 석탄산업에 대한 영향은 그다지 크지 않았던 것이다. 무엇보다 독일은 1960년대의 구조조정 시기에도 그러하듯이, 이번에도 마찬가지로 탈석탄을 둘러싼 사회적 갈등을 예방하기 위하여 막대한 정부 지원금을 제공한다는 점이다. 이에 대하여, 탈석탄으로 인한 사회·경제적 비용이 모두 국민에게 그대로 전가된다는 독일 내에서의 비판도 제기되고 있다.[125]

2. 영국

1990년 영국의 석탄화력발전 비중은 약 65%를 기록하였으나, 2005년 34%, 2015년 23%, 그리고 2020년에는 2%라는 지속적인 감소 추세를 보이고 있다. 나아가서, 2024년에는 완전한 탈석탄을 완성할 것으로 예측되고 있다.[126] 여기에 터 잡아, 2015년 11월, 영국 정부는 2025년까지 완전한 탈석탄을 공언하였다.[127]

---

124) Wettengel Julian. "Spelling out the coal exit − Germany'sphase-out plan," Clean Energy Wire, 2020. 7. 3.
125) 조혜경, "독일 탈석탄 구조조정 모델의 명과 암: '사회적으로 공평한' 탈석탄 해법의 모색," 재단법인 바람, Alternative Working Paper No.21, 2020. 9.
126) IEA, "Phasing Out Unabated Coal: Current status and three case studies," 2021. 22면.

영국의 탈석탄 정책은 정부의 직접적인 개입과 시장의 동력이 함께 작용한 결과라고 보는 견해가 지배적이다.[128] 특히, 1989년 통과된 「전기법」(Electricity Act 1989)으로 인하여 이듬해인 1990년부터 시행된 전력산업의 민영화는 전력시장 행위자들의 인센티브 구조를 크게 변화시켰다. 그들의 최우선 목표는 빠르고 저렴하게 전력을 생산하는 것이었기 때문에 건설기간이 짧고 자본비용이 낮은 기술이 선호되었는데, 이러한 여건이 영국으로 하여금 석탄이 아닌 북해에서 생산된 값싼 LNG를 자원으로 한 복합가스화력발전의 길로 인도한 것이다. 즉, 석탄에서 LNG발전으로의 전환은 순전히 경제적 동기에 의한 것이었지만, 그 결과는 친환경적이었다. 다만, 에너지수급을 시장에 맡겨둔 탓에 석탄의 가격이 내려가는 경우에는 다시 석탄발전이 활성화되는 변동성을 보이기도 하였다.

이후, 기후위기로 인한 탄소가격의 상승, 노후설비의 잇따른 유지보수로 인한 안정적인 수급의 어려움, 전력요금의 상승우려 등으로 인하여 당시의 전력시장제도를 개혁해야 한다는 견해가 지배적이었고, 이를 위해서는 기존의 시장 중심적 접근방식에서 정부의 적극적인 개입으로 전환해야 한다는 목소리가 설득력을 얻게 된 것이다. 이러한 움직임의 발현이 바로 2013년 단행된 「전력시장개혁」(Electricity Market Reform)이다. 그 중에서도 석탄발전에 한하여 살펴보면 탄소가격하한제(carbon price floor)와 배출성능기준제도(emissions performance standard)에 주목할 수 있다. 전자는 정부가 탄소의 가격을 높은 수준으로 설정하여 탄소배출량이 높은 발전사업자들에게 입찰에 있어서의 부담을 가중하는 역할을 하였으며, 후자는 신규발전소의 건설에 탄소배출량 기준을 설정하여 석탄발

127) UK Government, "End to coal power brought forward to October 2024," 보도자료, 2021. 6. 30. https://www.gov.uk/government/news/end-to-coal-power-brought-forward-to-october-2024 (2022. 6. 3. 최종방문).

128) 한겨레, "'2024년 탈석탄' 영국의 40년 노동운동가 "변화에 저항만 할텐가"." 2021. 11. 8. https://www.hani.co.kr/arti/society/environment/1018406.html (2022. 3. 4. 최종방문).

전을 포함한 화석연료를 기반으로 하는 발전원의 시장진입을 억제하고
자 한 것이다. 해당 기준은 450g-kWh로, 매우 도전적인 수준이며 탄소 포
집 및 저장(Carbon Capture and Storage, CCS) 기술을 부착하지 않은 석탄화
력발전소는 도저히 도달할 수 없는 수치이기도 하다. 그로 인하여, 석탄
화력발전의 발전단가는 급상승하게 되었으며, 여기에 LNG발전과 재생에
너지발전 단가의 하락이 맞물리면서 강력한 규제효과를 발휘하였다.

이처럼, 영국 정부는 시장원리를 적절히 활용한 규제를 통하여 석탄
발전소의 장기적인 퇴출을 유도하였으며, 그로 인한 수익을 재생에너지
를 비롯한 저탄소발전원에 투자하여 탄소배출량을 크게 그리고 신속하
게 삭감할 수 있었다. 결과적으로 현재 영국에는 디랙스(Drax), 락클리프
(Ratcliffe) 그리고 웨스트 버튼(West Burton)의 3기의 석탄화력발전소만이
남아있으며, 이들 발전소는 모두 30년 이상 가동되었고, 2023년 이전에
폐쇄를 약속한 상황이다.[129]

3. 시사점

지금까지의 논의를 정리하자면, 독일형(型) 탈석탄 모델은 사회적 공
론화와 정부의 보조금을 기반으로 한 접근방식이라 할 수 있다. 탈석탄
의 필요성과 함께 정부와 소비자에 대한 부담을 투명하게 공개하고 숙
고를 통하여 사회적 합의를 이끌어낸 후, 이를 법률이라는 형태의 약속
으로 형식화하는 것이다.

이러한 방식은 현재 우리의 탈석탄 추진의 모델로도 여겨지곤 하지
만,[130] 결코 우리가 모방하기 쉬운 형태가 아니라고 생각한다. 무엇보다

---

129) 다만 근래의 에너지 위기로 인해 디랙스 석탄화력발전소의 폐쇄 연장이 검토
되고 있는 것으로 보인다. BBC, "Coal plants asked to stay open longer due to
energy supply fears," 2022. 4. 28. https://www.bbc.com/news/business-61256615.
(2022. 6. 3. 최종방문).
130) 「에너지전환 지원법안」을 발의한 양이원영 의원 역시 독일식 모델에 주목하

독일은 이미 탈석탄에 대한 사회적 합의가 이루어진 상황에서 구체적인 시기와 방법에 관해서만 고민하였지만, 우리는 아직까지 사양산업으로 접어든 석탄발전에 보조금을 지원해야 하는가라는 물음과 정의로운 전환을 위해서는 불가피하다는 견해가 팽팽하게 대립하고 있기 때문이다.[131]

한편, 영국의 경우는 시장원리에 입각한 탈석탄 정책을 내세우고 있다. 석탄화력발전 그 자체를 특정하여 강제로 폐쇄하지는 않지만, 엄격한 시장 진입 규제를 적용하여 별도의 저감장치 없이는 가동이 어렵게 만든 것이다. 이러한 방식은 해당 발전원의 가격 경쟁력을 저하시키는 효과를 만들어 실질적인 탈석탄을 달성하도록 유도하는 것이라 읽힌다. 해당 방식은 독일과 같은 사회적 합의와 막대한 보조금을 필요로 하지 않는다는 점에서 강점을 가진다.

이처럼, 양국은 탈석탄이라는 동일한 목표를 향해 나아가지만 그 방식은 전혀 다르다. 이를 정리하면 아래의 [표 9]과 같다. 여기서 얻을 수 있는 교훈은 탈석탄 법정책이 각 국가가 가지는 여건을 충분히 고려하여 추진되어야 한다는 것이다. 독일은 풍부한 갈탄과 유럽 대륙과 연결된 송배전망, 그리고 영국은 북해에서 얻어지는 값싼 LNG발전이 탈석탄을 성공적으로 이끌어내도록 만든 여건이다. 무엇보다 독일과 영국은 이미 실질적인 탈석탄을 이룩하고 있는 국가인 만큼 그 이후의 상황에 대한 교훈을 얻을 수도 있을 것이다. 예컨대, 탈석탄은 화석연료 가운데에서도 탄소배출량이 큰 석탄으로부터의 탈피를 목적으로 하는 바, 그것이 달성된 이후에도 그 다음으로 배출량이 큰 또 다른 배출원으로부터의

여 해당 법안을 제출하였다고 언급하고 있다. 전기신문, "국회서 석탄발전소 포기시 보상 법안 추진한다," 2020. 9. 14. http://www.electimes.com/article.php?aid=1600046458204843002 (2021. 10. 19. 최종방문). 동 법안은 본 장 제3절에서 자세히 살펴본다.

131) 한겨레, "신규 석탄발전소 7곳 가동되면 온실가스 감축 노력 물거품 돼" 2021. 8. 25. https://www.hani.co.kr/arti/society/environment/ 1009003.html (2022. 3. 4. 최종방문).

전환이 발생할 것이라는 것이다. 여기서 지칭하는 배출원으로는 LNG발
전이 지목될 가능성이 크다는 점 또한 우리 사회가 경청해야 하는 지점
이다.[132]

[표 9] 독일과 영국의 탈석탄 정책 비교

	독일	영국
목표	2038년 탈석탄[133] (2030년으로 강화 논의 중)	2024년 탈석탄
법적 근거	• 「탈석탄법」 • 「연방기후변화법」	• 「전력시장개혁」 • 「에너지법 2013」 • 「기후변화법 2008」
수단	폐지 보상금 경매 후 강제적 폐쇄	시장 진입 규제
지원	• 열병합발전 지원 • 고용조정지원금 • 전력 공급비용 부담 경감	탄소가격하한제

---

132) 실제 한국전력공사에 따르면 2017년 LNG발전량은 12만6039GWh, 2018년 15만
2924GWh, 2019년 14만4355GWh로 꾸준히 증가해왔다. 발전원 비중 또한 석탄
발전이 감소한 자리를 메울 뿐만 아니라, 주요 발전원으로의 자리를 차지하
고 있다. 매일경제, "LNG값 널뛰는데…가스발전 화력 제치고 1위됐다," 2021.
2. 17. https://www.mk.co.kr/news/economy/view/2021/02/158886/ (2021. 11. 10최
종방문).

133) 2021년 9월 실시된 독일 연방의원 총선거 결과 결성된 사회민주당, 녹색당, 자
유민주당의 연립정부는 기존 계획보다 8년 빠른 2030년까지 석탄 발전을 조
기 중단하고, 줄어든 석탄 발전을 재생에너지 보급과 LNG 발전으로 대체하겠
다는 내용의 정책안에 합의하였으나 그것이 법적 구속력을 가지지는 않는다.

제4절   소결

1. 가치 투쟁의 무대로서의 탈석탄 문제

종종 에너지를 정치로부터 해방시켜야 한다는 주장이 제기되곤 한다.[134] 이는 반(半)은 맞고 반(半)은 틀린 주장이라 생각한다. 물론 국가의 백년지대계인 에너지법정책이 당장의 정치적 득실에 따라 좌지우지되어선 안 되는 것은 물론이다. 그러나 다른 한편에서 오늘날의 에너지법정책은 단순히 수요를 예측하고 여기에 대하여 경제적이고 기술적으로 가능한 에너지 믹스를 구축하는 작업을 넘어, **기후위기 대응** 그리고 그로부터 도출되는 **탄소중립**이라는 인류적 과제가 상수(常數)로 작용하기 시작하였다. 그로 인하여 오늘날의 에너지법정책은 기존의 과학기술, 공학, 경제학적 관점에 더하여 **지속가능성**이라는 새로운 접근방식을 고려하지 않을 수 없게 된 것이다.[135]

탈석탄 문제는 위와 같은 과정 속에서 잉태된 것이다. 지속가능성이라는 가치를 에너지법정책의 영역으로 투영하게 되면서 기존의 원칙들과의 충돌이 발생할 뿐 아니라, 오히려 이를 극복해야 하는 상황이 발생하게 된 것이다. 석탄화력발전은 그것이 가격경쟁력을 갖춘 에너지원임에도 불구하고 온실가스 배출량이나 그로 인한 기후위기의 촉진 그리고 지역주민에 대한 건강상의 피해 등을 고려하면 에너지 믹스에서의 비중이 감축되어야 마땅한 전원으로 격하되고 있다.

다만, 이러한 에너지법정책을 둘러싼 원칙들의 전환적 측면은 우리의

---

134) 이투뉴스, "[기자수첩] 정치가 점령한 에너지정책," 2021. 11. 29. https://www.e2news.com/news/articleView.html?idxno=237781 (2022. 3. 3. 최종방문).

135) 대표적인 에너지법정책인 원자력정책의 형성과정이 특정 이해관계 공동체에 의해 좌지우지된다는 지적으로는, 김길수, "원자력 정책공동체의 참여자와 형성요인," 한국자치행정학보 제30권 제3호, 2016. 특히 172면. 지속가능성에 관해서는 황형준, 앞의 논문.

가치의 전환을 발생시킨다. 석탄화력발전 시설이 입지하게 되면 해당 지역에 대한 지역경제의 활성화 및 지역민의 고용 등을 비롯한 혜택이 주어지곤 하지만 그것이 앞서 언급한 여러 가치들로 대체되면서 어떠한 가치에 더욱 중점을 둘 것인가라는 다분히 **가치 투쟁적 사안**으로 변모하게 된 것이다.136)

2. 권한 배분의 문제로서의 탈석탄 문제

탈석탄 문제를 비롯한 에너지 문제는 결국 유일한 정답이 없는 공익판단 또는 리스크판단의 영역으로 변모하게 된다.137) 전술한 바와 같이, 경제학 그리고 과학기술에만 의존한 법과 정책의 도출은 기후위기 대응 및 2050년 탄소중립의 달성이라는 목표를 달성하기 어렵게 하기 때문이다.138)

앞에서 살펴본 바와 같이, 재산권과 같은 헌법상 기본권의 형성과 한계지움은 법률에 의해 이루어져야 한다. 무엇보다, 그 의미는 기본권의 흔들림없는 핵심부가 아닌 불투명한 주변부의 내용과 범위를 확정함에 있어서 두드러진다. 이와 같은 측면에 방점을 찍는다면 법률을 제·개정할 수 있는 입법자는 헌법상 권리, 특히 그 주변부에 대한 확정을 위탁

---

136) 석탄화력발전소와 원자력발전소를 비롯한 기피시설은 님비(NIMBY) 현상을 발생시키고, 이를 극복하기 위하여 정부는 해당 지역에 막대한 지원과 보상을 제공한다. 그로 인하여 오히려 지역주민들은 해당 시설의 유치를 위해 노력하는 경우도 이따금 보인다. 심지어는 그러한 시설들의 폐쇄 등을 내세우는 정부의 정책에 반대하는 경우도 발생한다. 관련해서는, Jinyoung Park & Benjamin Sovacool, 앞의 논문.

137) 조홍식, "리스크법 −리스크관리체계로서의 환경법−," 서울대학교 법학 제43권 제4호, 2002.

138) 물론, 경제적 논리에 의해서 해당 목표를 달성해야 한다는 주장도 제기되고 있다. 다만, 이는 어디까지나 주어진 목표를 고정한 채, 여기에 맞추어 에너지, 특히 전력시장 및 규제 등의 설계를 통하여 경제성을 맞추어 나가는 방식임을 간과해선 안 된다. 그렇기 때문에, 이러한 목표들의 달성은 여전히 규범적 성격을 가지게 된다.

받은 지위에 있어야 한다고도 살필 수 있을 것이다.[139] 이러한 논리 전
개에 터 잡아, 그들에 의해 만들어진 법률에 대한 존중이 헌법적 권리에
대한 존중으로 이어지는 것이다. 여기에 대한 반론은 더 이상 이론적으
로도 실무적으로도 찾아보기 힘들 것이다. 다만, 현실 세계에서는 정치
과정의 정체로 인하여 법률을 대체하여 행정에 의한 법정책적 활동이
헌법적 권리의 주변부를 확정하는 경우가 왕왕 보이곤 한다. 이는 사법
부에게도 마찬가지로 해당되는 주장이다.

　이러한 견지에 선다면, 민주주의에 입각한 공익의 판단은 결국, 누가
판단의 주체가 되어야 하는가라는 문제로 연결될 것이다. 또한, 누가 공
익판단의 통제자이여야 하는가라는 물음으로도 환언될 수 있다. 즉 탈석
탄과 같은 문제는 헌법적 권리의 주변부에 머무르면서 그 의미와 확정을
요청하며, 여기에 대한 해답은 입법, 행정 그리고 사법이라는 국가기관의
상호작용 속에서 만들어지는 것이라 새길 수 있을 것이다.[140] 이러한 물
음은 탈석탄 문제를 단순한 에너지 문제를 넘어, 국가의 의사결정 과정과
그 형태에 지대한 영향을 미치는 영역으로 확장하게끔 만든다.[141]

　이어지는 장에서는 바로 해당 문제에 대한 나름의 대답을 찾기 위하
여, 삼부의 제도적 역량과 한계를 검토하고 삼부 권한배분의 관계성의
재정립을 시도한다.

---

139) 고야마(小山)는 이러한 관계성을 **법제도와 헌법적 권리의 친화(親和)적 관계**
　　라고 명명한다. 小山剛, 『基本權の內容形成 – 立法による憲法價値の實現』, 尙
　　學社, 2004.

140) 최송화, 『공익론』, 서울대학교출판부, 2002. 200면. 기실 삼부의 권한배분의 문
　　제는 하나의 정답이 존재하는 영역이 아니라 한 사회가 특정 사안을 둘러싸
　　고 처한 상황 속에서의 정치행위자들의 선택의 결과인 것이다. 특히 헌법상
　　권리의 주변부에 관한 확정에 있어서는 헌법이 스스로 두 발로 흔들림없이
　　서 있는 것이 아니라 자신 외의 무언가에 의존해야 하며, 그에 따라 헌법의
　　규범이 어떻게 해석되고 운용되는가가 달리지게 된다. 여기서 지적하는 외부
　　의 무언가는 바로 삼부의 권한배분이 될 것이다. 그에 따라 헌법의 내용과 사
　　정(射程)은 유동적이고 동적인 것이 된다.

141) 존 로크, 『통치론』, 강정인 & 문지영 옮김, 까치, 1996.

제4장

탈석탄 문제의 해결을 위한
삼부 관계성의 재정립

제1절 분석의 틀로서의 주인-대리인 이론

1. 주인-대리인 이론의 개요

에너지법의 특성과 그것이 놓인 전환적 여건은 그 방법론으로 하여금 결코 개념법학에 머무르지 않도록 만든다.[1] 본 글에서 조명하는 삼부의 관계성에 대한 검토 역시 에너지법이 포용해야 하는 주요한 고려사항인 바, 이를 고찰하기 위한 방법론을 마련해야 한다. 여기서 주인-대리인 이론이 의미를 가진다.[2]

주인-대리인 이론의 이론적 근거는 공공재론으로부터 얻을 수 있다. 치안과 국방의 안전보장, 공항과 도로 등의 인프라, 그 외 종교, 환경, 교육을 비롯한 사회복지 등의 공공재는 현대 사회의 필수불가결한 요소들이다. 다만, 올슨(Mancur Olson)이 지적하듯이, 공공재는 특유의 무임승차적 특성으로 인하여 그 배분이 사회적으로 가장 바람직한 형태로 이루어지지 않는다.[3] 그렇기에 조직을 구성하고, 구성원의 인센티브 구조를 변경하여 집합적 행동을 통한 협력을 이끌어내야 한다.[4] 조직화, 즉

---

1) Kaisa Huhta, 앞의 논문(2022). 2면.

2) Jean-Jacques Laffont & David Mortimort, *The Theory of Incentives: The Principal-Agent Model*, Princeton University Press, 2002. 주인-대리인 이론은 법학, 특히 법경제학에서는 이미 친숙한 방법론이다. Cass Sunstein, "Nondelegation," *The University of Chicago Law Review*, 67(2), 2000.

3) "집단의 규모가 커질수록 그 집단은 집합재의 최적량을 공급하지 못하게 될 것"이다. Mancur Olson, *The Logic of Collective Action*, Harvard University Press, 1965. 30면. 위사한 취지에서 Michael Taylor, *The Possibility of Cooperation*, Cambridge University Press, 1987. 105면.

4) George Klosko, Political Obligations, Oxford University Press, 2005, 44면.; Mancur Olson, *The Logic of Collective Action*, Harvard University Press, 1965. 3면. 반면 조직의 구성없이 시장만으로도 공공재의 공급이 가능하다는 지적으로는 Milton Friedman, *The Machinery of Freedom*, Open Court, 1989. 다만, 시장을 창설 및 운

위임을 통한 문제의 해결은 로버트 구딘(Robert Goodin)이 제시한 구조 (救助)의 사례에서 잘 드러낸다.[5] 그는 해수욕장에서 한 명이 물에 빠지고 100명의 관광객이 이를 지켜보는 상황을 상정한다. 그들 중에는 특별히 수영을 잘 하거나 구조사 자격증을 가진 사람도 존재하지 않는다. 만약 여기서 100명의 사람들이 전부 구조를 위하여 바다에 뛰어든다면 해수욕장은 더욱 혼란스러워질 것이며 오히려 사태를 악화시킬 수 있다. 바꾸어 말하면, 누가 구조해야 하는가를 정하지 않는 상황에서는 서로가 서로의 눈치를 보다가 아무도 구조를 하지 않거나 거꾸로 모두가 바다에 뛰어들어 구조에 나서는 등 예상치 못한 상황이 발생할 수 있다. 바로 여기서 문제의 해결을 위해선 특정인 또는 특정 조직 등에 위와 같은 상황이 발생하였을 시 구조에 임하도록 위임할 필요가 있다는 것이다.[6] 이처럼 어떠한 의무와 권한을 위임함으로써 문제를 보다 효율적으로 해결할 수 있는 것이다.[7]

현대 사회에서 이와 같은 조직화와 위임은 쉽게 찾아볼 수 있다. 경찰과 소방대원, 군인, 의료인, 법조인 등 모두가 위와 같은 목적에서 문제의 해결을 위임받은 자이다. 이처럼, 위임은 더 이상 선택이 아니라, 사회 운용의 전제로 여겨지고 있다.[8]

영하기 위한 독점금지법, 공정거래, 계약법, 불법행위법과 같은 규칙을 위해선 국가와 같은 조직이 필수적인 바, 설득력을 결한다. 하이에크 (註41). 78-9면.

5) Robert Goodin, "What is So Special about Our Fellow Countrymen?," *Ethics*, 98(4), 1988. 680면.

6) "*누가 구조 역할을 담당하도록 위임할 것인가*"는 단순한 조정문제가 아니라 전문성을 요구하는 사안이기도 하다. Larry Alexander와 Emily Sherwin은 이를 **권위적 결정**(authoritative settlement)이 요구되는 상황이라 규정하고, 조정문제, 전문성 문제, 효율성 문제에 대한 해답으로 제시하였다. Larry Alexander & Emily Sherwin, *The Rule of Rules: Morality, Rules, and the Dilemmas of Law*, Duke University Press, 2001. 14면.

7) 위의 책. 681면.

8) David Schoenbrod, *Power Without Responsibility: How Congress Abuses the People through Delegation*, Yale University Press, 1995. 14면.

2. 주인-대리인 이론의 역할

이처럼 주인-대리인 이론은 위임을 이론적으로 정당화하며, 빠르게 변화하는 현대 사회의 과제들에 기민하게 대응할 수 있도록 기여한다.[9] 바꾸어 말하자면 각자의 삶의 영위에 몰두해야 하는 나머지, 공동체 전체의 선(善)을 추구할 시간, 정보, 전문성, 그리고 동인이 부족한 대중이 자신이 가지는 이해관계를 대신하여 표출해 줄 수 있는 의원을 선출하여 주권의 일부를 위임하면, 그들이 정치과정에서의 논의와 숙고를 통하여 법률을 제정하고, 필요에 따라 보다 전문성을 가지는 행정부에 문제의 해결을 위한 권한을 다시 위임하는 것이 가장 적절한 사회의 운영방식임을 이론적으로 뒷받침하는 것이다.[10] 이렇듯 주인-대리인 이론은 입법부, 행정부, 그리고 사법부라는 국가조직의 관계성에 대한 이론적 그리고 실증적 조명을 허용한다.

3. 주인-대리인 이론의 쟁점

주인-대리인 문제가 가지는 한계를 적절히 지적한 논자는 에릭 포스너(Eric Posner)일 것이다. 그는 부동산을 판매하고자 하는 자가 어떠한 부동산 판매업자를 선택해야 하는가라는 질문을 통해 이를 설명한다.

"만약 당신이 부동산을 판매한다고 가정해보자. 당신은 부동산을 판매해본 경험도 없고 인맥도 없다. 그래서 부동산 판매 중개업자를 고용하고자 한다. 당신은 해당 중개업자가 부동산의 장점을 최대한 부각시키고 단점은 보완하여 가능한 한 높은 판매가를 받아 낼 수 있도록 노력해주길 바란다. 그러나 당신

---

9) Terry Moe, "The New Economics of Organization," *American Journal of Political Science*, 28(4), 1984. 765-6면.

10) Paul Hirst, *Quangos and democratic government*, Oxford University Press, 1995. 341면.

은 중개업자가 생각만큼 노력하지 않을 수도 있다. 중개업자는 구매 희망자들이 가장 고민에 빠지는 저녁 시간에 그들에게 연락하기보단 가족을 위해 시간을 보낼 수도 있다. 또는 중개업자가 자신의 직장과 부동산의 거리가 멀다는 이유로 자주 방문하지 않거나 심지어 판매를 꺼릴 수도 있다. 그가 생각보다 게으를 수도 있고, 알고 보니 부동산 판매중개업이 부업에 불과할 수도 있다. 이러한 상황에서 문제는 "어떻게 나의 이익을 최대화하기 위해 열심히 일하는 중개업자를 찾아 낼 수 있는가" 그리고 "어떻게 부동산 중개업자가 나의 이익을 최대화할 것인가"일 것이다."11)

포스너의 예시는 대리인인 부동산 판매업자가 주인인 자신의 이해관계에 부합하도록 행동하지 않을 가능성을 제기하고, 이를 어떻게 통제할 것인가가 주인-대리인 이론의 핵심 쟁점임을 상기시킨다.12)

---

11) Eric Posner, "Agency Models in Law and Economics," Coase Lecture, The University of Chicago Law School, 2000.

12) Stewart Schwab, "Union Raids, Union Democracy, and the Market for Union Control," *University of Illinois Law Review*, 368(2), 1992. 여기에 터 잡아, 대리인의 선별과 통제가 핵심 쟁점이 된다. Barry Weingast, "Self-enforcing Constitutions," Hoover Institution Working Paper, 2008.; Barry Mitnick, *The Political Economy of Regulation: Creating, Designing, and Removing Regulatory Forms*, Columbia University Press, 1980. 150면.

제2절 행정부는 주인인가? 대리인인가?

1. 문제의 소재

우선 행정부에 조명해보자. 주인-대리인 이론의 관점에 입각하여 그들의 자리매김을 설명하자면, 궁극적인 주인인 국민의 대표로 선출된 의회 구성원은 보다 구체적이고 전문적인 영역에서의 정책설계 및 수행을 위해 관료를 대리인으로 둔다. 여기에 터 잡아, 현대 사회에서 발생하는 다양한 과제들에 대응하기 위해서 행정의 재량이 인정되어 왔다.[13] 즉 행정은 어디까지나 의회의 대리인으로서의 지위를 점하는 것이다.[14]

그러나 소위 스프 고기(soupmeat)의 예시는 행정의 역할과 지위에 대한 재고(再考)를 요구한다.[15] 만약 이를 수용한다면, 행정은 더 이상 의

---

13) Kenneth Culp Davis, *Discretionary Justice: A Preliminary Inquiry*, Louisiana State University Press, 1969. 또한, 행정은 의회의 업무부담을 효율화하는 역할도 맡고 있다. Jacob Gersen & Anne Joseph O'Connell, "Deadlines in Administrative Law," *University of Pennsylvania Law Review*, 156(4), 2008. 930-1면.

14) 프랜시스 루크(Francis Rourke)는 급변하는 현대 사회에서 행정재량 없이 효율적인 통치는 불가능하다고 꼬집는다. Francis Rourke, *Bureaucracy, Politics, and Public Policy*, Little Brown, 1984. 유사한 취지에서 Mathew McCubbins, "Abdication or Delegation? Congress, the Bureaucracy, and the Delegation Dilemma," *Regulation*, 22(2), 1999. 31면.

15) 스프 고기의 사례는 집안의 총괄 관리자(housekeeper)가 수하의 가정부(domestic)에게 "스프에 넣을 고기를 가져오라"(fetch some soupmeat)고 지시한 경우, 그들이 주인(총괄 관리자)과 대리인(가정부)의 관계에 있음을 말해주지만, 다른 한편에서 총괄 관리자는 가정부에게 어떠한 고기를 넣을지, 얼마나 넣을지, 심지어 관리자를 설득해서 고기가 아닌 해산물을 넣거나 또는 아예 넣지 않게 할 수 있는 재량을 부여하였기에, 여기에 터 잡는다면 그 선택의 순간만큼 대리인인 가정부는 더 이상 대리인이 아니라 주인의 위치에서 자신의 선호를 표출할 수 있도록 만든다. 요컨대 스프 고기의 사례는 대리인이 항상 대리인의 위치에 고정되지 않는다는 함의를 제기한다. William Eskridge, Jr. "Fetch

회의 대리인에 한정되지 않고, 적극적으로 자신의 선호를 표명하고 이를 관철시키기를 시도하는 다분히 정치적인 행위자로 취급되어야 할 것이다. 무엇보다, 이러한 의회와 행정의 긴장관계는 탈석탄 사례와 같은 의회의 정체, 나아가서 공백이 발생하는 상황에서 더욱 현저하게 나타나기에, 여기에 대해 살펴보고자 한다.

2. 행정부의 양면적 지위

가. 부분적 대리인으로서의 행정부

앞서서 행정부가 대리인이며 의회가 주인의 지위를 누린다는 관계설정이 주인-대리인 이론의 통상적인 설명인 반면, 현실 세계에서 주인-대리인 문제를 고민할수록, 행정부가 과연 국민으로부터 위임을 받은 의회의 대리인에 불과한가라는 물음에 빠져들 수밖에 없다.16)

여기에는 몇 가지 근거가 존재한다. 우선, 주인-대리인의 관계 속에서 발생하는 위임은 결코 일원적(一元的)이지 않다. 바꾸어 말하면, 위임은 결코 **국민-의회** 또는 **의회-행정부**의 테두리 안에서만 발생하지 않고, 의회와 행정관료 그리고 사법부까지를 핵심 행위자로 포섭하여 각각의 테두리 안에서도 또 다시 국회의원에서 소위원회 또는 보좌관, 고위관료에서 중간관료 그리고 일선의 행정공무원으로의 위임 등 무수한 주인-대리인의 관계가 연속적이고 중층적으로 발생한다.17) 이는 하나의 행위자가

Some Soupmeat," *Cardozo Law Review*, 16, 1995.

16) 여기에 관해선 풍부한 논의가 존재한다. Eric Posner & Adrian Vermeule, "Interring the Nondelegation Doctrine," *University of Chicago Law Review*, 69, 2002.; Jacob Gersen, "Overlapping and Underlapping Jurisdiction in Administrative Law," University of Chicago Public Law & Legal Theory Working Paper, 161, 2007. 211-2면.; Matthew McCubbins *et al*, "Structure and Process, Politics and Policy: Administrative Arrangements and the Political Control of Agencies," *Virginia Law Review*, 75(2), 1989.

주인 혹은 대리인이라는 하나의 지위만을 가지는 것이 아니라, 때로는
주인이 되기로 하며 때로는 대리인으로서의 임무를 수행하게 된다는 함
의를 낳는다.[18]

　그 중에서도 행정은 의회와 대통령, 그리고 부분적으로 국민이라는
복수(複數)의 주인으로부터의 위임을 받기 때문에 위임의 중첩과 괴리가
발생하는 **부분적 대리인**(partial agent)의 지위를 누리게 된다.[19] 이것이
바로 행정부의 대리인 비용 문제의 해결을 어렵게 만드는 요인이다.[20]
또한, 대통령제가 가지는 특수성에 유래한 것이기도 하다. 즉 대통령이
국가의 원수인 동시에 특정 정당에 소속되어 선거에 출마하기 때문에
대통령-여당 vs. 야당이라는 대립관계를 설정하고, 이는 행정부와 입법부
를 명확하게 구분하지 못하게 만든다. 그렇기에 대통령은 **이중적 지위**를
가지게 되며 여당 또한 행정부에 대한 견제와 함께 본인 정당 소속의 대
통령에 대한 지원이라는 일견 상반되는 임무를 맡게 되는 것이다.[21]

---

17) 이것은 모(Moe)의 통찰이다. Terry Moe, 앞의 논문(1984). 특히 765-6면. 반면 책
　　임성의 **위임의 사슬**(Chain of Delegation)이 민주주의 위기를 초래한다는 지적이
　　존재한다. Braun & Gilardi, "Introduction" in Braun & Gilardi (eds.), *Delegation in
　　Contemporary Democracies*, Routhledge, 2006.

18) Terry Moe, "Control and Feedback in Economic Regulation: The Case of the NLRB,"
　　American Political Science Review, 79(4), 1985.

19) 중첩에 관해서는, Jacob Gersen, 앞의 논문. 그리고 Jody Freeman & Jim Rossi, 앞
　　의 논문. 1142-3면. **부분적 대리인**에 관해서는 John Manning, "Separation of
　　Powers as Ordinary Interpretation," *Harvard Law Review*, 124(8), 2011.

20) 관료는 회피와 남용을 통해 주인의 선호로부터 일탈할 구조적 여지를 만들고
　　변절적 재량(renegade discretion)을 우려하게 만든다. John DiIulio, Jr. & John
　　DiIulio, Jr., "Association Principled Agents: The Cultural Bases of Behavior in a
　　Federal Government Bureaucracy," *Journal of Public Administration Research and
　　Theory*, 4(3), 1994. 281면.

21) 강원택, 『한국의 정치개혁과 민주주의』, 인간사랑, 2005.

나. 복수선호조직으로서의 행정부

또한, 행정부라는 국가조직이 하나의 단일한 선호를 가지고 있다고
상정하고, 이를 통해서 수많은 행위자간의 복잡한 정치과정의 역학을 간
소화하는 소위 **동맹이론**은 조직 내부에서 발생하는 이해관계성의 다양
성과 복잡성을 설명하기 어렵다는 한계를 가진다.[22] 예를 들어, 환경·에
너지 문제를 규율하는 우리 행정부처 안에서도 환경부와 산업통상자원
부는 매우 상이한 존재 이유와 정책적 지향을 가진다.[23] 또한 특정 사안
에서 그들이 유사한 이해관계를 가졌다한들 그것이 반드시 또 다른 사
안에 대한 동맹관계를 보장하는 것은 아니다.[24] 물론 삼부 간, 그리고

---

22) 하나의 기관이 하나의 선호를 가진다고 볼 수 있는가라는 물음은 많은 연구자
들의 탐구 대상이기도 하다. 해당 논제 전반에 관해서는 Gillian Metzger, "The
Interdependent Relationship Between Internal and External Separation of Powers,"
Emory Law Journal, 59(2), 2009. 행정부를 특정한 문헌으로는, Elizabeth Magill &
Adrian Vermeule, "Allocating Power Within Agencies," *Yale Law Journal*, 120(5),
2011. 입법부에 관해서는 Kejioneth Shepsle, "Congress Is a "They," Not an "It":
Legislative Intent as Oxymoron," *International Review of Law and Economics*, 12(2),
1992. 복수의 당파가 입법부를 구성하기 때문에 각기 다른 선호가 나타나며,
그들의 경쟁 및 갈등으로 인하여 위임 또한 복수의 방향으로 나아갈 수 있음
을 시사하는 문헌으로는 Daryl Levinson & Richard Pildes, "Separation of Parties,
Not Powers," *Harvard Law Review*, 119(8), 2006. 2312면. 삼부의 선호관계의 역학
을 시장원리로 설명하고자 하는 시도로는, Harold Hongju Koh, "The Coase
Theorem and the War Power: A Response," *Duke Law Journal*, 41(1), 1991. 다만,
결코 해당 주체들이 시장주체와 같은 의사결정을 하지는 않기에 파레토 효율
적이지는 않다고 한다. Eric Poser, "Theories of Economic Regulation," *The Bell
Journal of Economics and Management Science*, 5(2), 1974.

23) 이러한 경향은 탄소중립의 흐름과 함께 더욱 증폭되고 있다. 무엇보다 환경부가
산업통상자원부의 고유 영역인 전력시장으로까지 영역을 확장하고자 시도하면
서 양자간의 갈등이 더욱 첨예하게 나타난다. 한경경제, "환경부, 에너지 정책에
'개입'···불편해진 산업부," 2019. 11. 26. https://www.hankyung.com/economy/article/
2019112642811. (2022. 3. 16. 방문).

24) Elizabeth Magill & Adrian Vermeule, 앞의 논문.

특정 부처 내부에서의 복잡하고 격동적인 이해관계를 적확하게 파악하여 자신의 권한을 위임하는 것은 불가능에 가깝다. 그럼에도 불구하고, 이러한 경향은 주인으로 하여금 자신들의 선호의 추구를 위하여 권한을 위임하고자 하는 대리인을 파악하지 못하게 만드는 구조를 형성하여, 권한의 위임을 매우 비효율적으로 만든다.[25] 여기에 근거한다면, 주인인 국민이 행정부를 대리인으로 삼는 형식의 주인-대리인 이론은 매우 불확실하고, 결과적으로 불완전한 것이 된다.

다. 양면적 대리인으로서의 행정부

여기에 더하여, 심지어, 몇몇 사안에 관해서는 의회와 행정부의 관계가 서로 역전되어 규율부처가 주인의 지위를 누린다는 지적도 곱씹어볼 만 하다.[26] 행정이 의회를 주인으로 인식하고 그들의 선호를 추구하는 것이 아니라, 자신들 고유의 선호를 가지고 이를 추구한다는 것이다.[27] 바꾸어 말하면 행정부가 자신의 행동 전반을 입법부가 제정한 법률이라는 근거에 전적으로 의존하는 것이 아니라, 필요에 따라 재량을 발휘하여 법규범을 창조할 수 있다고 보는 것이다. 심지어 이러한 행위는 현대 사회에서 오히려 불가피한 것으로 여겨지곤 한다. 여기에 덧붙여, 행정은 법규범을 해석 그리고 창조하여 그것이 향후 사회에 실질적인 영향을 미칠 뿐 아니라, 이를 검토하는 역할까지 일임하는데, 이것이 바로 **행**

---

25) 주인이 대리인에 관한 정보를 파악하지 못하는 경우는 과소 또는 과도한 권한의 위임이 우려된다. Jean-Jacques Laffont & David Martimort, *The Theory of Incentives: The Principal-Agent Model*, Princeton University Press, 2002. 33-6면.

26) 행정부가 실질적인 사회적 과제의 아젠다를 설정하며, 다른 조직보다 높은 전문성과 인적 네트워크를 통하여 데이터와 지식을 획득하고, 나아가서 행정입법을 통하여 실질적인 규칙을 만드는 것은 의회가 아닌, 행정부이기 때문이다. Brigham Daniels, "Agency as Principal," *Georgia Law Review*, 48, 2014.

27) Daryl Levinson & Richard Pildes, "Separation of Parties, Not Powers," *Harvard Law Review*, 119(8), 2006. 2360면.

정 기능의 정수(a quintessentially executive function)라는 주장으로까지 나아간다.[28]

지금까지의 논의에 터 잡는다면, 행정부가 의회로부터의 위임없이, 개별적으로 사회 문제의 해결에 몰두할 수 있음을 뒷받침한다는 논리를 구성해볼 수 있다.[29] 정부가 실질적인 사회적 과제의 아젠다를 설정하며, 다른 조직보다 높은 전문성과 인적 네트워크를 통하여 데이터와 지식을 획득하고, 나아가서 기존의 법규범을 해석할 뿐만 아니라, 행정입법을 통하여 실질적인 규칙을 만들기까지 한다.[30] 물론 의회가 법률제정의 비용과 행정부에 대한 대리인 비용을 비교하여 전자가 후자를 넘어서는 경우는 모호하고 일반추상적인 법률의 제정 또는 넓은 행정재량을 인정하거나 반대로 후자가 앞선다면 엄밀한 법률의 제정을 통해 행정입법을 통제하는 움직임을 취할 수 있다. 즉 의회가 여전히 주도권을 가진다고 해석할 수도 있는 것이다. 다만, 이러한 관점은 의회가 아닌 국민을 궁극적인 주인으로 바라보면 의회와 행정부는 모두 국민으로부터의 **공동의 대리인**(co-agent)이라는 유사한 지위에 자리매김할 수 있도록 관점을 전환시킨다.[31] 한발 더 나아가서 정부는 **추정적 대리인**(putative agent) 또는 대리인과 주인의 지위를 동시에 갖추는 **지위의 양면성**을 가

---

28) Morrison v. Olson, 487 U.S. 654, 706 (1988). 스칼리아 판사의 반대의견.

29) Peter Lindseth, "Agents Without Principals?: Delegation in an Age of Diffuse and Fragmented Governance", in F. Cafaggi (ed.), *Reframing Self-Regulation in European Private Law*, Kluwer Law International, 2006.

30) Brigham Daniels, 앞의 논문. 341면. "종종 행정은 의회와의 관계를 역전시킨다. 이러한 경우, 행정부를 대리인으로 포착해선 안 되고, 그들의 하수인이 아니다. 오히려, 행정이 선출된 의회를 조종하는 주인이 되고, 이것이 그들의 역할이라 볼 수 있다."

31) Carlos Gonzalez, "Reinterpreting Statutory Interpretation," *North Carolina Law Review*, 73(4), 1996. 이러한 주장은 국민을 중시하는 **대중 입헌주의**(popular constitutionalism)로 확장되곤 한다. Robert Postt & Reva Siegel, "Popular Constitutionalism, Departmentalism, and Judicial Supremacy," *California Law Review*, 92(4), 2004. 여기에 관한 국내 문헌으로는 조홍식, 앞의 논문(2008). 117-120면.

지게 된다.[32) 이로써, 주인-대리인 이론이 상정하던 충실한 대리인으로서의 행정부는 이미 교과서에서만 찾아볼 수 있는 주장이 되는 것이다.[33) 이러한 의회와 행정부의 관계설정은 사법부와의 관계에 있어서도 커다란 함의를 제공한다.[34)

이러한 행정의 자리매김은 의회가 상징적 입법을 제·개정하거나 또는 이를 마련하는 과정에서, 더욱 의미를 가진다. 이러한 법률은 대부분이 대중의 강력한 요구에 의해 마련된다.[35) 다만, 상징적 입법은 그것이 가진 목표의 달성을 위해선 지나치게 많은 비용과 시간이 소요되는 일종의 비현실적인 것으로, 그 실행이 오히려 또 다른 부작용을 낳아, 사회 전체의 효용을 감소시키는 결과를 초래하곤 한다. 여기서, 행정은 다음의 두 가지 수단을 통해 상징적 입법을 저지할 수 있다. 하나는 규제 수행의 **지연**(delay)이고 다른 하나는 법문언을 **재해석**(rewrite)하여 보다 효율적인 대안을 강구하는 것이다.[36) 이러한 대응은 행정과 의회의 새로운 상호작용을 초래하는데, 그 중 하나는 의회 내에서 관련 쟁점을 다루는 소위원회와의 공식·비공식적 협의를 통해 행정부의 선호와 우려를 전달하여 법률의 제·개정에 영향력을 미치는 방법이고, 다른 하나는 시민단체 또는 언론 등 외부 행위자에게 정보를 유출하여 의회가 상징적 입법안을 개정 또는 폐기하도록 압박하는 방식이다.[37)

이렇듯, 행정부는 세부적인 규제를 설계하고 이를 이행하는 권한을

32) Brianne Gorod, "Defending Executive Nondefense and the Principal-Agent Problem," *Northwestern University Law Review*, 106(3), 2015. 1231면.
33) Peter Aranson et al., "A Theory of Legislative Delegation," *Cornell Law Review*, 68(1), 1982. 6면. "*The removal of politics from administrative processes really occurs only in civics books.*"
34) Michael Stokes Paulsen, "The President and the Myth of Judicial Supremacy," *University of St. Thomas Law Journal*, 14(3), 2018. 603-4면.
35) John Dewey, 앞의 논문. 233면.
36) 위의 논문. 235면.
37) 위의 논문: Brigham Daniels, 앞의 논문.

가지는 동시에, 그러한 규제의 근거를 마련하는 의회와의 소통을 통해 자신들의 선호를 전달하면서 일련의 규제 프로세스에 적극적으로 참여할 수 있다. 즉 행정부는 의회가 제정한 법률을 수용하고 규제를 이행하기만하는 수동적인 행위자가 아니라 그 근본적인 설계의 과정에까지도 영향을 미치게 된다.

3. 행정부의 양면적 지위에 대한 회의

가. 행정의 민주적 정통성

앞에서 행정이 가질 수 있는 양면적 지위에 대해 살펴보았다. 즉 행정이 국민-의회-행정이라는 위임의 사슬 속에 자리하는 것이 아니라, 국민을 궁극의 주인으로 두고 의회와 행정이 공동의 지위에 위치한다는 것이다. 그렇다면 자연스럽게 과연 행정이 국민의 선호를 추구하는 위치에 있는가라는 물음이 떠오른다. 이를 바꾸어 말하면, "행정이 민주적 정통성을 가지는가"라는 고민으로 환원될 수 있을 것이다. 여기에서 일단 떠오르는 대답은 바로 대통령 선거이다. 행정의 수반인 대통령은 국민으로부터 직접 선출되어 강력한 민주적 정통성을 가지기 때문이다. 즉 궁극적인 주인인 국민의 선호의 결집과정인 선거를 통해 선출된 대통령을 대리인으로 바라보고, 이를 근거로 행정의 민주적 정통성을 내세우는 것이다.[38] 그러나 여기에도 치명적인 한계가 존재한다.

대통령 선거는 선택과 선별을 허용하고, 더 많은 지지를 얻기 위하여 보다 대중의 이익에 친화적인 정책을 펼 것을 약속하도록 만드는 인센티브의 기능을 가진다. 다만, 이미 잘 알려있듯이, 선거는 선호를 완벽하

---

38) Steven Calabresi, "Some Normative Arguments for the Unitary Executive," *Arkansas Law Review*, 48(1), 1995.; Lawrence Lessig & Cass Sunstein, "The President and the Administration," *Columbia Law Review*, 94(1), 1994.

게 반영하는 과정이라 말하기 힘들다.[39] 대통령 후보자는 방대한 공약을 묶음으로 제시하기 때문에 유권자는 특정 공약에는 찬성하지 않더라도 다른 공약에 강력히 찬성하여 특정 후보를 지지할 수 있다. 이러한 경우가 축적된다면 특정 후보는 높은 지지율을 보임에도 불구하고, 특정 공약은 반대로 낮은 국민적 지지를 기록할 수 있다.[40] 이러한 지적에 입각한다면, 선거라는 과정을 통해 선출된 대통령과 이를 수반으로 하는 행정부는 주인인 국민의 이해관계를 적확하게 반영할 수 없을 뿐 아니라 그들로 하여금 주인의 이익을 추구하기 위해 행위하도록 만드는 인센티브가 존재하지 않고, 오히려 그 위반을 구조적으로 정당화하는 결과를 초래한다.[41] 그렇기에 의회가 새로운 법률을 제시하지 못하는 사회적 과제에 대한 행정의 선제적 대응이 과연 민주적 정통성을 가지고 있는 것인가라는 물음에 선뜻 대답하기가 힘들다.[42]

---

39) 선거가 채택하는 다수결 제도가 가지는 결함에 대해서는, Kenneth Arrow, "A Difficulty in the Concept of Social Welfare," *The Journal of Political Economy*, 58(4), 1950.

40) 예컨대, 문재인 대통령의 신고리 5,6호기 공론화가 이를 잘 나타낸다. 문재인 대통령은 후보 당시 해당 원전 호기에 대한 건설 중단을 약속하였다. 그는 41%의 득표율을 기록하면서 당선되었지만, 해당 정책은 국민적 반대에 부딪혔고 결국 공론화위원회는 건설 재개를 결정지었다.

41) 특히 1인 1표의 다수결투표제도의 한계가 작동한다. 이를 둘러싸고는 다양한 비판과 옹호가 상존하지만, 아래의 표현으로 갈음하고자 한다. "입법과정에 반영되는 것은 국민들의 실제의 선호가 아니라 입법자들에게 전달된 선호 혹은 입법자들이 감지한 선호에 불과하게 된다." 박세일, 『법경제학』, 박영사, 2019. 775면.

42) 그 핵심에는 민주주의의 꽃이라 불리는 투표의 맹점에 의해 야기된다. 여기에 관해서는 콩도르세의 정리와 애로우의 불가능성 정리(와 그 역설), 그리고 **푸와송 패러독스**(Posisson's Paradox) 등 다양한 논의가 자리한다. 각각에 관해서는 자세히 설명하지 않겠지만, 마지막의 푸와송의 패러독스는 생소하게 느껴질 수 있기 때문에 간략하게 다룬다. 해당 이론은 특정 사안의 개별 쟁점에 대해서 다수결로 판단한 후, 이를 다시 다수결로 결론짓게 되면, 양자가 모순되는 결과로 이어진다는 주장이다. 예를 들어, 하나의 강도사건에서 피고인 A와 B가 기소되었다고 가정해보자. 여기서 12명의 배심원이 각 피고인의 유무죄 여부 그리고 서로의 공범 여부를 판단하는데, 3개의 그룹으로 나뉘었다. A에

나. 책임성

행정이 궁극적 주인의 선호를 결집하여 반영하는 기관으로 자리매김
한다면, 그 책임성을 어떻게 물을 것인가가 중요한 쟁점으로 부상하게
된다. 즉 행정을 어떻게 통제할 것인가의 문제이다. 여기에 관하여, 앞에
서 지적한 대통령 선거의 구조적인 문제와 더불어, 정보의 격차를 지적
하지 않을 수 없다. 즉 행정부가 전문성과 관할 영역을 확대할수록 그
역할의 중요성이 높아지고, 그로 인하여 주인인 의회 또는 대중보다 접
근할 수 있는 정보의 질과 양의 차이가 확연하게 벌어진다. 이러한 정보
의 비대칭성은 행정부에게 권한을 위임하기 위한 민주적 정통성을 부여
하는 시점 뿐 아니라 그 이후에도 지속된다. 예를 들어 사회 구성원은
행정부의 정책과 행동에 대한 풍부한 정보가 부족하다. 특히 외교·국방·

관해서는 1번부터 4번(1번 그룹) 그리고 5번부터 7번까지(2번 그룹)은 유죄, 8
번부터 12번까지(3번 그룹)은 무죄를 주장한다. 다음으로, B에 관해서는 1번과
3번 그룹이 유죄, 나머지 2번 그룹은 무죄를 주장한다. 그렇다면, A에 관해서
는 7:5로 유죄, B에 대해서는 9:3으로 유죄 판단이 내려지게 된다. 다만, 여기서
A와 B 모두에게 유죄를 주장한 배심원은 4명밖에 없다. 그렇다면, 이들의 공범
여부는 부정된다. 둘 다 유죄임에도 불구하고 말이다. 이를 도식화하면 아래와
같다.

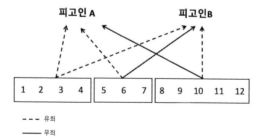

콩도르세의 정리, 애로우의 불가능성 이론, 그리고 그 역설에 관해서는, 조홍
식,『사법통치의 정당성과 한계』, 제2판, 박영사, 2010. 그 중에서도 175-89면에
서 찾아볼 수 있다.

안보 등 재량의 비중이 높은 영역에서는 정부가 어떠한 판단을 내릴 것인지 그리고 왜 그러한 판단을 내렸는지에 관한 기초적 판단재료가 기밀이라는 이유로 제공되지 않으며, 사후적 설명도 이루어지지 않는다. 그렇기 때문에 우리는 정부의 정책행위와 그 결과로 나타난 사회적 현상 등에 대한 인과관계를 명확하게 파악하기 어렵다.[43] 물론, 복잡한 현대 사회에서 정부 조차 이를 명확하게 파악하기란 불가능에 가깝지만, 대중은 더욱 그 판단의 재료에 대한 목마름을 호소할 것이다. 즉 우리는 스스로의 권한을 위임해야 하는 대상인 정부가 누구의 이익을 추구하고 있는지의 여부를 사전에 파악하기 어려우며, 사후적으로도 평가하기 어렵다.[44] 이러한 문제는 행정으로 하여금 대중의 이익과는 상관이 없이, 그저 그들에게 이익이 되는 듯이 보이는 정책을 펼쳐질 여지를 넓힌다.[45] 즉 행정의 **조직적인 부처의 자기권한 강화**(systematic departmental self-aggrandizement)를 허용하는 결과로 이어지게 된다.[46]

　다음으로, 행정이 사회 구성원의 선호를 반영하여 이를 추구한다는 주장을 정당화하기 위해선, 그들의 역량과 수단을 검토하지 않을 수 없다. 전자는 행정이 가지는 구조적인 쟁점, 즉 행정의 포획과 관료제이며, 후자는 그들의 주요 수단인 규제의 강도, 형식, 수단이 가지는 한계이다.

---

43) 세계를 강타한 코로나 위기와 여기에 대한 정부의 대응을 상기해보라.

44) Eric Posner & Adrian Vermeule, *The Executive Unbound*, Oxford University Press, 2010. 119-120면.

45) 위의 책. 132-3면.

46) Neal Kumar Katyal, "Internal Separation of Powers: Checking Today's Most Dangerous Branch from Within," *Yale Law Journal*, 115, 2006. 유사한 맥락에서 행정부에 대한 견제와 균형이 이루어지고 있지 않다는 지적으로는 James Gardner, "Democracy Without a Net? Separation of Powers and the Idea of Self-Sustaining Constitutional Constraints on Undemocratic Behavior," *St. John's Law Review*, 79, 2005. 헌법의 취지에 반한다는 지적으로는 Larry Alexander & Saikrishna Prakash, "Delegation Really Running Riot," San Diego Legal Studies Paper 07-54, 2006.; 법의 지배에 반한다는 취지로는 Theodore Lowi, "Two Roads to Serfdom: Liberalism, Conservatism and Administrative Power," *American University Law Review*, 421, 1987.

다. 행정의 구조적 쟁점

(1) 포획이론

포획이론은 일언적으로 "규제입법을 만드는 의회와 규제정책을 집행하는 규제행정청이 피규제자인 사업자들에 의해 포획되는 것"이라고 설명할 수 있다.[47] 행정관료의 포획을 문제시하는 논자들은 행정의 권한이 비대해지고, 이를 자신의 이익을 위해 사용함으로써 사회 전체의 효용의 증가에 기여하지 못한다고 비판한다.[48] 심지어 죠지 스티글러(George Stigler)는 "대체로, 규제는 산업에 의해 획득되고 주로 산업의 이익을 위해 설계되고 운영된다"고까지 지적했다.[49]

이처럼, 행정관료의 포획이 행정의 비대해지는 권한을 비판하는 대표적인 구호가 되었음에도 불구하고, 그것이 이론적 상정에 그칠 뿐, 실무에서는 낡고 현실 세계와는 동떨어진 주장이라는 지적이 제기될 수 있다.[50] 특히 그 중에서도 행정의 포획을 지적하는 목소리의 대부분은 특정 산업 또는 규제환경에 관한 잘못된 이해와 진단에 터 잡고 있는 경향이 있으며, 이러한 주장을 근거로 관료와 규제를 비판하는 것은 설득력을 결한다는 것이다. 한 발 더 나아가서, **포획**(capture)이라는 용어 자체가 부정적으로 사용되면서 오히려 규제를 설계 및 이행하는 행정부와 피규제

---

47) 허성욱, "경제규제행정법이론과 경제적 효율성," 서울대학교 법학 제49권 제4호, 2008. 667면에서 인용.

48) 대표적으로, Samuel Huntington, "The Marasmus of the ICC," *Yale Law Journal*, 61(4), 1952.; Marver Bernstein, *Regulating Business by Independent Commission*, Princeton University Press, 1955.

49) George Stigler, "The Theory of Economic Regulation," *The Bell Journal of Economics and Management Science*, 2(1), 1971.

50) David Moss & Daniel Carpenter, *Preventing Regulatory Capture: Special Interest Influence and How to Limit It*, Cambridge University Press, 2014. 3면. 국내 문헌으로는 허성욱, 앞의 논문(2008). 667-8면.

자인 산업계 사이의 상호작용을 원천적으로 저해한다는 지적도 제기되곤 한다. 즉 행정과 산업의 관계맺음 그 자체를 포획이라는 용어로 낙인(烙印)찍는 것이 아니라, 무엇이 그들의 바람직한 관계성이고 어떠한 관계맺음을 통해 사회 전체의 효용을 극대화할 수 있는지를 보다 면밀히 탐구해야 한다는 것이다.[51] 이러한 비판을 수용하여, 오늘날의 포획이론은 행정과 산업의 조화 그 자체를 비판하는 것이 아니라, 그 관계성을 정밀화하는 작업에 몰두하고 있다. 예컨대, 포획의 정도(程度)[52]와 강도(强度),[53] 산업대상의 확장[54] 그리고 포획의 범위의 확장이 대표적이다.[55]

그럼에도 불구하고, 포획에 관한 논의는 그것이 가져오는 혜택에 대해서도 조명해야 한다. 행정과 산업의 적절한 관계설정은 양질의 정보를 제공받을 수 있고, 피규제자인 산업으로 하여금 자발적인 규제의 준수(compliance)를 이끌어낸다.[56] 이처럼, 산업계와의 적절한 협력이 허용된다면, 규제를 설계하는 비용과 이를 이행하는 단계에서의 비용을 모두 절감할 수 있을 것이다.[57]

---

51) Dorit Rubinstein Reiss, "The Benefits of Capture," *Wake Forest Law Review*, 47(2), 2012. 572면.

52) Stephen Breyer, *Regulation and Its Reform*, Harvard University Press, 1982. 달보(Dal Bo)는 규제포획을 광의과 협의로 구분하였으며, 전자는 "특정 이익집단이 어떤 형태로든 정부의 규제에 영향을 주는 과정"으로 그리고 후자의 규제포획은 "규제된 독점세력들이 규제기관인 정부를 조작하는 특별한 과정"으로 구분하였다. Ernesto DAL BÓ, "Regulatory Capture: A Review," *Oxford Review of Economic Policy*, 22(2), 2006.

53) David Moss & Daniel Carpenter, *Preventing Regulatory Capture: Special Interest Influence and How to Limit It*, Cambridge University Press, 2014. 11-2면.

54) LiamWren-Lewis, "Regulatory Capture: Risk and Solutions," Antonio Estache (eds.) *Emerging Issues in Competition, Collusion, and Regulation of Network Industries*, London Publishing Partnership, 2011.

55) 진상현, "한국 탄소 배출권 거래제의 규제포획에 관한 연구," 환경정책 제27권 제1호, 2019.

56) Dorit Rubinstein Reiss, 앞의 논문.

57) 위의 논문.

(2) 관료제

막스 베버(Max Weber)는 관료들은 경영학이나 행정학 또는 법학 등
의 규칙중심적인 규율에 익숙할 뿐 아니라, 개개인과 조직의 기술적 전
문성도 상당하다는 점을 관료제의 특징으로 포착하며, 그것이 대체로 합
리적이라고 결론지었다.[58] 여기에 관하여, 로버트 머튼(Robert Merton)은
그의 저서 『사회이론과 사회구조』에서 관료가 규칙에 지나치게 의존하
는 나머지 경로의존적 경향이 발생하고, 이는 곧 **관료제의 역기능**의 발
생으로 연결된다고 지적한다. 즉 관료가 아무리 훈련을 통해 쌓은 전문
적 기량이 아무리 뛰어나다고 해도, 조금만 환경이 변한다면 해당 지식
을 적절히 사용하지 못하는 경우가 허다하다는 것이다.[59] 무엇보다, 오
늘날의 사회적 문제는 더 이상 과학기술 또는 경제학만으로는 해결할
수 없는 가치판단의 문제로 확장되고 있다는 점이 위의 지적에 설득력
을 더한다.[60] 나아가서, 규칙 준수를 지상 과제로 삼는 나머지 그것 자
체가 목적이 되어버리는 문제가 발생하고, 그 결과 과도한 형식주의에
빠진다는 것이다.[61]

관료제에 대한 또 다른 그리고 뼈아픈 비판은 윌리엄 니스카넨(William
Niskanen)에 의해 이뤄졌다. 그는 행정관료들이 자신의 안락과 규제권한
의 확대를 위하여 예산의 획득에 몰두되는 까닭에 규제 수익자와의 의
사소통이 부족해지고, 결과적으로는 효과적인 규제가 이루어지기 어렵
다는 것이다.[62] 쉬무엘 아에젠스타트(Shmuel Eisenstadt)는 이러한 딜레마
를 다음과 같이 적절하게 표현한다. "관료는 주인인가 대리인인가, 독립

58) 막스 베버, 『지배의 사회학』, 한길사, 1981.
59) Thorstein Veblen의 **훈련된 무능**(trained incapacity)을 상기시킨다. his, *The Instinct of Workmanship and the Industrial Arts*, Routledge, 1990.
60) Felix Frankfurter, *The Public and Its Government*, Yale University Press, 1930.
61) Robert Merton, *Social Theory and Social Structure*, Free Press, 1968.; 몰스타인 마르크스, 『행정국가와 관료제』, 박영사, 1987.
62) William Niskanen, *Bureaucracy and Representative Government*, Routledge, 1971.

한 기관인가 도구인가, 만약 도구라면 그것은 누구를 위해 만들어진 것인가?"[63] 이와 같은 관료제를 향한 비판은 국내에서도 어렵지 않게 찾아볼 수 있다.[64]

라. 행정규제의 쟁점

(1) 규제의 강도(强度)

행정 규제가 내재하는 쟁점 중 대표적인 것이 바로 "어디까지 규제할 것인가"라는 규제의 강도에 관한 문제이다. 여기에 관하여, 스테판 브라이어(Stephen Breyer)는 행정이 과도하게 대중의 요구를 고려해서는 안 된다고 지적한다.[65] 즉 대중은 특정 사회적 문제에 민감하게 반응하여 과도한 수준의 규제를 요구하곤 하는데, 행정은 여기에 휩쓸려서는 안 된다는 것이다. 예컨대, 특정 오염물질의 약 95%는 단 몇 달 안에 없앨 수 있지만, 마지막 5% 잔여분까지 없애려면 수년 또는 수십년이 소요되기에, 첨단 기술의 선택, 높은 비용, 막대한 행정기관의 자원 투입, 막대한 법률비용과 끝없는 논쟁을 불러올 수 있다는 것이다. 대중은 단편적이고 직접적인 현상에만 착목하여 규제를 요구하지만 여기에 대한 규제가 자칫 다른 분야에서 예상치 못한 부작용을 초래하는 악순환으로 연결될 수 있다는 점도 고려해야 한다고 지적한다.[66] 이와 같이, 정부가

---

63) Shmuel Eisenstadt, "Bureaucracy and Bureaucratization," *Administrative Science Quarterly*, 4(3), 1959. 312면.

64) 홍준형, "제도화된 행정국가와 법치주의," 행정논총 제38권 2호, 2000.

65) 여기서 말하는 민주성은 글을 관통해서 사용하는 **민주적 정통성**(democratic legitimacy)과는 구별되며, 전자는 **사회적 요구의 반영** 정도를 지칭하기 위하여 사용하였다.

66) **리스크의 상호연관성**이라 부른다. 어떠한 리스크의 제거 혹은 축소가 다른 리스크의 발생 또는 증가로 이어질 수 있다는 것이다. Stephen Breyer, *Breaking the Vicious Circle: Toward Effective Risk Regulation*, Harvard University Press, 1995.

규제의 설계와 이행을 투명하게 공개하고 다양한 이해관계자를 포섭하면 할수록 해당 규제에 너무 많은 가치가 담기면서 오히려 규제의 건전성이 저해된다는 아이러니를 낳게 된다.[67] 덧붙여, 불합리한 규제는 규제집행자원의 배분을 비효율적으로 만드는 결과를 야기한다는 점에서도 치명적이다.

그럼에도 불구하고, 오늘날 규제의 설계와 수행을 대중의 요구로부터 완전히 분리하는 것은 불가능에 가깝다. 또한, 규제의 설계와 수행 자체가 지극히 정치과정의 산물임을 고려하면 규제 목표의 설정은 더욱 사회적 목소리에 귀를 기울일 수밖에 없다.[68] 무엇보다, 탈석탄으로 대변되는 환경·에너지 영역, 그 중에서도 2050년 탄소중립 목표는 여러 세대에 걸쳐 있는 사안인 만큼 기존의 에너지법정책의 이해관계자가 아니던 행위자들, 예컨대 청년 등의 목소리에 무게가 실릴 수밖에 없다는 딜레마를 소환한다.[69]

(2) 규제의 형식: 규칙(rule)과 규준(standard)

다음은 규제의 형식에 관한 쟁점이다. 규제의 형식은 통상적으로 규칙과 규준으로 구분된다.[70] 그 중에서 규칙은 그 형식이 가지는 명확성, 효율성, 예측가능성, 그리고 형식적 평등의 실현이라는 강력한 강점을

10-29면.
[67] David Schoenbrod et al., "Smarter Government: The Tool-Wielding Monkey," in his, Breaking the Logjam: Environmental Protection That Will Work, Yale University Press, 2010. 121-2면.
[68] 최병선, "규제의 목표, 수단, 자원의 관계에 대한 연구," 규제연구 제22권 제2호, 2013. 9면.
[69] Eric Posner & David Weisbach, Climate Change Justice, Princeton University Press, 2009. 특히 제7장.
[70] 규칙과 규준의 일반적인 장단점은, 홍진영, "행정청이 행한 법률해석의 사법심사 방법론에 관한 고찰-규칙과 기준의 관점에서 살펴본 Chevron 판결을 중심으로-," 서울대학교 법학과 석사학위 논문, 2013. 특히 제2장.

가진다. 규칙의 대표적인 사례인 도로의 제한속도를 떠올려보자.

도로의 제한속도를 규제하는 방식은 크게 시속 60km/h라는 **규칙**(rule)을 두는 것과 안전하게 운전하라라는 **규준**(standard)을 두는 방식으로 대별된다. 전자의 규칙은 구체적인 속도를 명시함으로써 명확성과 확정성을 담보할 수 있다. 즉 구체적인 사례 없이도 수범자들은 도로의 제한속도를 명확하게 인식할 수 있고, 그들의 운전행위를 규칙에 맞춰서 조정할 수 있다는 커다란 장점을 가진다. 그렇기 때문에 사전적(事前的)인 특성을 가지고 결과적으로 법적 안정성을 확보할 수 있다. 반면, **안전하게 운전하라**는 규제는 무엇이 **안전한 운전인지**에 관한 유일한 하나의 정답이 존재하지 않기 때문에 운전자들은 통일된 행위를 취할 수 없게 된다.

조금 더 구체적으로 규칙이 가지는 장점을 살펴보도록 하자. 우선 규칙의 **명확성**은 해당 규칙을 준수하였는지 혹은 위반하였는지를 분명하게 판단할 수 있도록 허용한다. 속도측정의 결과 시속 61km로 운전한 경우에는 해당 규칙을 위반한 것이고 시속 59km로 운전한 경우에는 그것을 위반하지 않은 것이다. 이처럼 명확한 규칙의 존재는 그것을 해석함에 있어서 규칙이 말하는 바를 명확하고 이해 가능한 형태로 제시하고, 오직 그것에만 의존하도록 만들어줌으로써 수범자 또는 해석자의 편견과 자의적인 해석을 방지한다. 만약 수범자들이 규칙의 내용과 원리를 파악하기 위하여 시간적·금전적 노력을 들여야 한다면 자원이 충분하지 못한 사람들에게는 불평등한 차별을 야기할 수 있다. 규칙의 위반 여부를 판단하는 입장에서도 정치적 압력 등에 영향을 받지 않고 명확한 규칙의 내용에 의거하여 판단을 내릴 수 있다는 강점을 가진다. 이처럼 명확한 규칙은 그에 의하여 규율을 받아야 하는 수많은 수범자들의 형식적 평등에도 기여할 수 있는 것이다.

이러한 규칙의 특성은 자연스럽게 **효율성**이라는 다음 장점으로 연결된다. 앞서 말한 규칙의 명확성은 판단에 요구되는 시간과 비용을 줄여준다. 수범자의 입장에서는 어떻게 하면 해당 규칙을 준수할 수 있을까를 신속하게 파악하여 해당 규칙에 자신의 행위를 맞출 수 있으며, 수범자가 해당 규칙을 준수하였는가를 파악해야 하는 입장에서도 그다지 큰 노력 없이 이를 판단할 수 있기 때문이다. 더불어서 규칙이 명확하다는 것은 자신의 행위가 해당 규칙에 부합하는가 또는 어떤 행위가 해당 규칙으로부터 벗어나는가를 예측할 수 있다는 점에서 높은 예측가능성 또한 확보할 수 있다. **안전하게 운전하라**라는 규준과 비교해보면 그 차이는 극명할 것이다. 어떠한 규칙이 예측가능성이 높다는 사실은 결과적으로 사회 전체의 효용의 증가를 의미한다. 해당 규칙에 의하여 규율을 받는 수범자들은 자신의 행위를 어떻게 조정해야 하는지 미리 인지할 수 있기 때문에 사전적으로 행동할 수 있고 규칙의 내용과 그 배후에 자리하는 원리 등을 이해하는데 비용과 노력을 소요하지 않고 다른 생산적인 일에 몰두할 수 있도록 도와주기 때문이다. 바꾸어 말하면 지나치게 복잡하고 모호한 규칙은 불평등과 비효율성, 그리고 규칙의 내용을 둘러싼 저마다의 주장이 난립할 것이며, 결과적으로 사회적 갈등이 빚어질 것이다.

다른 한편, 규칙은 몇 가지 치명적인 단점을 가진다. 그 중 하나는 바로 **과소포함**과 **과대포함**의 문제이다. 예를 들어 시속 60km 제한이 모든 상황에서 바람직한 규제가 될 수는 없을 것이다. 평상시에는 잘 작동하는 속도제한 규칙과 차가 전혀 없는 새벽의 속도제한은 같아야 하는가? 만약 그렇지 않다고 생각한다면 시속 60km 제한이라는 규칙은 그것이 필요하지 않은 상황에까지 해당 규칙을 적용하게 되는 과대포함의 문제를 가지게 된다. 또한 도로의 시속 60km 제한이라는 규칙이 어떠한 객체에 적용될 수 있는가에 관하여 과소포함의 문제가 제기될 수 있다. 예컨대 승용차를 넘어 자전거 또는 전동 킥보드에도 해당 규칙이 적용될 수 있을까. 만약 킥보드가 도로 위를 달린다면 시속제한 규칙이 적용되리라 생각되지만 현행 도로교통법이 전동 킥보드에도 적용되는가는 분명하지 않다. 규칙이 가지는 이와 같은 특성은 곧장 규칙의 경직성으로 연결된다. 과대포함과 과소포함 문제를 가지는 규칙은 그것이 사회의 변화에 즉응할 수 있도록 끊임없이 개선해야 하지만, 결코 기술의 진보를 규제가 쫓아가기란 쉬운 일이 아니다. 심지어 기술발전의 관점에서는 포괄적이고 추상적인 규제가 오히려 큰 역할을 하는 경우도 보인다. 일률적인 규제는 피규제자와 피해자 모두가 불만을 가질 수 있는 방식이기 때문이다.[71]

규칙은 비교적 단순하고 뭉툭(blunt)하며 융통성이 없는 방식으로 결정된다. 이러한 방식은 일차적 실천적 추론이 가지는 미묘한 차이와 복잡함을 반영하지 못한다. 심지어 모두가 같은 가치를 가지고 입법자가 그들의 임무를 완벽히 수행하여 이상적인 규칙들을 발효시켰다 하여도, 그 규칙들은 종종 일차적 실천적 추론이 거부하는 행동을 지시하곤 한다. 이럴 때 우리의 일차적 실천적 추론은 입법자의 규칙을 거부하게 되며, 딜레마에 빠지게 될 것이다.[72]

(3) 규제의 수단: 명령통제방식

앞에서 살펴본 규칙의 강점은 그대로 명령통제 방식의 규제 수단의 이점(利點)으로 연결된다. 해당 방식은 높은 명확성에 터 잡아 규제자의 입장에서도 규제의 비용이 낮고 달성여부를 확인할 수 있는 가시성을 확보할 수 있다.[73]나아가서 피규제자가 준수하기 어려운 정도의 규제가 만들어진다 하여도, 그것이 지켜지지 않는다면 해당 규제를 설계한 규제자의 책임이 아닌, 이를 지키지 않은 피규제자에게 책임을 전가할 수 있다는 현실적 이유도 고려하지 않을 수 없다.

---

71) Donald Elliott, "Portage Strategies for Adapting Environmental Law and Policy During a Logjam Era," *NYU Environmental Law Journal*, 17, 2008. 11면.

72) Larry Alexander, "Law and Politics: What is Their Relation?," *Harvard Journal of Law and Public Policy*, 42(1), 2017.

73) 물론, 규제목표 자체가 불투명하기 때문에 규제의 달성 여부 역시 명확하게 확인될 수 없다는 지적도 보인다.

다만, 명령통제방식은 주로 특정 분야를 규율하는 부처의 책임 하에 설계되고 발해지기 때문에, 복수의 영역에 걸쳐있는 복잡한 사안에 적용하기 어렵다는 치명적인 한계를 가진다. 특히, 탈석탄의 경우 그것은 비단 환경 문제일 뿐 아니라, 한 차원 위에서 존재하는 에너지정책, 재산권 보호, 발전소 주변 주민의 건강 및 생명 등 종합적인 *공익*의 차원에서 접근해야 하기 때문에, 오염물질의 규제만을 담당하는 환경부의 권한 및 관할만으로 해당 문제를 해결하기에는 역부족이다.[74] 무엇보다, 안정적인 전력의 수급을 지상 과제로 하는 산업통산자원부와의 이해관계가 충돌하면서 더욱 움직임의 폭이 제한된다는 현실적 한계를 가지기도 한다.[75]

4. 사례: 미국 청정전력계획(Clean Power Plan)

가. CPP의 구조

오바마 당시 대통령은 역대 미국의 대통령 가운데 가장 야심적인 환경·에너지 정책의 추진자로 기억된다. 집권 이후 에너지자립도와 효율의 향상과 같은 기존의 전략을 이어가면서 2013년에 재집권에 성공하자, 당해의 6월, 기후위기에 대응하기 위한 「기후변화 대응 계획」(Climate Action Plan, "CAP")을 선보였다. 그 중에서도 청정전력계획(Clean Power

---

74) 다른 한편 특정 영역에 규제 권한을 집중하는 정부형태가 오히려 독립성과 전문성을 강화한다는 견해로 이어진다는 주장도 보인다. Jody Freeman & Jim Rossi, 앞의 논문. 1142-3면.

75) 다수의 부처 및 관련 조직에 의한 **중복된 권한의 위임**(redundant delegation)의 폐해와 원인, 그리고 이를 **공유된 규제영역**(shared regulation space)으로 전환하여 문제의 해결을 시도하는 문헌으로는, Jody Freeman & Jim Rossi, 위의 논문. 한편, 명령통제방식은 법적 근거를 가지고 특정 부처를 주무기관으로 하는 문제해결 방식을 취하기 때문에, 그로 인한 규제의 파편화가 야기된다는 지적으로는, Michael Hoel, "Coordination of Environmental Policy For Transboundary Environmental Problems?," *Journal of Public Economics*, 66(2), 1997.

Plan, 이하 "CPP")은 자국 내 기존 석탄화력발전소의 탄소배출을 규제하는 연방차원의 기준에 관한 강력한 탄소배출규제계획인 만큼, 다양한 사회적·법적 논쟁을 야기하였다.[76]

해당 계획의 내용은 대략적으로 아래와 같다. 우선, 미국 환경보호청 (Environmental Protection Agency, EPA)은 청정대기법(Clean Air Act, CAA)의 111(d)조에 근거하여 연방차원의 잠정적 그리고 최종적 기준을 제시하고, 각 주(州)들은 다양한 방식을 통해 해당 기준을 만족시킬 수 있도록 노력해야 한다.[77] CPP 하에서 각 주들은 최적의 감축시스템(Best system of emissions reduction, BSER)이라 불리는 다음과 같은 수단을 조합하는 방식을 취할 수 있다: ① 발전소의 열효율을 향상시켜 같은 연료로 더 많은 에너지를 생산하는 방식을 취하거나, ② 탄소배출량이 비교적 낮은 가스복합발전(natural gas combined cycle)을 활용하거나, 마지막으로는 ③ 재생에너지를 확대하는 것이다. 각 주들은 BSER의 방식에 입각하여 달성가능기준(standard of performance)을 도출하여야 하며, 이를 만족시킬 수 있는 구체적인 실행계획을 EPA에 제출하여야 한다. 다만 각 주들의 발전믹스, 보유자원, 기술력 등의 상황이 천차만별이기 때문에 최종안에서는 BSER 외에도 에너지효율의 향상, 수요관리 혹은 주간(州間) 혹은 지역 간의 배출권거래를 허용하는 등, 감축 수단의 폭을 넓혔고, 이러한 수단을 통해 EPA는 2030년까지 2005년 기준 32%의 국내의 발전 부문의 탄소배출량 삭감을 달성할 수 있으리라 예상하였다.

---

76) 오바마 당시 대통령은 CPP를 발표하면서 "미국이 세계적 기후변화에 대응하기 위해 취한 가장 중요한 단일 정책"이라 강조하였다. TIME, "President Obama Takes the Lead on Climate Change," 2015. 8. 6. https://time.com/3987016/president-obama-takes-the-lead-on-climate-change (2022 . 3. 10. 최종방문).

77) 이른바 **협력적 연방주의**(Cooperative Federalism)모델이다. 로버트 클릭스먼 & 제시카 웬츠, "환경을 위한 협력적 연방주의에 대한 수정주의적 이해의 실체" in 칼야니 로빈스 외, 『환경 연방주의의 법과 정책』, 한국법제연구원 옮김, 고시계사, 2016. 25-55면.

나. 법적 갈등

CPP가 기존 석탄화력발전소를 규제대상으로 삼자, 해당 설비를 보유하는 주들은 강하게 반발하였고 결국 법적다툼으로 이어졌다. 2015년 8월 23일, 웨스트 버지니아(West Virginia), 텍사스(Texas), 미시시피(Mississipi) 등 24개의 주와 전력회사, 그리고 석탄업계가 D.C. 순환 항소법원에 CPP를 둘러싼 EPA의 권한을 묻는 소송을 제기하였다.[78] 여기서 쟁점이 된 것은 EPA가 CAA 111조의 해석 및 적용이었다.[79] 원고들은 CAA 111조에 의하면, EPA는 개별 오염원(individual source)의 성능(performance)에 대해서만 규제의 적용을 명할 수는 있으나, CPP는 발전설비와 주의 에너지믹스의 전환과 같은 배출외 사항에 대한 규제를 통해 배출기준을 만족시키도록 요구하고 있기 때문에 그들의 규제권한을 지나치게 넘어섰다고 지적하였다.[80] 즉 BSER 방식에서 말하는 최적의 시스템(Best System)이라는 불확정개념의 모호함에 숨어 각 주의 에너지믹스의 결정에 연방정부가 과도하게 개입한다는 것이다.[81] 이에, EPA는 재량은 문언을 넘어, 목적, 즉 공의 복지와 건강의 측면 또한 종합적으로 반영되어야 한다고 반론하였다.[82]

심리는 2019년 9월까지 지속되었지만, 결론적으로, 차기 정권에서 트

---

78) West Virginia *et al.* v. EPA, No. 14-1146 (D.C. Cir. 2015).
79) 이를 둘러싸고, Chevron판결 이후 불확정개념의 해석에 대한 행정부의 재량이 확고하게 유지되어왔고, 2007년의 Massachusetts v. EPA판결을 통해 CAA를 근거로 자동차 배기가스와 같은 이동식 오염원에 대한 연방정부의 규제 설정이 인정되었으나, 다른 한편에서 고정오염원에대한EPA의규제권한을 둘러싼 2014년의 Utility Air Regulatory Group v. EPA 판결 행정의 규제권한에 대한 엄격한 태도를 견지하였다는 배경을 간과해선 안 된다.
80) Linda Tsang & Alexandra Wyatt, "Clean Power Plant: Legal Background and Pending Litigation in West Virginia v. EPA," *Congressional Research Service*, 2017. 17-9면.
81) Jody Freeman, "Why I Worry About UARG," *Harvard Environmental Law Review*, 9, 2015.
82) Linda Tsang & Alexandra Wyatt, 앞의 논문. 20면.

럼프 당시 대통령이 CPP를 전면 재검토하는 행정명령을 내리고, 이에 따라 EPA는 「적정 청정에너지 계획」(Affordable Clean Energy, ACE)이라는 새로운 환경·에너지정책을 발효시킴에 따라 법원은 심리를 종결하였다.[83]

다. 평가

정권의 교체로 인하여 연방대법원의 판단이 내려지지는 않았지만, CPP에 대한 미국 내에서의 평가는 여전히 양분되어 있다. 해당 정책을 긍정적으로 평가하는 대표적인 논자인 조디 프리먼(Jody Freeman) 교수는 의회의 정체를 문제시하면서 기후위기에 대응하기 위해서 필연적으로 행정부의 적극적인 역할이 요청될 수밖에 없으며, 그 결과 중 하나가 바로 CPP와 같은 행정명령에 의한 정책이라는 것이다. 물론, 그러한 상황에서도 기존 법규를 법적 테두리 안에서 유연하게 해석하여 사회적 문제들을 해결해 나아가야 하지만, 기후위기와 같이 긴급하고 중대한 사안에 있어서는 사법부의 이차적 견제를 신뢰하고 도전적인 법규 해석을 시도할 수도 있다고 주장한다.[84] 하지만 그녀가 다양한 이해관계자의 참여와 대화를 통해 신뢰와 선한 믿음(good faith)을 구축하고, 이를 행정부의 적극적 개입의 근거로 삼는 부분은 적절한 지적이 필요한 듯 보인다.[85] 한편으로, 프리먼 교수는 행정명령을 통한 정책의 취약성과 아이러니에 대해서도 언급한다. 그녀가 오바마 행정부에 직접 참여하여 적극적인 환경규제를 설계한 경험을 가지는 점, 그리고 이후 정권이 교체된

---

83) VOX, "Trump's EPA just replaced Obama's signature climate policy with a much weaker rule," 2019. 5. 19. https://www.vox.com/2019/6/19/18684 054/climate-change-clean-power-plan-repeal-affordable-emissions (2022. 3. 10. 최종방문).

84) 프리먼 교수는 이러한 삼부간의 관계를 협력적 관계로 포착하여, **협력적 거버넌스**(collaborative governance)의 개념을 제안한다. Jody Freeman, "Collaborative Governance in the Administrative State," *UCLA Law Review*, 45(1), 1997.

85) 예컨대, 무엇이 선한 믿음인가에 대한 물음이 그것이다. Breman Andrew, "Moral Pluralism and the Environment," *Environmental Values*, 1(1), 1992.

이후 트럼프 정부가 또다시 행정명령으로 이전 정권의 환경규제를 뒤집은 점을 꼬집어, 행정명령은 의회를 거친 법률의 제정처럼 많은 시간과 노력이 요구되지 않지만 그만큼 정권의 교체에 의한 번복이 용이하다는 불확실성을 가진다는 것이다.[86]

한편, CPP에 대한 부정적 견해를 소개함에 있어서는 해당 정책을 직접적으로 비판하기보다, CPP가 가져온 행정국가의 강화라는 측면에 좀 더 조명하고자 한다. 이처럼 논점을확대하면 그 비판의 선봉에 서 있는 논자로는 리처드 앱스테인(Richard Epstein) 교수를 꼽을 수 있을 것이다. 그는 효과적인 환경보호를 위해선 재산권의 설정과 보호를 바탕으로 시장이 결정할 수 있도록 위임하는 소위 **시장 환경주의**(Market Environmentalism)를 주창한다.[87] 그는 뉴딜 시대 이후, 정부의 해석 재량이 넓게 인정되고 그에 따른 규제 권한이 과도하게 확장되면서 행정국가의 시대로 접어든 결과, 자유시장경제와 사적 권리가 침해될 수밖에 없다고 우려하며,[88] 조금 더 나아가면, 그것이 법의 지배를 위협할 수도 있다고 지적하기도 한다.[89]

생각건대, 일반론적 관점에서 기후위기 대응은 국가가 적극적으로 법률과 사실관계에 개입하고 불확실성으로 대변되는 위험사회에 대응한다는 측면에서 사회 구성원 개개인의 권리와 의무에 크고 작은 영향을 미칠 우려가 다분하다. 다시 말해, 법률을 통한 명확성의 원칙의 철저가 전제되어야 할 것이다. 이러한 맥락에서 입법부를 거치지 않고 하위법령에 본질적 사항을 규정하거나 법규의 확장적 해석을 토대로 한 규제 재

---

86) Jody Freeman, "The Limits of Executive Power: The Obama-Trump Transition," *Nebraska Law Review*, 96, 2017. 545면.

87) Richard Epstein, "Modern Environmentalists Overreach: A Plea for Understanding Background Common Law Principles," *Harvard Journal of Law and Public Policy*, 37(1), 2014. 32-3면.

88) Richard Epstein, "The Perilous Position of the Rule of Law and the Administrative State," *Harvard Journal of Law and Public Policy*, 36(1), 2013. 8-10면.

89) 위의 논문. 7-8면.

량의 과도한 행사는 가능한 한 지양되어야 마땅할 것이다. 이는 앱스테인 교수의 지적이 설득력을 가지는 부분이다.

그럼에도 불구하고, 행정청이 불확정개념을 해석함에 있어서 만약 그것이 국민의 기본권을 침해하고 법률에서 규정되어야 할 본질적인 내용을 위반한 경우라면 당연히 사법심사의 대상이 되지만, 환경·에너지 영역의 특성으로 말미암아 급변하는 이해관계와 기존의 법률이 지나치게 추상적으로 규정하고 있거나 법률에서 상정하지 못한 문제가 발생하기에 행정청이 재량에 터 잡아 기존의 해석례 혹은 아직 확립되지 아니한 해석을 제시하는 시도 그 자체가 잘못되었다고 단언하기는 힘들 것이다. 행정청은 법률에 의한 뒷받침이 이루지지 않는 문제에 대해서도 적극적으로 나서야 하며, 이를 위하여 인적·물적 자원을 갖추고 있기 때문이다.[90] 요컨대, 기존의 법률과 해석범위 내에 행정 활동이 엄격하게 머물러야 한다는 주장은 현실에서의 문제해결에 어떠한 공헌도 하지 못한다고 판단된다.

---

90) Jody Freeman & David Spence, 앞의 논문. 77, 81면.

제3절 사법부는 충실한 대리인인가?

1. 정치적 행위자로서의 사법부

통상적으로 사법은 다수의 의사가 우위를 점하는 정치의 영역과 분리된 진공의 영역에서 권리와 정의를 추구하기 위한 독립성을 미덕으로 삼는다. 다만, 사법의 판단이 정치적 압력 또는 내밀한 약속 등에 의해 좌지우지되는 **사법의 정치화**는 물론, 정치적 사안이 그 범위 내에서 해결되지 못하고(또는 정치적 매듭에 불복하여) 사법의 문을 두드리는 **정치의 사법화** 모두 우리 사회에 실재하는 문제임에 틀림이 없다.[91] 위와 같은 현실이 규범적으로 옳은가의 여부는 별도로 하더라도 법원의 판단이 단순히 특정 사안에 대한 종국적인 결말을 맺는 것이 아니라 그로 인해 또 다른 정치적 행위가 수반됨은 이미 주지의 사실이다.[92] 그 중에서도, 정치의 영역에서 일단의 결론이 내려지고 이에 따라 사회 구성원의 행위가 조정되어야 마땅한 사안들이 의회의 정체와 공백으로 인해 사법의 영역으로 사안의 해결을 요청하는 경향을 지적하지 않을 수 없다.

이러한 흐름의 예시적 현상이 바로 **현대형(現代型)** 소송의 부상이다. 그로 인하여, 법원이 정치적 사안에 개입할 여지가 넓어졌으며 실제로 이를 요구하는 움직임이 강화되고 있음을 확인할 수 있다. 다만 과연 법원이 그러한 역할, 즉 정치적 행위자로서 자리매김할 제도적 여건을 가지는가에 대해서도 비판적으로 살펴볼 것이다.

---

91) Seongwook Heo, "The Politicization of the Judiciary in Korea: Challenges in Maintaining the Balance of Power," in Gi-Wook Shin & Ho-Ki Kim (eds.), *South Korea's Democracy in Crisis: The Threats of Illiberalism, Populism, and Polarization*, Shorenstein Asia-Pacific Research Center, 2022. 142-4면.

92) 오늘날 법원의 법적 판단은 더 이상 분쟁의 마지막이 아니라 또 다른 정치적 그리고 사법적 판단의 시작으로 작용하고 있다. 특히 이는 정권의 교체로 인해 촉발되곤 한다. 위의 책. 154면.

2. 현대형(現代型) 소송의 등장

가. 현대형(現代型) 소송의 부상

본래 소송은 분쟁 해결을 위한 메커니즘이었지만, 오늘날 그 경계를 넘어 국가의 정책에도 지대한 영향을 미치고 있다. 이와 같은 소송의 기능과 역할의 변화는 **현대형 소송**이라는 개념으로 설명될 수 있다.[93] 현대형 소송의 부상에는 두 가지 주요한 배경을 꼽을 수 있다. 하나는 국가의 사회·정치·경제 체제의 변화이다. 대표적으로 자본주의가 발달하고 빈부의 격차와 불평등의 심화, 그로 인한 자유와 평등의 축소라는 병폐가 나타나면서 국가에 의한 시민들의 후생과 복지에 대한 개입의 필요성이 증가하였다. 그에 따라 사회입법이 폭증하고 권리와 자유를 둘러싼 법적 분쟁이 늘어나게 된 것이다.[94]

다음으로, 다원주의의 흐름과 함께 사회적 단위가 개인에서 집단으로 이행하면서 이익집단이 정책의 형성에 지대한 영향력을 미치는 **이익집단 자유주의**를 비판하고, 그 대안으로 **사법적 민주주의**(juridical democracy)가 부상하였다.[95] 조셉 삭스(Joseph Saxs) 교수는 법원이 이익집단에 포획된 행정의 판단을 재고하여, 간과된 환경의 가치를 보호할 수 있다는 주장을 펼친다.[96] 그에 따르면, 법관은 **외부자**(outsiders)로서의 시야를 가지기 때

---

93) **현대형 소송**이라는 용어는 일본의 학자들에 의해 주로 사용되지만 그 특성이 아래에서 설명하는 기후소송의 특성을 드러내기에 적합하다고 고려되어, 이하에서 차용하고자 한다. 新堂幸司, 『現代型訴訟とその役割』, 有斐閣, 1993.; 六本佳平, 『現代型訴訟とその機能』, 裁判の現状と研究課題 シンポジウム, 1991.

94) **새로운 재산권**(New Property)의 등장을 생각해볼 수 있다. Charles Reich, "The New Property," *The Yale Law Journal*, 73(5), 1964.

95) Theodore Lowi, *The End of Liberalism*, 2nd Edition, Norton, 1979. 36-9면.; Steven Croley, "Theories of Regulation," *Columbia Law Review*, 98(1), 1998.

96) 삭스 교수는 법원이 복수의 가치가 대립하는 문제의 해결을 요청받은 상황에서 취할 수 있는 전략은 **공공선택이론**, **입법적 방면**(legislative remand), 그리고

문에 정치인과 산업계 등으로부터의 압박과 로비에서 자유롭기 때문이다.[97] 유사한 맥락에서, D.C. 항소심의 해롤드 레벤탈(Harold Leventhal) 판사는 "환경문제를 다루지 않는 행정기관이 환경에 대한 영향을 경시한 결정을 내린 경우, 법원은 의심의 눈으로 검토해야 하고, 특별한 정당화를 요구해야 한다"고 강조한다.[98]

이처럼 국가에 의한 급부행정에 의존하는 국민들이 증가함에 따라, 법적으로 보장된 자신의 권리를 보다 철저히 수호하고자 하는 입장과 지금보다 더 많은 권리를 보호해야 한다는 주장, 그리고 반대로 확대되는 권리의 보장으로 인하여 오히려 자신의 권리가 침해된다고 주장하는 견해가 다층적으로 구성되었고, 그 갈등의 해결을 법원에게 요청하는 경향이 뚜렷하게 나타나게 된 것이다. 즉 소송의 대상과 주체에 변화가 발생하였을 뿐 아니라, 그로 인한 법원의 역할과 사법적 판단의 영향에 커다란 전환점이 마련된 것이다. 예컨대 현대형 소송의 발원지로 여겨지는 미국에서는 **공법소송**(public law litigation)이라 불리는 유형이 공법학자들을 넘어, 다양한 법영역에서 연구의 대상이 되고 있다.[99]

입법적 지체(legislative moratorium)가 있다고 한다. 그 중에서도 **입법적 방면**은 일단 공공선택이론에 기초하여 환경적 가치의 훼손을 예방한 후, 해당 쟁점에 대한 입법적 해결을 요청하는 방식이고, **입법적 지체** 또한 유사한 맥락에서 과학적 뒷받침이나 입법적 추인을 요구하는 방법이다. Joseph Sax, *Defending the environment: A strategy for citizen action*, Knopf, 1971. 175-92, 193-211면.; William Butler & Roderick Cameron, "Book Reviews: Defending the Environment," *California Law Review*, 58(6), 1970. 1501-2.

97) Joseph Sax, 앞의 논문. 108-10면.

98) Harold Leventhal, "Environmental Decisionmaking and the Role of the Courts," *University of Pennsylvania Law Review*, 122(3), 1974.

99) Abram Chayes, "The Role of the Judge in Public Law Litigation," *Harvard Law Review*, 89(7), 1976. 공법소송의 한 유형으로 **공익소송**을 꼽을 수 있다. 자세히는 김태호, "공익소송과 행정소송," 행정판례연구 제22권 제2호, 2017. 75면.

나. 현대형 소송의 함의

지금까지 법원은 권리 및 의무를 둘러싼 개인 간의 분쟁을 주로 담당하였지만, 현대형 소송은 법원으로 하여금 정책형성의 장으로 영향력을 확장하도록 허용하였다. 즉 오늘날 법원에게 주어지는 많은 분쟁들은 단순히 눈앞의 당사자들 간의 사적 분쟁을 넘어, 소송절차가 종결된 이후에도 해당 판결로 인하여 수많은 미래의 당사자들이 영향을 받게 되었으며, 당해 쟁점과 관련된 정부 및 그 외의 공적 기관들의 정책에도 강력한 고려요소로 작용하게 되었다.[100] 특히, 이익의 다극화로 인하여 공익 판단의 문제가 범람하고 있는 상황에서 서로 다른 종류와 다른 층위의 이익이 끊임없이 부딪히고 서로가 서로를 한계지우는 상호작용을 피할 수 없게 되었다. 탈석탄 문제가 일차원적으로는 공익과 사익의 대립으로 보이지만, 그 속에서는 수많은 사익들과 공익들이 서로 얽혀있는 것과 마찬가지로 말이다. 이러한 법원의 기능은 더 이상 사법판단의 영역에만 머무르지 않고 입법과 행정, 그리고 사법의 국가작용 전반에 영향을 미치게 된다.[101]

이로써 법원은 **분쟁해결 기능**과 함께 **정책형성 기능**을 동시에 가지게 되었다.[102] 위와 같은 변화를 수용하는가의 여부와 별개로, 그것은 이미 현실 세계에서 존재하는 상황인 바, 여기에 관한 규범적 물음을 떠올리지 않을 수 없다.[103] 한 가지 유념할 것은 현대형 소송으로 인하여 법원이 **일종의** 정책형성적 기능을 담당하게 되면서 그들이 내리는 판단

---

100) 新堂幸司, 『現代型訴訟とその役割』, 有斐閣, 1993. 297면.
101) 최종화, "공익의 법문제화," 서울대학교 법학 제47권 제3호, 2006.
102) 이정환, "현대형 소송의 문제점과 그 대책," 영남법학 제38호, 2014. 소송의 **정책지향적 기능** 또는 **정책지향적 소송**은 "장래에 발생할 것이라 여겨지는 다수의 잠재적 당사자의 이해관계에 관한 판단이지 때문에, **옳은** 또는 **바람직한 제도** 또는 정책을 고려해야 한다"고 설명할 수 있다. 平井宜雄, 『法政策學』, 제2판, 有斐閣, 2000. 6면.
103) 대표적으로 조홍식, 앞의 책(2010).

의 내용의 변화와 함께, 법원과 법관이 민주주의와 법의 지배, 그리고 삼권분립이라는 전통적 이념 아래에서 어떠한 기능을 담당해야 하는지에 관한 치열한 고민이 이루어져야 한다는 것이다.[104]

다. 기후위기의 맥락에서 바라본 현대형 소송

현대형 소송이 나타나는 주요한 영역 중 하나는 단연 환경 분야일 것이다.[105] 환경 이익을 침해하는 공공정책을 저지하기 위한 환경행정소송, 예방적 금지소송, 그리고 환경집단소송이 대표적이다.[106] 여기서 한 발 더 나아가면, 기후위기의 등장으로 인한 **기후소송**이라는 새로운 분야의 탄생을 소환하는 경향이 나타나고 있는 바, 여기에 관해 살펴본다.

(1) 기후소송의 등장

소송이라는 수단이 처음부터 기후위기에 대응하기 위한 최적의 수단

---

104) 平井宜雄는 법관이 정책지향적 소송으로 구분되는 **목적-수단 결정모델**과 기존의 **법적 결정모델** 사이에서의 딜레마에 놓인다고 지적한다. 상게서. 46면. 본문에서 **일종**의 정책형성적 기능을 강조한 것은 법원이 종래에도 정책형성적 판단을 내려왔음을 지적하기 위함이다. 예컨대 정책의 형성을 사회적 문제의 해결을 바라는 국민적 염원이 국회에서의 논의에 반영되고 민주적 절차를 거쳐 법률이 만들어지면, 이를 바탕으로 행정에서 구체적인 정책 및 규제가 발현되는 과정을 생각하기 쉬우나, 기실 의회에서의 법률의 제정은 주로 일반성의 차원이 높은 규칙들인 까닭에 때로는 침묵하거나 때로는 상충되는 경우도 이따금 부정하기 힘들다. 그러한 경우에는 법원이 스스로 규칙을 창조하여 사안에 대응할 수밖에 없는 바, 이를 법원에 의한 법률의 형성 또는 넓은 의미에서의 정책형성적 기능이라 살필 수 있을 것이다. 공법소송을 다루는 아브람 체이스(Abram Chayes)의 논문의 제목이 **공법소송에서의 법관의 역할**(The Role of the Judge in Public Law Litigation)임을 고려하면 더욱 법원과 법관이 어떠한 태도를 취해야 할 것인가에 대한 물음은 중요성을 더할 것이다.
105) 김현준, "환경법과 공법," 환경법연구 제39권 제3호, 2017.
106) 박효근, "환경행정소송의 제기요건과 본안심리," 법제 2009. 1.

으로 여겨진 것은 결코 아니며, 국내 또는 국제적인 노력이 좀처럼 작동하지 않은 현실에 대한 반작용으로 보인다.[107] 이와 같은 좌절적 상황 속에서 미국 등의 몇몇 소송에서 환경과 인권에 대한 존중을 강조하는 판결이 선고되면서, 소송을 통한 기후위기의 저지가 새로운 수단으로 각광을 받게 되었다.[108]

기후소송은 국내에서 명확한 개념규정이 이루어지고 있지 않은 듯 보인다. 한편에서는 이를 "국가를 상대로 한 공법소송(헌법소송·행정소송)과 기업 등을 상대로 한 사법소송(민사소송·상사소송)으로 대별할 수 있고, 온실가스 감축목표, 감축 거버넌스, 감축 규제조치, 특정배출원의 배출 허용 저지 등 기후변화의 **원인**과 관련한 소송 유형과 피해 및 피해 확산에 대한 대응조치, 배상·보상 등 기후변화의 **결과**와 관련한 소송"으로 구분하곤 하지만,[109] 통상적으로 국내에서는 **정부가 기후위기에 적극적으로 대응할 헌법상 의무가 있음에도 불구하고 이를 결여하여 기본권의 침해로 이어지는 헌법소원 또는 위헌법률심사**로 여겨지는 듯 보인다.[110] 다만 기후위기 자체가 매우 넓고 복잡한 분야라는 점에 착목하면,

---

107) Michael Gerrard, "Sadly, the Paris Agreement Isn't Nearly Enough," The Environmental Forum, Environmental Law Institute, 2016. 11/12.; Raymond Clémençon, "The Two Sides of the Paris Climate Agreement: Dismal Failure or Historic Breakthrough?," *The Journal of Environment & Development*, 25(1), 2016.

108) Office of Communication of the United Church of Christ, Petitioner, v. Federal Communications Commission and United States Of America, Respondents, 465 F.2d 519 (D.C. Cir. 1969).; Scenic Hudson Preservation Conference v. Federal Power Commission, 453 F.2d 463 (1971).; City of Los Angeles v. NHTSA 912 F.2d 478 (D.C. Cir. 1990).

109) 해당 분류는 아래의 문헌에서 차용한 것이다. 김태호, "기후변화 헌법소송의 논리 -독일 헌재 위헌결정 법리의 비교법적 함의를 중심으로-," 저스티스 통권 제186호, 2021. 12면.

110) 기후소송이란 키워드로 검색되는 법학 문헌들 가운데, 헌법소송에 관한 것들이 주를 이룬다. 예컨대 이재희, "기후변화에 대한 사법적 대응의 가능성: 기후변화 헌법소송을 중심으로," 저스티스, 통권, 제182-2호, 2021.; 박시원, "기후변화와 인권침해소송 -Urgenda 고등법원 판결을 중심으로," 환경법과 정책 제

특정 행위자 또는 정부에 의한 그리고 특정 영역에서의 소송만을 기후위기와 관련된 **기후소송**이라고 지칭하기는 힘들다는 귀결은 어쩌면 당연한 논리일 것이다.[111] 심지어는 인간의 활동에 관계된 모든 소송이 궁극적으로는 기후소송으로 포섭될 수 있다는 견해로 나아가기도 한다.[112]

기후소송의 구체적 유형화를 시도한 연구에 의하면, 기후소송은 4가지 범주로 구분된다. 가장 넓은 영역은 **기후변화와 직접적으로는 관계되어 있지 않지만 간접적인 영향을 미칠 수 있는 소송**이라 한다. 예를 들어, 미국에서의 셰일가스 파쇄(fracking) 사례가 거론될 수 있을 것이다. 우리의 경우에는 2019년 발생한 포항 지진으로 인한 지열발전소 소송을 떠올릴 수 있다. 다음으로는 **기후변화 대응을 동기로 하지만 구체적으로 언급은 하지 않는 소송**이다. 여기에는 석탄화력발전소의 인·허가 및 건

23권, 2019.; 박태현 & 이병천, "'커먼즈'로서 기후시스템과 공공신탁법리 -기후변화소송을 소재로-," 법학논총 제40권 제2호, 2016.; Gerd Winter, "기본적 자유권의 세대간 효과: 독일 연방헌법재판소의 기후보호를 위한 노력," 환경법연구 제43권 제3호, 2021.; 박시원 & 박태현, "기후변화와 국가의 책임- 최근 정부에 온실가스 감축 상향을 명한 네덜란드 판례를 중심으로," 환경법과 정책 제15권, 2015.; 김영수, "독일 연방 기후보호법의 분석 및 2021년 3월 24일자 연방헌법재판소의 동 법률 일부 위헌결정과 그 후속 논의," 법학논문집 제45권 제2호, 2021. 물론 그것이 기후소송의 전부는 아니다. 헌법 외적 측면에 착목한 문헌으로는 최지현, "기후 변화 관련 해외 소송 사례 및 시사점-배출권 거래제를 중심으로-," 환경법연구 제38권 제1호, 2016.; 박규용, "독일의 기후변화 소송에서의 민사책임," 법학연구 제48권, 2012.; 허성욱, "기후변화 시대의 불법행위법-기후변화 대응 정책수단으로서 불법행위소송의 장·단점 및 발전방향에 관한 소고-," 사법 통권 제21호, 2012.; 박태현, "기후변화소송과 파리협정," 환경법과 정책 제23권, 2019.

111) 기후소송의 범위를 극단적으로 넓히는 관점에서 바라보면, 기후위기가 인류의 사회·경제적 시스템 전반에 걸쳐있는 까닭에, 모든 소송이 기후소송의 일부라고 포섭하는 견해도 보인다. Chris Hilson, "Climate Change Litigation in the UK: An Explanatory Approach" in F. Fracchia & M. Occhiena (eds.), *Climate Change: La Ripostadel Diritto*, Editoriale Scientifica, 2010.

112) Jacqueline Peel & Hari Osofsky, *Climate Change Litigation: Regulatory Pathways to Cleaner Energy*, Cambridge University Press, 2015. 4-5면.

설 등에 관한 문제가 예시로 거론되곤 한다. 그리고 **기후변화를 주변적 쟁점으로 삼는 소송**으로, 배출권거래제를 둘러싼 소송이 바로 그것이다. 마지막으로, **기후변화를 핵심적 쟁점으로 삼는 소송**을 꼽을 수 있는데, 이는 위에서 언급한 헌법소원이 해당된다고 볼 수 있겠다. 특히 해당 유형의 기후소송이 근래에 자주 제기되고 있으며, 네덜란드 우르헨다(Urhenda) 소송113)과 독일 헌법재판소가 「연방기후보호법」114)의 일부 조항에 대하여 헌법불합치 판단을 내린 사례가 대표적이다.115)

[그림 10] 기후소송의 범위

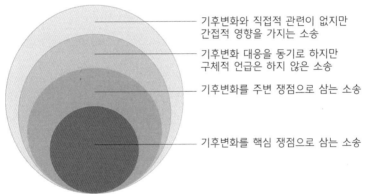

기후변화와 직접적 관련이 없지만 간접적 영향을 가지는 소송

기후변화 대응을 동기로 하지만 구체적 언급은 하지 않은 소송

기후변화를 주변 쟁점으로 삼는 소송

기후변화를 핵심 쟁점으로 삼는 소송

출처: Jacqueline Peel & Hari Osofsky, 2015

---

113) Urgenda Foundation v. The Netherlands, HR, 20 Dec. 2019, ECLI:NL:HR:2019:2007. 해당 판결의 항소심에 관한 국내 문헌으로는 박시원, "기후변화와 인권침해 소송 -Urgenda 고등법원 판결을 중심으로," 환경법과 정책 제23권, 2019.
114) Bundes-Klimaschutzgesetz, 2019. 12. 18.
115) BVerfG Beschluss vom 24. 3. 2021, 1 BvR 2656/18, 1 BvR 96/20, 1 BvR 78/20, 1 BvR 288/20, 1 BvR 96/20, 1 BvR 78/20. NVwZ 2021, 951 = NJW 2021, 1723 = ZUR 2021, 363 = DVBl 2021, 808. 이와 관련하여 국내에서 사단법인 선과 강원대학교 환경법센터에서 개최한 "독일 연방헌법재판소 연방기후보호법 위헌 결정 심포지움"이 개최된 바 있다.

기후소송이라는 카테고리의 소송유형이 세계적으로 확장일로에 서 있지만,[116] 해당 용어 자체에 대한 부정적인 견해도 존재한다.[117] 만약 석탄화력발전소 관련된 소송이 제기된다고 하여도 원고들이 기후위기의 심각성이나 대응의 필요성을 염두에 두지 않는다면 그것이 기후위기에 간접적으로나마 연결된다고 해석할 수 있음에도 불구하고 과연 기후소 송이라는 카테고리에 포섭될 수 있을 것인가라는 물음이 바로 그것이다. 만약 원고가 석탄화력발전소의 가동으로 인한 대기오염 등과 같은 환경 적 피해가 그들을 소송으로 인도하였다면 더욱 그러하다.[118]

(2) 기후소송의 영향

우리가 소송을 법적 분쟁의 해결수단으로 채택하면서부터, 그것이 사 회의 변화에 커다란 역할을 해왔음을 부정하기는 힘들 것이다. 바꾸어 말하면, 의회와 행정이라는 다른 국가기관이 실패 또는 반대하는지의 여 부와는 상관없이, 법원은 우리 사회의 권력관계를 재편할 수 있는 강력한 힘을 부여받아왔다.[119] 여기서 언급하는 강력한 힘은 **사법적 경로**(judicial path)와 **비사법적 경로**(extra-judicial path)를 통해 발휘될 수 있다.[120] 전자 는 직접적 영향 그리고 후자는 간접적 영향으로 환언될 수 있을 것이다.

직접적 영향은 주로 법원의 헌법해석과 법률해석을 통하여 정부의

---

116) 세계적으로 제기되고 있는 기후소송에 관한 자료는 아래의 웹페이지를 참고 할 수 있다. Climate Change Litigation Databases http://climatecasechart.com /climate-change-litigation. (최종방문 2021. 3. 15.).

117) J. B. Ruhl & David Markell, "An Empirical Survey of Climate Change Litigation in the United States," *Environmental Law Reporter*, 47(7), 2010.

118) 위의 논문. 10647면,

119) 이러한 관점에 선다면 법원은 한없이 **동적인**(dynamic) 동시에 **정치적인**(political) 국가기관으로 비춰진다. Gerald Rosenburg, *The Hollow Hope*, The University of Chicago Press, 2nd Eds, 2008. 2면.

120) 양자의 구분은, 위의 책. 7-8면.

행정행위, 정책 또는 규제를 다시금 심사할 수 있는 기회를 제공하고, 그 결과로서 내려진 법적 판단이 가지는 힘에 유래한다. 앞에서 강조하였듯이 법률 그리고 헌법은 급속도로 변화하는 사회적 여건에 유연하게 적응하기 어려운 속성을 가진다. 그리하여 기존의 헌법 및 법률을 통하여 이행된 정책 및 행정행위가 실제로는 사회적 문제를 심화시키는 일종의 괴리가 발생하곤 한다. 이처럼 사전적 규제가 작동하기 어려운 상황에서 소송과 같은 사후적 규제가 역할을 하는 것이다.[121] 후자의 비사법적 경로이자 간접적 영향은 크게는 비용과 리스크의 증가 그리고 사회적 규범 및 가치의 변화를 꼽을 수 있다. 전술하였듯이 기후소송은 그 승패의 여부와 상관없이 종종 사회적 관심을 환기시키는 목적으로 제기되곤 한다. 그렇다면 자연스럽게 특정 정책 및 계획 등이 가지는 사회적 영향, 특히 그로 인한 온실가스의 배출 등에 마주하게 되고, 사회가 그 심각성에 공감한다면 비로소 본격적으로 **사회적 문제**로서의 지위를 획득하게 된다. 그 과정은 주로 제소, 법원의 심리, 판결 등의 단계에 대한 미디어의 정보제공 또는 학술적 논의 등을 통해 활성화될 수 있다. 그 결과, 특정 개발행위 및 설비건설 등에 대한 사회적 분위기 자체가 부정적으로 변화할 가능성도 간과할 수 없다.[122] 만약 그렇게 된다면 해당 개발 등에 대한 규제비용 및 인·허가 취득을 위한 비용이 더욱 늘어나게 될 뿐만 아니라 금융리스크의 상승으로까지 이어질 수 있기 때문이다.[123] 이러한 변화는 궁극적으로 해당 개발행위 및 설비건설 등을 영위하는 사업자의 수익의 하락, 정부 규제의 강화, 기업 및 개인의 책임의 강조 등의 결과를 이끌어 낼 수 있는데, 실제로 오늘날 ESG를 비롯한 흐름이 이와 유사한 영향을 미치고 있음이 설득력을 더한다.[124]

---

121) Jacqueline Peel & Hari Osofsky, 앞의 책. 18면.
122) 사회규범의 창출은 소송의 대표적인 사회적 효과 중 하나이다.
123) 석탄화력발전소가 전형적인 사례이다. 기후솔루션, "석탄화력 정책과 외부비용의 내부화 전략," 2020. 9.
124) 근자의 사례를 살펴보자면, 2020년 12월 11일 선고된 대한민국 정부와 중화인

(3) 기후소송에 대한 평가

기후소송은 사법이 적극적으로 정책형성의 장에 참여하여 우리 사회가 앞으로 나아가야 할 방향성에 관한 논의에 영향력을 행사해야 한다는 **사법적극주의**의 관점에서 정당화될 수 있다. 물론 오늘날의 정치가 왕왕 어려운 선택을 내리기 보단 시간이 모든 것을 해결해준다는 식의 논리의 뒤에 숨어서 결단을 뒤로 미루는 행태를 보였다는 지적에 통감하지 않을 수 없다.[125] 그럼에도 불구하고 "법원이 가치의존적 사안의 해결자로 나서는 것은 개별 사안에 대한 올바른 판단을 내릴 수 있는가?" 나아가서 "**올바른 판단**이라는 것이 존재하는가? 설사 존재한다하여도 그것을 법원이 식별하고 추구할 수 있는가?"라는 물음과 함께 "그러한 문제의 해결방식이 과연 법의 지배라는 우리 사회의 지도 이념과 부합하는가?"라는 질문을 제기한다. 결론부터 말하자면, 사법부의 제도적 한계는 여기에 대한 우리의 태도를 회의적으로 만든다.

3. 사법부의 제도적 한계

가. 사법의 민주적 정통성

법원의 민주적 정통성의 결여를 지적하지 않을 수 없다. 입법부는 물

민공화국을 상대로 제기된 미세먼지로 인한 건강침해에 대한 손해배상청구(서울중앙지판 2020. 12. 11. 선고 2017가합23139)와 아직 제기되지는 않았지만 2030년 온실가스 감축 목표를 규정한 「탄소중립기본법 시행령」 제3조 제1항이 5세 미만 아이들의 생명권과 행복추구권을 침해한다는 헌법소원이 대표적이다. 전자는 우리 법원이 재판관할권을 가지지 않는 대상에 대한 소송을 제기하고, 후자는 기후위기가 세대 간 문제임을 상기시키는 시도이다. 이러한 소송 및 헌법소원은 결과 그 자체보단 사회적 주목을 끌고, 이를 쟁점화시키려는 목적을 더욱 두르러지게 보여준다.

125) Pierre Rosanvallon & Arthur Goldhammer, *Counter-Democracy Politics in an Age of Distrust*, Cambridge University Press, 2008. 233면.

론, 행정부조차 대통령을 정점으로 하는 민주적 정통성을 간접적으로나마 갖추고 있다고 파악되곤 한다. 그렇기 때문에 행정의 판단은 재량이라는 수단을 통해 존중되어야 마땅하지만, 법원이라는 조직은 민주성과는 거리가 멀다. 즉 불특정다수에 대한 가치판단의 주체가 되기는 힘들다는 것이다.[126]

나. 법원 조직 자원의 한계

법원이 가치판단의 주체가 될 수 있는가라는 물음에 관한 부정적인 입장은 주로 법원이 그러한 조직적 능력을 갖추지 못하였다는 견지에서 내세워진다.

우선, 현대형 소송의 특징 중 하나로 과학기술의 발달로 인한 사회의 세분화와 가치의 첨예화를 지적한 바 있다. 이러한 경향에 따라 법원의 문을 두드리는 분쟁의 대부분은 상당히 전문적이거나 가치의존적인 사안임을 부정하기 힘들다. 또한, 정책형성을 실효적으로 이끌어내기 위해서는 다양한 인적·물적 자원이 필요한데, 사법부가 가용할 수 있는 자원은 입법부와 행정부의 그것에 비하여 현저하게 부족하다.[127] 무엇보다, 이러한 자원을 법원이 자력으로 확보하기 어렵다는 점도 간과해선 안 된다.[128] 그렇기 때문에 법원은 업무의 효율성의 측면에서도 소송당사자의 변론과 채택된 증거에 의존하게 된다.

---

126) 여기에 관해서는 수많은 문헌이 축적되어 있다. 가령, 존 하트 일리, 『민주주의와 법원의 위헌심사』, 전원열 옮김, 나남출판, 2006.; 조홍식, 앞의 책(2010).
127) David Woodward & Ronald Levin, "In Defence of Defence: Judical Review of Agency Action," *Administrative Law Review*, 29, 1979.
128) 해밀턴의 지적과 같이, 법원은 칼도 지갑도 없는, 가장 덜 위험한 기관이며, 거꾸로 말하면 법적 문제의 판단 외에 관해서는 가장 약한 기관이기도 하다.

다. 소송 메커니즘의 한계

(1) 사후적·수동적 구조

소송은 특정하고 구체적인 사안이 발생한 이후 그것이 법적 문제로서 구성되어 법원에게 의뢰되어야지만 시작되는 사후적·수동적 구조를 가진다. 그렇기 때문에 구체적인 법적 문제로 구성되지 않는 문제에 관한 요구는 애당초 사법판단의 무대에 오르지도 못할 뿐 아니라 설사 오른다고 하여도 법원의 적극적인 판단을 받아내기 어렵다.[129] 즉 대립당사자 간의 구체적이고 개별적인 가치와 이익으로 인한 법적 분쟁만이 재판의 대상이 될 수 있는 것이다. 불특정 다수의 이해관계가 얽혀있는 정책문제나 장래에 발생할 수 있는 추상적인 논쟁은 대부분 재판의 대상으로 여겨지지 못한다.[130] 물론 이와 같은 구분 자체가 쉽지 않을 뿐더러 과거에는 불특정 다수의 추상적인 가치의 문제로 여겨졌던 분쟁이 오늘날에 이르러서는 특정화되는 경우가 발생하는 만큼, 문제는 더욱 복잡해진다.[131]

(2) 당사자 대립주의

소송은 당사자 간이라는 범위 내에서의 분쟁을 판단하는 개별적이고

---

129) 예컨대, 원자력발전소와 관련된 소송의 경우, 몇 가지 위법적 요소가 발견되었음에도 불구하고 공공복리에 비추어 사정판결이 내려지곤 한다. 최효재, "원자력발전 관련 환경행정소송에서 원고적격 및 사정판결의 요건 — 서울행정법원 2019. 2. 14. 선고 2016구합75142 판결 —," 법학평론 제10권, 2020.

130) 해당 논지는 원고적격에 관한 논의로 확장된다. 미국 연방헌법 제3조는 **사건성과 쟁송성**(cases and controversies)으로 사법적 관련성을 제한하고 있으며, 우리도 그 영향을 받은 것으로 보인다. 헌결 2009. 4. 30. 2006헌바66.

131) 환경쟁송에 있어서의 원고적격과 처분대상의 확대가 대표적인 사례이다. 예컨대, 대판 1998. 9. 4. 선고 97누19588 (영광원자력발전소사건).

사적인 절차이다. 여기에는 두 가지 쟁점이 존재한다. 하나는 당사자 외에는 철저히 배제된다는 점이고, 다른 하나는 당사자의 지위를 획득하는 것조차도 결코 쉬운 과제가 아니라는 점이다. 법원은 다수의 이해관계인을 포괄하는 일반적 정책형성에 직·간접적으로 개입할 수 없으며, 복잡한 이해관계에 대한 충분한 정보를 파악할 수단과 방법 등을 결여하기에, 이를 적확하게 포착하기도 힘들다. 또한 소송은 당사자주의를 채택하고 있는 까닭에 재판에 있어서 어떠한 쟁점을 어떠한 방식으로 논쟁할 것인가에 관한 주장과 입증은 철저하게 당사자에게 위임한다. 이러한 당사자주의 이면에는 당사자 외에는 소송에 참여하지 못할 뿐 아니라, 당사자들의 주장과 입증이 설사 실체적 진실과 다르다고 해도 외부인이 이를 교정할 수 있는 기회가 박탈됨을 의미한다. 또한 소송 당사자의 주장을 보다 튼튼하게 뒷받침하기 위하여 입증되어야 할 증거가 존재함에도 불구하고 당사자가 이를 제시하지 못할 경우, 해당 주장과 진실은 법적으로 부정되게 된다. 이처럼 소송이 가지는 당사자주의로 인하여 이따금 실체적 정의와 괴리되는 결과가 도출될 여지가 존재한다는 것이다.

두 번째로, 당사자의 지위를 획득하는 것조차 결코 쉬운 과제가 아니다. 법원은 엄격한 원고적격을 기준으로 소송의 당사자를 선별한다. 그렇기 때문에 모든 사회적 분쟁이 법원에 의해 고려되고 판단내려지는 것은 아니다. 이는 법원의 조직적 능력의 한계와 더불어 그들이 결코 사회 전체의 요구를 반영하는 기관이 아니라 철저히 대립 당사자의 법적 이익에 대한 판단을 내리는 기관임을 방증하는 것이기도 하다.

(3) 사전적 법규범

소송은 사전에 정해진 법률과 판례라는 법원(法源)으로부터의 합리적 추론에 의해 진행되어야 하며, 이를 결할 경우 법원이 내리는 개개의 판결은 합법성을 획득할 수 없게 된다.[132] 이처럼, 법원(法院)의 사법적 판단은 소위 **포섭방식**을 통해 정당화되는데, 이는 통상적인 정책형성의 과정인 **목적-수단 방식**과 상존하기 어려운 특징을 가진다. 법원은 스스로 문제의 해결을 위한 최선의 수단을 선택하지 못하고 그 판단은 어디까지나 입법부와 행정부에 의해 사전에 주어진 법규범의 포섭을 통해 뒷받침될 수밖에 없다. 요컨대 법원의 정책형성적 기능은 그 자체가 불완전하다.

또한, 사전적 법규범의 대부분은 규칙의 형태로 제정되어 있다. 이것들은 법적 규칙이 특징으로 하는 **이분법적 사고방식**(all-or-nothing)을 유도하는 바, 당사자 간 그리고 당사자와 법관 사이에서의 협상 및 거래에 의한 타협의 여지를 원칙상 배제한다. 그렇기 때문에 소송은 승자와 패자가 명확하게 구별되는 승자독식의 구조를 가질 수밖에 없다는 것이다. 이러한 한계 역시 법원이 최적의 해결책을 내놓지 못하도록 만드는 제약으로 작용한다. 물론 이처럼 사전에 명확하게 규정되고 소송의 당사자들이 이러한 사전규정적 규범을 소의 제기 이전에 인지할 수 있을 뿐 아니라, 여기에 터 잡아 법적 판단이 내려진다는 사실 또한 공지되어야 함이 오늘날 법의 지배의 초석으로 자리매김하고 있음을 더 이상 강조할 필요는 없을 것이다.[133]

더불어서, 사전적 법규범이 가져오는 또 다른 문제는 법현실주의자들이 지적하는 바와 같다. 즉 사전에 제정된 법률을 이후에 발생한 구체적 사안으로 적용하는 과정에서 불완전성이 발생한다는 것이다.[134]

---

132) 물론 그 과정에서 법관에 의한 법창조의 여지는 항상 열려있다.

133) 이는 Fuller가 주장한 법의 원칙 중 **공지성**과 **명확성**에 해당한다고 읽힌다. 론 풀러, 『법의 도덕성』, 박은정 옮김, 서울대학교 출판문화원, 2015. 그럼에도 불구하고, 현실적인 관점에서 소송당사자들이 위와 같은 전제에도 불구하고 법원에 분쟁의 해결을 요청한다는 사실은 무엇이 분쟁의 쟁점과 연관되어 있는 법규범인지를 인지하지 못할 뿐 아니라, 그 내용에 대해서도 명확하기 이해하고 있는 경우는 흔하지 않다.

134) 그렇기 때문에 법관이 제정법을 재해석 또는 재구축하여야 한다고 지적한다. 이는 대표적 법현실주의자인 존 치프만 그레이(John Chipman Gray)의 다음과 같은 표현에 잘 녹아 있다 "제정법은 스스로 해석지는 못한다. 그 의미는

(4) 법의 지배와 그 비용

　앞에서 검토한 소송의 구조와 법원의 제도적 경계지움은 어디까지나 우리가 법의 지배의 시대에 살고 있음을 상기하게 한다. 인류는 **법 이전의 사회**(pre-legal society)에서 **법의 세계**로의 진입을 통해 정치 및 종교 등의 영역으로부터 구별되어, 그 독자의 논리에 의해 개별 독립적 영역을 구축해왔다.[135] 이는 법의 내용이나 그 운용이 도덕이나 종교 등의 사회적 규범으로부터 명확하게 구분됨과 동시에 권력자 및 정치세력의 압력으로부터의 독립성을 확보해야 한다는 주장을 뒷받침하며, 법의 지배의 존립과 그 원활한 운용에 필수적인 법정책적 요청으로 자리매김하고 있다. 그러나, 그것은 각각의 법적 규제의 목표에 따라 인간의 행동양식이나 당시의 상황 등에 다소 유형화 및 획일화되어 규율된 형식을 취하기 때문에 그 적용에 있어서 개개인 인간이나 사회관계의 구체적·개별적 특성 및 사정을 모두 고려하였다고 간주하기는 어렵다. 바로 여기서 **법의 지배의 비용**이 발생한다.[136]

　즉, 소송을 통한 법적 판단은 법적 메커니즘에 의거하여 독자적이고 자립적인 존재구조 및 운용방식의 틀 속에서 행해지는 까닭에 그 분쟁과 얽혀있는 정치적·도덕적 문제를 심리의 직접적 대상으로부터 배제한다. 따라서 소송에서 법의 자립성이 확보될 수 있도록 하는 한, **상식의 영역과 법률의 영역**과의 괴리는 불가피한 것으로 보인다. 거꾸로 말하자

법원에 의해 선언되며, 법원은 자신이 선언한 의미를 공동체에 법으로 부과하는 것이다." John Chipman Gray, *The Nature and Sources of Law*, 2nd, 1921. 84면. 최봉철, "법현실주의," 미국학 제20권, 1997. 20면에서 재인용.

135) 프레드릭 샤우어, 『법률가처럼 사고하는 법』, 김건우 옮김, 길, 2019.

136) 田中成明, 『裁判をめぐる法と政治』, 有斐閣, 1979. 324면.
"상식론과 법률론의 괴리나 법의 세계의 도착(倒錯)이 발생할 가능성의 존재 그 자체는 일정정도 법적 메커니즘이 그 독자적 존재와 원활환 운용을 확보하여 **법의 지배와 법치주의**의 법정책적 요청에 대답하여 **합법성**의 이념을 실현시키기 위하여 지불해야 하는 대가라고 생각하여야 한다."

면 법적 판단을 통하여 정치적·도덕적 문제를 해결하고자 시도하는 것
은 결코 바람직하지 않을 뿐만 아니라 결코 이루어질 수 없는 희망인 것
이다.

　　물론 법률론과 상식론의 괴리는 우리 사회가 채택한 법의 지배라는
문제해결 메커니즘이 가지는 필연적인 비용임에도 불구하고, 양자의 괴
리가 과도하게 벌어져 사회 구성원의 대다수가 이를 인식하고 문제화하
게 된다면, 법률론의 건전함을 재고할 수밖에 없을 것이다.137) 이러한 문
제는 입법의 영역에서 기존의 법규범을 개정하거나 새로운 판단의 재료
를 만드는 것으로 해결할 수 있을 것이다. 다른 한편, 법적 세계가 자체
적으로 문제를 해결할 수는 없을까라는 물음이 자연스럽게 떠오르는데,
법률의 영역이 가지는 독자성이 결코 자기완결적이거나 고정적인 구조가
아니라, 정치 및 도덕의 영역과 끊임없이 긴장 및 대립, 동시에 상호보완
적인 측면을 가진다는 점을 인지해야 한다.138) 위와 같은 사고방식에 입
각한다면 법원이 삼부의 가운데 어떠한 자리매김을 설정하고, 그 속에서
어떠한 법해석방법론을 통한 **법화**(legalization)를 수행하는가에 대한 탐구
가 그들의 역할을 설정함에 있어서 필수적인바, 아래에서 살펴본다.139)

---

137) **법률론**과 **상식론**이라는 용어와 구별은 田中成明의 것을 차용하였다. 田中成
　　明, 앞의 책.
138) 소송에서 내려지는 법적 판단의 대전제 중 대표적인 법률은 결코 자생적이지
　　않은 **사회적 구성물**임을 간과해선 안 된다. 여기에 관한 명쾌한 해설은 Leslie
　　Green, "Introduction," in H.L.A Hart, *The Concept of Law*, 3rd eds. Oxford University
　　Press, 2012.
139) Phillip Nonet & Philip Selznick, *Law and Society in Transition: Toward Responsive
　　Law*, Transaction Publishers, 2001. 여기서 말하는 **법화(法化)**는 사회의 다양한
　　영역에서 발생하는 이해관계의 대립을 권리충돌의 문제로 환원하는 것으로,
　　그것이 사회 영역이 가지는 고유의 문제해결 방식이나 의사소통을 훼손할 우
　　려가 있다는 지적과 함께, 사회의 권력이나 왜곡으로 인한 경로의존성을 해
　　결하는 개혁의 수단이 될 수 있다는 등의 견해가 보인다. 법화의 대표적인 방
　　식은 입법과 소송이다. 그 중에서도 후자에 관해서는 평시에는 법적 규범으
　　로서의 효과를 발휘하지 않던 법원리가 특정 사안의 발생과 그 해결을 위한

4. 주인-대리인 이론으로 살펴본 사법부의 자리매김

가. 사법부를 바라보는 관점

주인-대리인 이론에 터 잡으면 법원은 궁극적인 주인인 국민의 충실한 대리인이며, 그러해야 한다는 기술적(descriptive)이고 규범적인(normative) 설명이 내세워지곤 한다. 그러나, 앞에서 검토한 법원과 소송의 구조적 한계는 과연 사법부를 이와 같이 바라보는 것이 적절한가에 관해서 고민하지 않을 수 없게 만든다. 이를 탐구하기 위하여, 아래에서는 프레드릭 샤우어(Frederick Schauer)와 닐 데빈스(Neal Devins)와 루이스 피셔(Louis Fisher), 그리고 알렉산더 빅클(Alexander Bickel)의 주장을 참고하여 고민을 이어간다.

(1) 프레드릭 샤우어의 이차적 제한론(second-order constraints)

샤우어 교수는 헌법해석에 있어서 법원의 기능은 **확정**(settlement)에 있다고 본다. 어떠한 헌법적 논쟁이 존재한다면, 이를 확정하는 것이 입헌주의 사회에 기여하는 바이며, 그 확정은 타인을 구속할 수 있는 권위를 가지는 해석자가 존재해야만 달성될 수 있는데 그것이 바로 샤우어 교수에겐 법원인 것이다.[140] 무릇 법원은 **무엇이 행해져야 하는가를 권위적으로 확정**할 수 있는 기관이기 때문이다.[141] 그는 이러한 확정은 사

법적 판단 소재의 결여로 인하여 대법원의 전원합의체 판단 등에서의 사법재량을 통해 법규범화되는 과정을 설명한 아래의 문헌과 유사한 맥락을 가진다고 생각된다. 홍보람, "법원리를 활용한 판결에 관한 법정책적 분석-법원리와 사법재량의 관계 연구-" 서울대학교 법학과 박사학위 논문, 2019.

140) Larry Alexander & Frederick Schauer, "On Extrajudicial Constitutional Interpretation." *Harvard Law Review*, 110(7), 1997. 1359면.
141) 위의 논문. 1371면.

회에 안정성을 가져오며, 그것이 법 또는 헌법이 가지는 가장 중요한 기
능 중 하나라고 새긴다.[142]

　그러나, 이따금 사법부의 판단에 의한 확정은 정치 부문에서 내려진
그것과 상반되곤 하는데, 이 경우 정치 부문, 특히 입법부는 법원의 법률
또는 헌법해석에 반기를 들고 새로운 법률을 제정하거나 기존의 규칙의
수정에 나서도록 유도한다. 이는 사회 전체의 차원에서 매우 비효율적이
고 소모적인 논쟁을 유발하며, 또한 자칫 입법부와 행정부가 법원을 신
뢰하지 않거나 심지어는 적대시하는 현상으로까지 이어질 수 있다고 지
적한다. 샤우어 교수는 여기에 관한 보완으로 법원의 확정 판단의 범위
를 단계화하여 한정한다. 즉 법원은 정치 과정의 결과로 내려진 일차적
결정에 대해, **이차적 제한**(second-order constraints)을 가하는 방식으로 기
능해야 한다는 것이다.[143] 그 배경을 살펴보면, 정치 부문에 대한 외부
자적 시야를 가지는 법원이 그들의 단기적이고 근시안적인 판단으로 인
하여 간과된 가치를 보호하기에 적합하다는 것이다.[144] 샤우어 교수는
위와 같은 배경에서 발동된 이차적 제한의 사례를 **소극적 헌법**(Negative
Constitution)이라 칭한다.[145] 한 가지 특기할 점은 이차적 제한에 의한 소
극적 헌법의 사례가 반드시 정치 부문의 성급한 판단이나 악의적 의도
를 필요로 하지는 않는다는 것이다.[146]

　물론, 샤우어가 법원이 정치 과정에 적극적으로 개입해야 한다는 주
장을 펼치는 것은 결코 아니다. 그는 오히려 **사법의 겸양**(The Modest
Constitution)을 주창하면서 법원은 구조적 다수파에 의해 대표되지 않는
개인의 보호의 국면에서 현저한 역할을 할 수 있으며, 이것이야말로 전

) 위의 논문. 1379면.
143) Frederick Schauer, "Ambivalence about the Law," *Arizona Law Review*, 49, 2007.
144) Frederick Schauer, "Judicial Supremacy and the Modest Constitution," *California Law Review*, 92(4), 2004. 1046면.
145) Palmore v. Sidoti, 466 U.S. 429 (1984).
146) Frederick Schauer, 앞의 논문(2007). 1054-5면.

술한 외부자적 관점이 발휘되는 상황이라 역설하였다.[147) 이처럼, 그가 말하는 법원의 겸양은 정치 부문에 대한 이차적 제한에 한정된 경우에는 사법부에 의한 확정이 진정한 의미를 가질 수 있다는 것이다. 이러한 논리는 정치부문이 스스로의 법률 또는 정책에 대한 통제를 기대하기는 어렵다는 전제를 바탕으로 한다.[148)

정리하자면, 법원은 정치 부문으로부터 한 발 떨어진 외부성(externality)을 가지기 때문에 입법부 또는 행정부에 의해 내려진 일차적 정책선호에서 경시된 소수자의 권리보호에 있으며, 이러한 역할을 증폭시키기 위해선 정치 과정에 대한 겸양이 수반되어야 한다고 한다. 물론, 법원이 내리는 판단 또는 진공 속에서 이루어지는 것이 아닌 만큼 "누구도 스스로의 재판에 대한 법관이 되어선 안 된다"(nemo debet esse judex in propria causa)는 원칙이 정치 부문만을 괴롭히는 것은 아니다.[149) 그러나 이차적 제한에 한정된 사법의 우위는 법원의 우월성 또는 그들이 도덕적 그리고 정치적 가치들의 갈등의 조정에 대한 확정기능을 가지기 때문이 아니라, 어디까지나 정치 부문의 한계를 보완하기 위해 발현된 것이라는 샤우어 교수의 지적을 잊어선 안 된다.[150)

(2) 닐 데빈스와 루이스 피셔의 헌법의 주변화
(marginalization of the Constitution)

닐 데빈스와 루이스 피셔는 헌법해석의 권한이 사법부에 국한되지

---

147) 위의 논문.
148) Saikrishna Prakash & John Yoo, "Against Interpretive Supremacy," *Michigan Law Review*, 103(6), 2005. 1539, 1541-42면.; Robert Post, "The Supreme Court, 2002 Term- Foreword: Fashioning the Legal Constitution.; Culture, Courts, and Law," *Harvard Law Review*, 117(1), 2003. 8면.
149) 樋口陽一, 『近代立憲主義と現代國家』, 勁草書房, 1973. 190면.
150) Frederick Schauer, "The Annoying Constitution: Implications for the Allocation of Interpretive Authority," *William & Mary Law Review*, 58(5), 2017. 1704면.

않고 모든 국가기관에 고루 분배되어 있다는 주장[151]에 대해, 그것이 헌법해석의 무질서를 초래한다고 비판하는 동시에, 사법의 우월적 권한을 옹호하는 샤우어의 주장 역시 배척한다.

그들은 **무엇이 법인가**를 권위적으로 확정하는 기관으로서의 사법부를 상정하는 샤우어의 논리에 의하면, 정치적 안정성의 구축에 어떠한 기여도 하지 못할 뿐만 아니라 오히려 불균등을 초래하여 사법권을 유지하기 위한 기반을 위태롭게 만든다고 경고한다.[152] 즉 **권위적 확정**이나 **안정성**의 촉진을 사법부의 주요한 기능의 하나로 부여한다 한들, 그들은 직접적인 집행의 권한을 가지지 않기 때문에, 법원의 판결은 그 집행자의 수용성을 고려할 수밖에 없다는 것이다.[153] 만약 판결의 내용과 대중의 일반상식이 배치된다면, 의회의 정치과정이 작동하여 법원의 판단의 대전제가 되는 법률을 개정하거나 새로운 법률을 제정할 것이기 때문이다. 닐 데빈스와 루이스 피셔는 이러한 현상을 바로 **헌법의 주변화**라 칭한다.[154] 정리하자면, 그들은 헌법의 주변화를 방지하기 위하여 정치과정 그리고 대중과의 상호작용을 강조하며, 이를 **조정된 구축**(coordinate construction)이라 칭한다.[155]

---

151) 이는 소위 **영역주의**(departmentalism)로 칭해지며, 레이건 정부에서 법무장관을 지낸 에드윈 미스(Edwin Meese)가 대표적인 영역주의 논자에 해당한다.

152) Neal Devins & Louis Fisher, "Judicial Exclusivity and Political Instability," *Virginia Law Review*, 84(1), 1998.

153) 저자가 말하는 집행자는 단순히 법무공무원을 지칭하는 것이 아니라, 판결의 내용이 대중의 일반상식과 과도하게 괴리되어선 안 된다는 취지로 이해된다.

154) Neal Devins & Louis Fisher, 앞의 논문. 91면.

155) 상게서. 105면. "특수한 이익집단에 의한 압력이 다른 방법을 통해 사법부와 입법부에 영향을 미치기 때문에, 정책성과에 대한 서로 다르게 상정하는 비용과 편익은 특정 사회 전체의 정책결정 과정에 의해 결정되어야 하기에, 법원과 의회는 헌법상 가치를 상호 형성해야 한다." Louis Fisher, *Constitutional Dialogues: Interpretation as Political Process*, Princeton University Press, 1988. 231면.

(3) 알렉산더 빅클의 수동적 덕성(passive virtue)

빅클 교수는 사법심사를 **반민주적 힘**(counter-majoritarian force) 또는 **미국 민주주의로부터 일탈한 제도**(a deviant institution in American democracy)로 규정하고, 사회적 동의와 다수의 지배의 필요성을 인정하면서도 다른 한편으로 헌법상 사법심사의 실천 사이에서의 긴장관계에 지대한 관심을 가진다.[156] 더군다나 법원의 헌법해석은 종종 합리성과 같은 모호한 문언과 기준에 의해 내려진다는 사실을 밝히면서, 이러한 경향은 법원이 결국 **가치의 선택**을 자임하고 있음을 시인해야 한다고 꼬집는다. 그는 그 가치가 반드시 **항구적 가치**(enduring value)[157]이어야 하며, 어려운 사안에 마주한 경우, 그 선택의 결과는 기존의 항구적 가치이거나 새로운 항구적 가치가 되어야 한다고 주장한다.

이러한 고민의 결과 빅클 교수가 주목한 곳은 바로 **원리**(principle)이다. 전술한 바와 같이, 사법심사를 "우리 사회의 항구적 가치를 선언하고 그 적용을 뒷받침하는 과정"으로 규정하면서,[158] 법원은 **원리에 의한 절차**(principled process)에 따라서만 헌법상의 문제를 판단해야 한다고 주장한다.[159] 이것이 바로 그가 주장하는 법원의 **가치 수호자적 역할**인 것이다. 즉 입법부는 사회적 선호에 종속되어 있으나, 그것이 항상 항구적 가치와 부합한다고 장담할 수 없는 만큼, 사법부는 항구적 가치를 세련(洗練)하고 이를 선언하는 역할(shaper and prophet)을 고수해야 한다는 것이다.[160] 그렇다면, 법원이 어떠한 방식을 통해 원리를 선언하고, 여기

---

156) **반민주적 힘**에 관해서는 Alexander Bickel, *The Least Dangerous Branch: The Supreme Court at the Bar of Politics*, Yale University Press, 1962. 16면, **민주주의로부터 일탈한 제도**에 관해서는 같은 책, 18면.

157) 위의 책. 24면

158) 위의 책. 58면.

159) 위의 책. 247면.

160) 위의 책. 239면. 이는 법원이 결코 항구적 가치의 **형성자**로 기능해선 안 된다는 취지를 내포한 것이다.

에 입각한 판단을 내릴 수 있는가에 관한 의문이 잇따르게 된다. 바로 여기서 빅클 교수가 주장하는 **수동적 덕성**이 등장하게 된다. 법원은 헌법적 문제에 대한 판단을 내릴 때, 원리와 상반되는 입법을 무효로 하거나, 반대로 원리에 부합하는 법률을 합법화할 수 있으며, 또한 그 두 가지 결정 모두 내리지 않는 선택지를 택할 수도 있다.161) 이러한 침묵은 사회적 분쟁이 법원으로까지 도달하지 못하도록 소송의 요건을 엄격화하는 방식을 통해 달성될 수 있다. 원고적격, 대상적격, 소의 이익, 행정 재량의 존중 등의 방법이 대표적이다. 이를 통해 법원이 원리의 문제에 직접적으로 뛰어드는 것을 방지할 수 있으며, 입법부 또는 행정부와 같은 정치 부문이 원리의 문제에 대한 고민을 촉구할 수 있다는 것이 빅클의 주장이다. 무엇보다 그의 주장은 법원이 정치과정, 즉 사회 공동체와 계속해서 상호작용하면서 원리를 실현하는 프로세스를 강구했다는 점에서 의의를 가진다.162)

나. 법해석방법론

위와 같은 주장을 곱씹어보면 법원이 과연 의회의 충실한 대리인인가에 관한 의문이 고개를 든다.

우선, 법원이 의회의 대리인이라는 견해를 지지하기 위해서는 양자가 유사한 선호를 추구해야 한다. 그럼에도 불구하고, 법원은 –원칙적으로는 민주적으로도 정치적으로도 독립된 기관이지만– 자체적인 선호를 견지하는 정치적 기능을 한다는 점을 부정하기 힘들다. 바꾸어 말하면, 그들이 의회의 선호를 추종한다고도 보기는 어렵다. 한 가지 가능성은, 앞서 살펴본 바와 같이, 의회가 행정에 대한 통제의 수단으로 법원을 활용하는 경우에 있어서 만약 법원의 법률해석의 결과가 의회의 선호와

---

161) 위의 책. 69면.
162) 위의 책. 106면.

일치하여 대리인으로 간주하는 경우이다. 다만 이는 일시적인 관계성에
지나지 않는다.

이렇듯, 법원이 독자적인 선호체계를 가질 뿐더러 소송이라는 분쟁해
결의 방식이 완벽하게 진공상태에서 진리를 탐구하는 과학의 영역이 아
닌 정치적 이해의 투쟁임을 부정할 수는 없다. 또한 그들이 의회와 행정
의 권한배분의 관계성에도 커다란 정치적 영향을 미친다는 점 역시 주
지의 사실이다. 예컨대 의회가 행정에게 부여한 권한의 형태(form), 정도
(degree), 범위(range) 등을 법원이 어떻게 해석하는가에 따라 그들의 권
력관계가 극적으로 변하고, 그 사이에서의 법원의 영향력 역시 증감할
수 있다는 것이다.[163] 또한, 대통령의 권한범위, 그 중에서도 인사권과
행정권과 관련된 조항을 사법이 어떻게 해석하는가를 둘러싼 판단이 행
정에 대한 통제의 핵심이라는 부분 역시 간과하기 어렵다.[164] 즉 법원이
채택하고 있는 법해석방법론과 그 결과가 의회의 선호와 일치한다고 판
단되는 경우, 입법부는 더디고 비용소모적인 법률의 제정을 대신하여 법
원을 행정에 대한 통제의 수단으로 삼는 것이다.[165] 반면, 위 사항에 대
한 법원의 태도 및 해석이 불안정하거나 불분명한 경우, 의회는 법원을
통하여 행정을 통제하기보단 행정에게 보다 큰 권한을 위임할 여지가
생겨난다.[166] 요컨대 의회가 어느 기관에 법해석권한을 부여하고 이를

---

163) John Manning, 앞의 논문(2011). 권한의 형태, 특히 규칙(rule)인가 규준(standard)
    인가에 대한 법원의 해석이 전환됨에 따라 삼부간의 권력관계 또한 변화한다는
    문헌으로는 Aziz Huq & Jon Michaels, "The Cycles of Separation of Powers
    Jurisprudence," *The Yale Law Journal*, 126, 2016. 여기에 관한 국내 문헌으로는
    허성욱, "정치와 법 – 법원의 법률해석 기능에 대한 실증적 고찰에 관하여," 서
    울대학교 법학 제46권 제2호, 2005. 규칙과 규준의 장단에 관해서는 이미 본
    글에서 비교한 바 있다.

164) David Zaring, "Toward Separation of Powers Realism," *Yale Journal on Regulation*,
    37(2), 2020. 719면.

165) Jamelle Sharpe, "Legislating Preemption Legislating Preemption," *William & Mary
    Law Review*, 53(1), 2011.

166) Jack Beermann, "Congressional Administration," *San Diego Law Review*, 43, 2006.

존중 또는 활용할 것인가에 있어서 법원이 어떠한 법해석방법론을 채택
하는가가 주요한 고려요소로 작용하는 것이다.

(1) 신문언주의

신문언주의는 사법부가 충실한 대리인으로 자리매김하도록 뒷받침하는
가장 강력한 논변 중 하나이다. 여기에는 앤토닌 스칼리아, 존 매닝(John
Manning), 에이드리안 버뮬(Adrian Vermeule) 등이 속하는데, 그 중에서도
에이드리안 버뮬의 주장에 집중한다.167)

그는 기존의 법해석 논의가 법형식론이나 규범론에 과도하게 집착하
였다는 지적과 함께, 법관의 제도적 능력의 한계를 중심으로 신문언주의
를 전개한다. 즉 법해석자의 제도적 능력과 다른 기관과의 상호작용을
분석하여 특정 법해석방법론을 채택했을 경우의 사회적 비용과 효용을
실증적으로 고찰하는 비용편익분석 방식을 채택한다. 이것이 바로 그가
주장하는 **제도적 전회**(institutional turn)의 방법론이다.168)

버뮬은 법문의 의미가 명확한 경우 그에 따라 해석을 수행하고, 입법
자료에는 의존하지 않는다. 여기서 주목할 점은 그가 입법 자료에 주목
하지 않는 이유가 해당 자료에 입법자의 의도가 포함되어 있는가의 여
부보다 현대 사회에서 그것이 매우 전문적이고 방대하여 법관이 해당
자료를 면밀하게 살펴보기 어렵다는 현실적인 이유에 터 잡는다. 그렇기
때문에 가장 명확하고 효율적으로 입법자의 의도를 확인할 수 있는 법
률의 문언에 집중하는 것이다. 반면, 그 문언의 의미가 모호한 경우, 법
관은 행정기관의 해석이 문언에 명백하게 반하지 않는 경우, 이를 존중
해야 한다고 설파한다. 버뮬은 유사한 취지의 판결이 내려진 쉐브론 사

---

167) 문언주의와 신문언주의에 대한 설명은 이상윤, "미국 제정법 해석에서의 신
　　문언주의 방법론에 관한 고찰," 서울대학교 법학과 석사학위 논문, 2016.

168) Adrian Vermeule, *Judging under Uncertainty: An Institutional Theory of Legal
　　Interpretation*, Harvard University Pres, 2006. 4-5면.

건에 대해서도 의회가 행정기관에 대해 암묵적으로 권한을 위임한 것이 아니라, 행정부가 법관에 비해 모호한 제정법의 문언을 해석하는데 있어 전문성을 가진다는 제도적 비교우위를 강조한다.[169] 이러한 상황에서 법원이 행정의 해석을 경시하고 스스로 모호한 법문언의 해석에 나선다면 그 비용은 폭증할 것이라 경고한다.[170]

(2) 목적주의

헨리 하트(Henry Hart) 교수와 알버트 삭스(Albert Sacks) 교수는 모든 법률의 제정이 목적을 가진 행위인 까닭에, 결국 모든 법해석 또한 목적 중심적 법해석이 될 수밖에 없다고 주창한다.[171] 즉 제정법이 갖는 목적과 원칙을 밝히고 해석자가 그것에 가장 부합하는 결과를 추론하는 방식으로 제정법의 문언이 가지는 모호성을 극복해야 한다는 것이다.[172]

이처럼, 목적주의는 법문 뿐 아니라, 제정법 전체의 구조에서 읽히는 요지(tenor), 제정법의 법명, 당시의 역사적 사실과 정치적 상황, 사회적 가치, 개정 전후 조문의 표현, 입법자료 등으로부터 해석자가 당해 법률의 제정 목적을 발견하는 해석방식이다.[173] 목적론적 방식은 기본적으

---

169) 위의 책. 206-7면.
170) 위의 책. 210-11면. 이와 같은 버률의 주장은 비단 새로운 것이 아니다. 1918년 브랜다이스 대법관도 복잡한 정책결정에 법관이 관여해선 안 된다는 취지의 주장을 펼쳤고, 뉴딜 시대에 제임스 랜디스(James Landis) 역시 입법자는 가능한 한 행정에 재량을 부여해야 하며, 법원을 이를 존중해야 한다고 강조했다. International News Service v. Associated Press, 248 U.S. 215 (1918). 브랜다이스 대법관의 반대의견.; James Lands, *The administrative process*, Greenwood Press, 1974. 여기에 대한 반론도 물론 존재한다. William Eskridge, Jr., *Dynamic Statutory Interpretation*, Harvard University Press, 1994. 42-4면.
171) Henry Hart & Albert Sacks, *The Legal Process: Basic Problems in the Making and Application of Law*, Foundation Press, 1994.
172) 위의 책. 제7장. 유사한 취지에서 Stephen Breyer 앞의 책. 92면.
173) John Manning, "Textualism and the Equity of the Statute," *Columbia Law Review*,

로 사법을 의회의 충실한 대리인으로 살피지만,174) 아래와 같은 수정적 관계설정도 고려해봄직하다.

입법자가 합리적 목적에 의거하여 입법 활동을 수행했다하여도, 시간적 제약과 자원의 부족, 인간의 제한적 합리성으로 인한 예측의 불확실성, 언어의 불완전성 등으로 인해 해석의 다의적 여지를 원천적으로 봉쇄할 수 없으며, 그로 인하여 법률은 종종 모호한 해석을 가지게 된다. 이러한 상황에서 법관이 법문을 기계적으로 적용하여 비상식적인 결론에 이르는 과정을 의회조차 바라지 않을 것이라는 것이다.175) 여기서 법관의 역할은 법률의 목적에 비추어 그 의미를 적절하게 보완하여 해석할 필요가 있다는 주장이 고개를 들게 된다. 이것이 바람직한 **충실한 대리인**의 모습이자 의회의 우위에도 기여한다는 것이다.176) 여기에 터 잡아, 법관은 입법자가 의도하지 않은 결론을 도출할 수 있는 **논리적 분석**(reasoned elaboration)의 권한이 인정된다.177)

위의 주장은 사법부가 단순히 의회의 충실한 대리인으로서의 역할을 수행하는 것이 아니라, 그들과 함께 법형성의 중요한 기능을 수행하는 **협력적 파트너**(cooperative partner)로서 자리매김한다고 볼 수 있다.178) 요컨대 입법자가 공익을 촉진할 수 있는 정책형성의 기능을 맡으면 법원은 그 입법 목적에 따라 법해석을 해내고, 정책실현을 촉진하는 역할

101(1), 2001. 8-9면.

174) Cass Sunstein, "Interpreting Statutes in the Regulatory State," *Harvard Law Review*, 103(2), 1989.

175) Church of the Holy Trinity v. United States, 143 U.S. 457 (1892). 458-9면.

176) John Manning, "The New Purposivism," *The Supreme Court Review*, 2011(1), 2012. 113면.; Stephen Breyer, *Making Our Democracy Work.; A Judge's View*, Vintage, 2011. 96면.

177) William Eskridge, Jr., Philip Frickey & Elizabeth Garrett, *Legislation and Statutory Interpretation*, Foundation Press, 2006. 222면. 국내 문헌으로는 남기윤, "미국의 법사고와 제정법 해석방법론-한국 사법학의 신과제 설정을 위한 비교 법학 방법론 연구," 저스티스, 99호, 2007.

178) Stephen Breyer, 앞의 책. 102면.

을 맡는다는 것이다.[179]

다. 평가

　지금까지 사법부의 사회적 자리매김을 살펴보았다. 오늘날 사법은 정체된 의회를 대신하여 다양한 사회적 난제의 해결자이길 요청받고 있으며, 실제로 그러한 모습을 보이고 있다.[180] 이와 같은 현실에도 불구하고, 소송이라는 법적 판단의 과정을 포함한 법원의 제도적 역량은 이를 부정하는 듯 읽힌다. 주인-대리인 이론을 통한 삼부의 관계성의 검토는 위의 판단을 도출하기 위하여 법원이 어떠한 법해석방법론을 채택할 것인가에 큰 영향을 받는다고 살핀다.

　지금까지 사법이 과연 의회의 충실한 대리인인가라는 물음을 다각도로 조명하기 위해 여러 논리와 주장을 소개하였으나, 구체적인 상황에서의 적용가능성이 함께 논해져야 함은 여전히 부정할 수 없다. 특히, 버뮬의 제도주의적 접근방식은 실증적 분석을 강조함에 더욱 그러하다. 여러 사회마다 갖추고 있는 법체계가 다르고 이를 둘러싼 기관들의 여건과 역량 역시 천차만별이다. 또한, 어떠한 사안에 맞닥뜨리고 있는가에 따라 삼부의 역할은 상이할 수밖에 없을 것이다. 더군다나 에너지 문제와 같이 의회가 법률을 제정하지 못하거나 논의의 지연으로 인해 정치적 공백이 발생하는 상황, 즉 입법자의 의도를 확인할 수 없는 경우에 있어서 행정과 사법이 어떠한 태도를 취하고, 사회적 문제를 해결하기 위해 어떠한 법해석방법론을 채택해야 하는가라는 물음에 대하여 더욱 고민해야 한다.

　생각건대, 버뮬의 시야에서 바라본 신문언주의가 여러모로 강점을 가질 것이다. 해당 이론은 사법의 결정 비용을 실증적 입장에서 파헤치고,

---

179) John Manning, "Inside Congress's Mind," *Columbia Law Review*, 115(7), 2015. 1914면.
180) 존 하트 일리, 앞의 책. 127면.

행정의 개입을 선호한다.[181] 물론 버뮬이 행정의 절대적인 우위를 내세우는 것은 결코 아니다. 행정의 실패도 우리 사회가 실제로 마주하고 있을뿐더러, 반드시 해결해야 하는 중요한 문제임에 틀림이 없기 때문이다. 그러나 법원이 공공정책의 형성과 실행에 개입하는 사법통치와 그로 인한 **사법 실패**의 비용을 고려하면, 점증적 관점에 터 잡은 행정의 접근 방식은 우리 사회를 한 발 더 앞으로 나아가게 만들 것이라는 재반론 역시 가능하다.[182] 여기에 더하여, 이러한 방식이 우리가 채택하고 있는 입헌 민주주의와 법의 지배에도 더욱 부합한다는 점에 대하여는 의심할 여지가 없을 것이다.

---

181) 물론 여기에 대한 뼈아픈 비판도 보인다. 윌리엄 에스크리지(William Eskridge Jr.)는 버뮬의 주장을 **인색한 문언주의**(parsimonious textualism) 그리고 **장식없는 문언주의**(no frills textualism)라 비판하면서 제도론적 신문언주의가 정책의 설계 및 수행자의 실패에도 불구하고 그들에 대한 기계적인 존중을 통해 오히려 행정의 비용을 상승시킨다고 지적한다. William Eskridge Jr. "No Frills Textualism," *Harvard Law Review*, 119(7), 2006. 또한, 버뮬이 비용편익분석에 터 잡은 삼부의 권한배분에 관한 주장을 펼치는 만큼, 비용과 편익을 검토하는 방법론 그 자체에 대한 비판이 그대로 버뮬의 주장에도 적용될 수 있을 것이다. Matthew Adler & Eric Posner, "Rethinking Cost-Benefit Analysis," *Yale Law Journal*, 109, 1999. 188-190면. 여기에 관해, 법경제학자들은 배분을 전혀 무시하는 것은 아니며, **최대한 합리적으로** 고려(most sensible course)한다고 주장한다. Louis Kaplow & Steven Shavell, "Fairness versus Welfare," *Harvard Law Review*, 114, 2001. 992-5면. 이러한 비판을 버뮬의 주장에 적용해본다면, 행정의 우위를 통하여 사회적 과제를 해결하는 것이 그 사회의 전체의 효용을 증가시킬 수는 있지만 그것이 필연적으로 해당 쟁점의 이해관계자 개개인의 효용의 향상으로는 이어지지 않는다는 논리를 펼쳐볼 수 있을 것이다.
182) 조홍식, 앞의 책(2010). 39-44면.

제4절   탈석탄 문제에의 적용

지금까지의 행정부와 사법부의 역량과 관계성에 대한 검토를 탈석탄의 사례에 적용해보고자 한다. 그 중에서도, 사법부를 중심으로 탈석탄 입법안에 관한 위헌법률심사를 상정하여 살펴본다. 이를 통해 가치 판단에 있어서 법원이 어떠한 역할을 할 수 있는가에 대해 검토할 수 있으리라 기대한다.

1. 탈석탄 입법안의 검토

일단, 현재 가동 또는 건설 중인 석탄화력발전소를 중단하는 것은 사업자의 재산권 및 직업수행의 자유를 침해할 우려가 존재하는 것은 틀림이 없다.[183] 우리 「전기사업법」에 의하면 허가를 취득한 사업자만이 전력사업을 수행할 권리를 가지기 때문에 정부가 강제적으로 이를 박탈한다면 발전소의 사용수익에 대한 권리를 제한하는 결과를 초래하고, 이는 궁극적으로 해당 사업자의 재산권을 침해하게 된다는 논리가 바로 그것이다.[184]

헌법재판소는 재산권은 "경제적 가치가 있는 모든 공법상·사법상의 권리"를 뜻하며,[185] "사적 유용성 및 그에 대한 원칙적인 처분권을 내포하는 재산가치 있는 구체적인 권리"를 의미한다고 새기고 있다.[186] 이러한 판시를 고려해 볼 때, 석탄화력발전 폐지를 위한 규제는 발전사업자

---

183) 에너지신문, "'멸종' 앞둔 석탄발전, 끝이 아닌 '새로운 시작'," 2022. 1. 13. https://www.energy-news.co.kr/news/articleView.html?idxno=80371 (2021. 10. 10. 최종방문).; 정부의 탈석탄 정책에서도 재산권과의 갈등을 언급하고 있음이 이를 시사한다. 산업통상자원부, "석탄발전 폐지·감축을 위한 정책 방향," 2021. 12. 10.

184) 「전기사업법」 제2조 및 제7조.

185) 헌결 1992. 6. 26. 90헌바26.

186) 헌결 2002. 7. 18. 99헌마574.

의 (발전기에 대한) 사용수익권을 제한하는 것으로, 이는 재산권에 영향을 미치는 공권력의 행사에 해당한다고 볼 여지가 상당하다.

반면, 석탄화력발전소는 물리적 설계수명이 존재하지만, 그 인·허가 등의 과정에서 설비의 운영기간을 명시적으로 협의하거나 이를 위한 법적 절차가 존재하지 않는 것이 사실이다. 그렇기 때문에 석탄화력발전소의 가동연한은 법적으로 보장된 바가 없으며 민간 사업자의 기대이익에 지나지 않는다는 반론이 제기될 수 있다.[187] 무엇보다 헌법 제23조 제1항에서 보장하는 재산권의 본질은 단순한 영업상의 이득이나 기업 활동의 여건 등은 그 대상이 아니라 판시하였다는 점에서 더욱 그러하다.[188] 덧붙여서 헌법재판소는 "공법상의 권리가 헌법상 재산권으로 인정되려면, 공법상의 권리가 권리주체에게 귀속되어 개인의 이익을 위해 이용가능해야 하고, 국가의 일방적인 급부에 의한 것이 아니라 권리주체의 노동이나 투자, 특별한 희생에 의하여 획득되어 자신이 행한 급부의 등가물에 해당하는 것이어야 하며, 수급자의 생존의 확보에 기여해야 한다"고 주장하는 바, 이를 바탕으로 석탄상한제로 인한 발전량의 제한이 재산권의 대상이 되기 어렵다는 주장을 구성해 볼 수도 있다. [189]

나아가서, 석탄화력발전은 오늘날 기후위기의 주범으로 인식되고 있을 뿐 아니라, 주변지역의 주민들에게 미세먼지로 인한 건강 및 생명을 위협하는 존재로 여겨지고 있는 만큼, 헌법재판소의 사안의 공공성과 재량의 크기의 비례적 관계가 성립된다는 설시가 더 큰 의미를 가진다.[190]

생각건대, 인·허가 당시 가동연한을 30년으로 보장한다는 법률적 근거는 존재하지 않기 때문에, 이는 단지 사업자의 기대이익에 지나지 않

187) 박지혜, "석탄발전 조기폐쇄와 손실보상의 법리에 관한 소고- 석탄발전 감축정책에 따른 손실보상의 필요성에 대한 검토를 중심으로-." 일감부동산법학 제24권, 2022.
188) 헌결 2003. 4. 24, 99헌바110.
189) 헌결 2015. 4. 30. 2013헌마666.
190) 헌결 1999. 10. 21. 97헌바26 전원재판부 등.

는다는 견해가 일정 부분 타당한 동시에, 그럼에도 불구하고 발전사업자는 정부로부터 적법한 절차를 통해 인·허가를 취득하고, 그 과정에서 상당한 수준의 금전적 투자와 인적·물적 노력을 쏟게 되는데, 정부의 탈석탄 정책으로 인하여 발전소의 이용률과 발전량이 낮아진다면 이는 사업자의 재산권에는 적지 않은 침해가 있으리라 예상된다.[191] 물론, 구체적인 탈석탄의 방법론은 그 정도와 방식이 상이한 만큼, 각 입법안을 개별적으로 검토할 필요가 있겠다.

가. 「에너지전환 지원법안」

(1) 쟁점

「에너지전환 지원법안」에 의하면 산업통상자원부장관은 에너지전환을 위하여 발전사업자와 발전사업의 변경·취소·철회 등에 관한 협약을 체결할 수 있으며(제6조 제1항), 나아가서 에너지전환을 위하여 불가피하고 공공의 이익을 위하여 특별히 필요한 경우에 한정하여 발전사업 변경 등 협약 체결에 동의하지 않는 발전사업자에 대하여 지정 등을 철회할 수 있다고 명시하고 있다(제10조 제1항 및 제3항). 다만 여기에서 몇 가지 문제가 발생한다.

우리 법원은 전기사업의 허가와 관련해서 직접적인 언급을 하지는 않았지만, 몇몇 판례에 비추어, ① 「전기사업법」 제7조 제5항이 전기사업의 수행에 필요한 재무능력 및 기술능력, 그리고 전기사업이 계획대로 수행될 수 있을 것이라는 취지의 추상적인 허가기준을 두고 있는 점, ②

---

191) 논의의 범위를 조금 더 확장해보자면, 탈석탄의 발생과 해결의 어려움은 우리 전력시장과 전력산업의 구조적 문제에 기인하고 있음을 간과해선 안 된다. 이투뉴스, "누더기 전력시장 규제, 곪아터져 法분쟁으로 비화," 이투뉴스, 2019. 3. 9. http://www.e2news.com/news/articleView.html?idxno=208041 (2022. 3. 3. 최종방문).

전기사업자는 공익사업을 위한 토지 등의 취득 및 보상에 관한 법률에 따라 필요한 경우 다른 자의 토지 등을 사용하거나 다른 자의 식물 또는 그 밖의 장애물을 변경 또는 제거할 수 있고(제87조), 다른 자의 토지 등에 출입할 수 있으며(제88조), 타인의 토지 지상 또는 지하 공간의 사용에 관한 구분지상권을 수용 또는 사용할 수 있는 등(제89조의2), 전기사업허가가 상대방에게 권리나 이익을 부여하는 효과를 수반하는 수익적 행정처분인 점 등을 근거로 그 법적 성격이 수익적 재량행위에 해당한다고 보고 있다.192) 물론 우리 대법원은 수익적 행정행위의 취소 또는 철회하거나 중지시키는 것은 중대한 공익상의 필요 또는 제3자의 이익을 보호할 필요가 있고, 이를 상대방이 받는 불이익과 비교·교량하여 볼 때 공익상의 필요 등이 상대방이 입을 불이익을 정당화할 만큼 강한 경우에 한하여 허용될 수 있다고 판시하고 있다.193) 그러나 동 법안은 이를 적용할 만큼 구체적인 조문을 가지지 못한다. 예컨대 "무엇이 에너지 전환을 위한 것인지" 그리고 "무엇이 공공의 이익을 위하여 특별히 필요하다고 인정되는 경우"인지에 대해서 말이다.

생각건대, 석탄화력발전으로부터 배출되는 온실가스비중을 기준으로 일응의 기준을 수립해 볼 수 있을 것이다. 오늘날 온실가스의 과도한 배출로 인하여 기후위기가 초래되고, 그것이 자연환경 뿐 아니라 인간의 재산·건강 그리고 생명까지도 위협할 수 있다는 주장이 과학적 타당성을 얻으면서 온실가스의 감축 그 자체가 공익적 성격을 띤다고 주장할 수 있게 되었다.194) 여기에 터 잡는다면 발전량 기준으로 보다 많은 온실가스를 배출하는 노후석탄화력발전소가 동 법안에서 지적하는 에너지 전환을 위하여 불가피하고 공공의 이익을 위하여 특별히 필요한 경우로 여겨질 수 있을 것이며, 그에 따른 발전사업의 취소 또는 철회로 이어질 수 있을 것이다. 그러나 발전사업이 가지는 공익적 특성 또한 고려하지

---

192) 대판 1974. 12. 24. 74누127.
193) 대판 2021. 9. 30. 2021두34732 등.
194) 서울행판 2017. 2. 2. 2015구합55370.

않을 수 없다. 「전기사업법」의 제1조가 천명하듯이, 전기사업은 사용자의 이익을 보호하여 국민경제의 발전에 이바지함을 목적으로 삼는다. 그렇기 때문에 동 법안에서는 발전사업에의 진입에 대한 엄격한 요건을 갖추고 있다. 그렇기 때문에 전력산업에 진입한 민간사업자들은 기타 업종과는 다른 차원의 엄격한 심사기준이 적용되어야 할 것이다.

　　결국 수익적 행정행위의 취소 또는 철회하거나 중지시킴으로 인해 침해가 우려되는 기득 권리와 그로 인해 얻어질 수 있는 공익 또는 제3자의 이익을 비교·형량할 수밖에 없다. 아래에서는 몇 가지 헌법 상 원칙에 터 잡아서 이를 시도해보고자 한다.

(2) 소급입법금지의 원칙

　　헌법 제13조 제2항은 "모든 국민은 소급입법에 의하여 … 재산권을 박탈당하지 아니한다"고 천명한다. 여기에 대해 헌법재판소는 새로운 입법으로 이미 종료된 사실관계 또는 법률관계에 작용케 하는 진정소급입법과 현재 진행 중인 사실관계 또는 법률관계에 작용케 하는 부진정소급입법으로 구분하고, 부진정소급입법은 원칙적으로 허용되지만 공익상의 사유와 신뢰보호의 요청 사이의 교량과정에서 이루어져야 한다고 판시하였다.[195) 환경규제의 영역에서 바라보자면, 오염된 토양을 양수한 자가 오염원인자에 해당하는가를 묻는 헌법재판소의 결정에서 과거에 시작되어 이 사건 오염원인자조항의 시행 당시 계속되고 있는 상태임에 착목하면, 신뢰보호의 문제를 발생시킬 뿐, 부진정소급입법금지원칙에는 위반되지 않는다고 판단하였다.[196)

　　정리하자면, 발전사업자의 허가의 철회 역시 그것이 과거로부터 시작하여 계속되고 있는 사업자들의 온실가스 배출을 장래를 향해 제한하고

---

195) 헌결 1999. 7 .22. 97헌바76 전원재판부.
196) 헌결 2012. 8. 23. 2010헌바28 전원재판부.

자 하는 것이기에 부진정소급입법에 해당하여, 헌법상 소급입법금지의
원칙에 위배되지 않을 것이라는 이론구성이 가능하다.

(3) 신뢰보호의 원칙

앞서 살펴본 바와 같이, 소급입법금지의 원칙에 해당하지 않을지라도
부진정소급입법은 신뢰보호의 원칙에 의해 제한될 수 있으므로, 여기에
관해 검토한다.

대법원은 신뢰보호의 원칙을 판단하기 위하여 다섯 가지 요건을 제
시하였고, 이는 오늘날까지 유지되고 있다.[197] 여기에 근거한다면 신뢰
보호의 원칙의 핵심은 **행정청의 공적인 견해표명**에 있다. 다만, 현실에
서는 행정청과 사업자간에 수많은 유형의 복잡한 의사소통이 이루어지
는 만큼, 무엇이 공적 견해표명인가에 관해서는 확정된 기준이 존재하지
않는 까닭에 실무에서도 어려움이 나타나고 있다.[198]

다만 전기사업의 허가를 수익적 행정행위로 간주한다면, 이를 가지고
행정청의 공적인 견해표명이 이루어졌다고 살필 수 있을 것이다.[199] 물
론 전기사업의 허가에 대한 수익적 행정행위가 해당 발전소의 가동연한
을 30년으로 보장하는 것과는 별개임을 유념해야 한다.[200] 또한, 에너지
정책의 특성상, 정부가 발표하는 에너지 영역의 최상위 계획은 「에너지
기본계획」과 이를 구체화시킨 「전력수급기본계획」을 공적인 견해표명으
로 포섭해야 한다는 주장도 구성해 볼 수 있을 것이다. 이러한 주장에
터 잡는다면 2050년 이후에도 가동하리라 예상되는 고성하이화력발전소

---

197) 대판 2001. 9. 28. 선고 2000두8684.; 대판 2002. 11. 8. 선고 2001두1512 등.
198) 이광제, "인·허가의제 제도의 입법적 대안 연구," 법제논단 2015. 11.
199) 최계영, "신뢰보호 원칙의 적용요건 – 공적 견해표명의 의미를 중심으로," 사
    법 제1권 제38호, 2016. 671면.
200) 대법원은 연속적 행정처분에서 앞의 처분의 이후의 처분의 승인에 대한 공적
    인 견해표명이라 볼 수 없으니, 이를 신뢰한 원고에 대한 신뢰보호의 원칙 위
    반으로 볼 수 없다고 판시하였다. 대판 2005. 4. 28. 선고 2004두8828.

1, 2호기와 강릉안인 1, 2호기, 그리고 삼척화력 1, 2호기는 「제6차 전력수급기본계획」 이후 2020년 말에 발표된 「제9차 전력수급기본계획」으로까지 기확정된 설비로 명기되어 있기 때문에 각 발전사업자들로 하여금 자신의 허가가 취소되지 않을 것이라는 신뢰가 강력하게 작용할 것이다. 즉 행정청이 해당 발전설비에 대한 가동 및 건설 중지 처분을 내린다면, 이는 신뢰보호의 원칙에 위반될 소지가 다분하다고 읽힌다.[201]

(4) 비례의 원칙

탈석탄의 맥락에서 비례의 원칙은 「에너지전환 지원법안」에서 열거하는 수단과 목적이 과연 최선의 방식인가라는 물음으로 연결될 수 있다. 즉 석탄화력발전사업을 영위하는 사업자들의 허가를 철회 및 취소하는 것 외에 다른 방식을 통하여 목적을 달성할 여지는 존재하는가의 여부말이다.

동 법안에 의하면 에너지전환은 「에너지기본계획」과 「전력수급기본계획」을 통해 주창되는 원자력발전과 석탄화력발전의 단계적 축소와 재생에너지의 확대 등을 언급하고 있을 뿐, 그 과정에서 어떠한 발전기가 대상이 되는지는 명확하게 특정하고 있지 않다. 단지 산업통상자원부 산하에 「에너지전환지원위원회」를 설립하여 발전사업의 변경과 지정철회 등을 논의하도록 규정하고 있을 뿐이다. 이러한 방식은 석탄화력발전 사업자들로 하여금 자신의 발전설비가 전환의 대상으로 지명될 것인가에 대한 예견가능성이 확보되지 않는다는 치명적인 결함이 발생한다.

위와 같은 규제방식은 온실가스 배출량의 삭감이라는 목적에는 부합하는 접근임에는 의심의 여지가 없다. 석탄화력발전이 배출하는 온실가스가 다른 발전소 및 기타 부문보다 많기 때문이다. 그럼에도 불구하고,

---

201) 여기에 반하여, 해당 계획은 장래의 전력수급을 제시할 뿐, 국민의 권리의무에 직접적 영향을 미치지 않는 비구속적 행정계획에 해당한다는 법원의 판시가 있다. 서울행판 2020. 1. 10. 선고 2018구합53344.

명확한 기준이 수립되지 않은 채로 사업자의 지정 등을 철회하는 방식은 발전사업에 참여하는 사업자들에게 지나친 불확실성을 초래할 것이며, 법적 안정성 역시 위협받을 수 있을 것이다. 또한, 지정철회와 같은 강제적인 수단에만 의존하는 것은 그 실효성에도 의문이 제기될 뿐 아니라 오히려 갈등을 심화시키는 접근방식으로 생각된다.

나.「전기사업법 일부개정안」

전기사업법의 일부개정으로 인하여 석탄화력발전의 상한을 정하고 할당된 발전량을 두고 여러 발전사업자들이 경매방식을 통한 입찰을 허용한다.

앞에서 자세히 살펴보았듯이, 이는 우리 전력시장이 비용기반 시장(Cost Based Pool, CBP)에서 가격입찰제(Price Based Pool, PBP)로의 전환을 의미한다.[202] 이를 통해 석탄화력발전이라는 특정 발전영역의 특정 발전기의 가격경쟁력을 낮게 설정하여 궁극적으로 시장에서 퇴출시키는 규제가 가능하기 때문이다. 그럼에도 불구하고, 여기에 관해서도 몇 가지 쟁점을 살펴볼 필요가 있다. 하나는 배출권거래제와의 관계로 인해 발생하는 문제들이다. 이는 석탄상한제가 비례의 원칙에 입각하여 적절한가를 판단하는 재료들이 될 것이다. 그리고 다른 하나는 입찰에 참여하지 못한 발전기 및 발전사업자에 대한 보상의 문제이다.

(1) 배출권거래제와의 관계

현재 우리는 온실가스 배출권거래제를 통해 이미 배출권거래제 할당 업체의 온실가스 배출총량을 제한하고 있다. 여기에 더하여 석탄상한제

---

202) 이투뉴스, "전력거래소, CBP→PBP 전환 논의 본격화," 2020. 9. 21. https://www.e2news.com/news/articleView.html?idxno=226314 (2022. 3. 3. 최종방문).

를 실시하게 된다면 해당 사업자들에 대한 이중규제로 다가오는 것은 아닐지 살펴봐야 한다.

우리는 2015년부터 온실가스 배출권거래제를 운영하여 전환부문을 포함한 6개 부문에서 배출되는 온실가스 배출량이 배출허용총량을 초과하지 않도록 관리하고 있다. 배출권거래제란 온실가스 감축비용이 높은 할당 대상 업체는 배출권을 구입하고, 감축비용이 낮은 할당 대상 업체는 온실가스를 감축하고 배출권을 시장에서 매각하도록 유도하는 메커니즘으로, 비용 효과적으로 온실가스를 감축하도록 지원하는 역할을 한다. 이러한 메커니즘을 통하여 온실가스 배출 당사자들은 배출절감을 위한 혁신을 도모하고, 혁신에 실패하여 온실가스 배출을 통해 얻을 수 있는 이윤이 배출권 구매로 인해 소요되는 비용보다 높은 고배출 산업으로 전락하게 되는 경우, 자연스럽게 해당 산업은 시장으로부터 퇴출되는 방향으로 유도하는 것이다.

다만, 배출권거래제와 석탄상한제의 동시적 운용으로 인하여 석탄발전 외의 산업에 종사하지만 온실가스 배출량이 높아 배출권거래제의 적용만 받는 사업과 해당 사업보단 배출량이 낮지만 석탄화력발전사업을 영위하고 있는 탓에 석탄상한제의 규제를 받는 사업 가운데, 단순 배출량 기준으론 전자가 높지만 배출권가격보다 후자의 석탄발전을 위한 경매의 가격이 더욱 높아, 결과적으로 전자보다 후자의 퇴출로 귀결되는 상황이 발생할 수 있음에 주의해야 한다.

(2) 정당한 보상

현재 석탄상한제를 포함한 「전기사업법 일부개정안」은 제30조 제2항을 신설하여 산업통상자원부 장관으로 하여금 동 법안 제29조의2에 따른 "발전량 제한을 받는 전기사업자에 대하여 지원시책을 수립 및 시행할 수 있다"고 규정하고 있다. 만약 동 법안이 그대로 통과된다면, 이는

"아무런 보상조치가 없다면"이라는 손실보상을 회피할 수 있다고 읽힌다. 여기에 더하여, 석탄상한제의 공익적 목적을 고려하면 해당 규제는 엄격한 비례원칙의 심사로부터 벗어날 것이라는 견해도 보인다.[203] 다만, 여기서 주의해야 할 점은 석탄상한제의 구체적인 운영방식, 특히 입찰제도의 설계는 여전히 결정되지 않았다는 점이다. 그 여하에 따라 연간발전량을 제한받은 사업자에 대해 손실보상을 제공할 필요성이 제기될 여지는 충분히 상존한다.[204]

만약 석탄발전상한제의 구체적 설계가 우리 헌법 제23조 제3항이 천명하는 공공수용에 해당하게 된다면, 이에 대한 정당한 보상을 지급해야 한다. 헌법재판소에 따르면, 여기서 언급하는 **정당한 보상**은 완전보상을 의미하는 것으로, 금액뿐 아니라 시기나 방법에 있어서도 제한을 두어선 안 된다고 판시하였다.[205] 이는 대법원의 판단과도 같다.[206]

다만, 상술(上述)한 설명도 "무엇이 정당한 보상인가"에 관해 모든 것을 이야기하지 않고 있다. 예컨대, 가동 또는 건설 중단한 발전소의 재산상의 가치와 함께, 30년 예상수명을 기준으로 한 잔존 발전량과 그로 인한 수익은 여기에 포함되는지, 덧붙여서 발전량 제한을 받는 전기사업자에 대한 지원 역시 경매에 참여하지 못한 사업자를 대상으로 하는지 또는 경매에 참여하였으나 가격경쟁력을 갖추지 못하여 손실을 보는 사업자를 대상으로 하는지, 그리고 그 정도는 얼마나 되는지에 관한 물음은 여전히 해결되지 않은 상황이다. 나아가서, 선도시장을 통해 특정 발전사업자의 특정 발전기를 제어할 수밖에 없는 구조를 형성한다면, 그 대상은 이미 고정비 등을 회수한 저효율 발전소와 신규 건설된 고효율

---

203) 박지혜, 앞의 논문(2022).

204) 이진철, "원자력 발전소 설비 폐쇄의 헌법적 쟁점," 환경법의 새로운 지평 – 기후변화 시대의 에너지법 –, 환경법학회 제142회 정기학술대회 자료집, 2020. 7. **정당한 보상**에 관한 일반론적 설명은 박세일, 『법경제학』, 박영사, 2019. 175-184면.

205) 헌결 1990. 6. 25. 89헌마107.; 헌결 1999. 10. 21. 97헌바26 전원재판부.

206) 대판 1993. 7. 13. 선고 93누2131.

석탄화력발전소 사이의 가격경쟁력에 의해서 결정될 가능성이 매우 높다. 그렇다면 더 많은 온실가스를 배출하되 보다 낮은 입찰가격을 제시할 수 있는 저효율의 노후 석탄화력발전소가 유리한 제도로 탈바꿈할 우려가 있으며, 이러한 지적이 실제로 제기되고 있다.[207] 결과적으로 석탄상한제가 낮은 효율의 온실가스 배출량이 많은 발전기의 생존을 보장하는 예상치 못한 결과를 초래할 수 있는 것이다.[208]

나아가서, 동 법안의 제36조의 개정을 통해 전력거래소가 관련 업무를 담당하도록 개정하였고, 전력시장운영규칙에도 이를 포함하도록 규정하고 있다. 이는 산업통상자원부 장관이 시행령에 따라 발전량에 제한을 둘 수 있도록 허용하는 구조인 까닭에 민간 발전사의 발전소의 운영을 산업통상자원부가 좌지우지할 수 있는가라는 물음은 여전히 남게 된다.[209]

2. 가치판단에 있어서의 법원의 제약성

앞에서 살펴본 내용은 법원이 가치판단의 문제에 대한 판단을 내림에 있어서 가지는 제약성을 드러낸다. 여기에 터 잡으면 법원은 그러한 영역에서의 적절한 판단주체가 아님을 확인할 수 있다. 여기에 관하여, 2020년 9월 18일, 서울행정법원에 의해 선고된 강원도 삼척의 삼척화력

---

207) 에너지경제, "신규 석탄발전, 전력시장 진입해도 제도 개편 없으면 말라죽는다," 2021. 11. 25. https://www.ekn.kr/web/view.php?key=20211125010004464 (2021. 12. 10. 최종방문).

208) 물론 이러한 지적에 관하여 선도시장의 설계를 담당하는 전력거래소는 석탄화력발전소의 진입년도, 용량, 효율 등으로 그룹화하여, 각 그룹에 대한 발전량을 할당한다면 최근 건설된 고효율 발전소를 우선적으로 가동시킬 수 있는 체계를 구축하여 온실가스의 실질적 감축으로 이어질 수 있을 것이라 주장한다. 산업통상자원부, "전력산업의 석탄발전량 및 온실가스 배출 감축을 위한 전기사업법 개정안 토론회," 2021. 3. 10.

209) 제387회 임시국회 산업통상자원중소벤처기업위원회 산업통상자원특허소위원회 제2차 회의록, 2021. 5. 20. 34-36면.

발전소의 전원개발사업실시계획승인처분(이하, "처분") 취소의 소를 사례로 살펴보자.[210]

위 소송에서의 발전사업자는 2013년 7월에 발전사업허가를 득하고 2018년 1월에 전원개발사업 실시계획의 승인을 받았다. 여기에 대하여 강원도 삼척시와 동해시에 거주하는 원고들이 환경상 피해가 우려된다는 이유와 함께, 해당 승인처분에 내용상·절차상 하자가 존재하기 때문에 법원에 해당 처분의 취소를 구하는 소송을 제기한 것이다. 해당 쟁송에서 여러 쟁점이 다투어졌으나,[211] 해당 처분이 고도의 재량행위에 해당하고, 그 위법성 여부를 검토하기 위해서는 관련된 이익의 형량이 관건이 된다고 보여지는 바, 여기에 대해 법원이 어떠한 판단을 내렸는가에 중점을 두어 살피고자 한다.

법원은 전원개발사업을 「국토계획법」상 전기 등 공급시설로서 기반시설의 일종으로 파악한 후, 그 성격이 도시·군관리계획시설사업결정 및 도시·군관리계획시설사업의 실시계획인가와 유사하기 때문에 전문적이고 기술적 판단을 기초로 한 고도의 재량행위로 인식하였다. 이에 그 위법성을 판단하기 위해서는 해당 행정행위로 인한 공익과 사익을 종합적으로 비교·교량해야 할 뿐 아니라 비례의 원칙에도 부합해야 한다고 설시하였다. 여기에 관해서 판결문의 말미에서 삼척시와 사업자 간에 지역민 채용, 관광단지 조성, 주민복지 향상 등을 내용으로 하는 상생협약이 맺어졌다는 점에 착목하여, 이것이 이행된다면 지역주민에 대한 고용

---

210) 서울행판 2020.9.18. 선고 2018구합60793. 박지혜, "석탄화력 발전소 관련 법·정책의 개선 과제-삼척 석탄화력 발전소 추진 사례를 중심으로-," 환경법과 정책 제21권, 2018.
211) 해당 소송에서는 크게 ① 사업계획서 오인과 ② 구 「녹색성장기본법」의 시행령에서 정한 온실가스 감축목표와 미세먼지 관리 종합대책과 모순되는 점, 그리고 ③ 잘못된 수요예측 및 석탄화력발전소의 경제성 평가, 그리고 국가 전력망 운영의 어려움을 가중시킬 것이라는 점, 마지막으로 ④ 행정행위에 해당하는 이 사건 처분이 재량권의 일탈 및 남용에 해당하는지의 여부 등이 다투어졌다.

기회의 증대, 관광수입, 그리고 지역경제의 활성화 등의 이익이 주어질 수 있다고 판시한 점도 특기할 만하다. 즉 이익의 형량에 있어서 주로 경제적 요소가 고려되었음을 확인할 수 있다.

　다만 석탄화력발전소의 건설로 인해 발생할 수 있는 지역주민 및 인류에 대한 직·간접적 피해는 경제적 가치로 환산하기 어려운 것들이다. 예컨대 기후위기 대응과 환경피해에 대한 예방이 그러하다.[212] 풀어서 말하면, 사법(司法)이라는 분쟁해결의 메커니즘은 특정 분쟁을 둘러싼 다양한 가치를 경제적 가치로 환원하여 형량하고 이를 토대로 판단을 내리지만, 결코 모든 가치를 경제적 기준으로 재단할 수 없을뿐더러 설사 그것이 가능하다고 하여도 어떠한 방법론과 전제 등을 설정하는가에 따라 그 결과는 찬차만별일 것으로 예견된다.[213] 바꾸어 말하면, 위 사례와 같은 가치의존적 사안에 있어서 법원에 의한 판단은 결코 현대 사회에서 첨예하게 부딪히는 가치들의 조정을 담당하기에 적합한 수단이 아닐 수 있음을 시사한다.[214] 앞에서 살펴본 바와 같이, 법원은 어디까지나 법률론에 입각한 **법적 사실**과 **법적 판단**을 내리는 기관이기 때문이다.[215]

　물론, 석탄화력발전소의 건설 및 가동을 중단시키기 위한 소송이 사회적 이목을 끌고 해당 입지 지역을 중심으로 사회 구성원들의 탈석탄 주장이 강화된다면 결과적으로 정부의 규제가 보다 촘촘하게 작용할 수

---

212) 물론, 오늘날 여기에 관한 경제적 분석이 활발하게 진행되고 있으나, 특정 발전소로 인한 특정 지역에 대한 피해와 혜택에 대한 검토는 아직까지 미흡한 실정이다.

213) 조홍식, "경제학적 논증의 법적 지위," 서울대학교 법학 제48권 제4호, 2007.

214) 물론, 헌법을 가치의 정점이나 결정체로 바라본다면, 헌법을 수호하는 헌법재판소는 다분히 가치판단적 성격을 가진다고 볼 수도 있다. 강윤원, "헌법재판에 의한 정책형성," 헌법논총 제7집, 1996,

215) 법원은 자유심증주의 아래에서 자유재량이 인정되지만, 그것이 법적 테두리는 넘어 자의적 가치판단의 영역으로 확장되어선 안 된다. 대판 1984. 5. 29. 선고 84도554.; 대판 1985. 9. 24. 선고 85다카644, 8645.; 대판 2019. 10. 17. 선고 2018두104.

있을 것이다. 다만, 이는 본래 정치의 장에서 펼쳐져야 할 투쟁을 그대로 사법의 장으로 옮겨온 것에 불과하며, 정치과정의 일환으로 소송을 사용하는 **사법의 정치적 도구화**로 간주할 수 있는 것이다. 위에서 살펴본 소송으로 인한 직접적 영향의 경우에도 마찬가지이다. 앞의 장에서 검토한 바와 같이, 민간 석탄화력발전소의 조기폐쇄 문제는 재산권이라는 기본권을 비롯한 다양한 가치들이 첨예하게 대립하는 법적 쟁점이 우려되는 사안이기에 사법의 개입 여지가 크지만, 통상적으로 석탄화력발전소 그리고 원자력을 비롯한 다양한 에너지 시설에 관한 분쟁은 가치판단의 여지가 크기 때문에 그 해결을 사법부에게 요청하는 것은 바람직하지 않다고 생각된다. 에너지 문제는 본래 정치적 특성이 강한 까닭에 정치의 과정에서 다양한 가치가 표출되고 조정되어야 하며, 사법은 그러한 기능을 담당하지 못할뿐더러 그것이 문제의 최종적 해결이 아닌 오히려 더욱 심화시키고 패자부활전을 유도하는 측면이 다분하기 때문이다.216)

---

216) 정치과정에서의 패자가 사법의 장으로 두 번째 다툼을 요청하고, 만약 법원이 그들의 부활을 허락하였다하더라도 정치과정이 다시금 작동할 수밖에 없을 것이다. 이는 법원이 패자의 부활을 허락하지 않은 경우에도 마찬가지이다. 즉 결국 분쟁은 정치과정에서 발생하고 매듭지어져야 할 것이다.

제5절 소결

1. 행정부와 사법부의 제도적 역량

제리 마쇼(Jerry Mashaw) 교수는 "만약 우리가 민주적 믿음을 개선하거나 새로이 형성하기 위해서는 제도적 거버넌스를 어떻게 구성하고 그로부터 무엇을 기대할 수 있는가에 대한 더 나은 이해가 필요하다"고 강조한다.[217) 이러한 표현의 함의는 우리가 난제에 마주하였을 때, 그 해결을 위해 가장 중요한 작업은 "문제의 해결을 위해 무엇이 적절한 거버넌스인가"를 고민해야 한다는 것이다. 여기에 터 잡아, 본 장에서는 입법부의 정치과정의 정체와 그로 인한 행정과 사법의 역할이 각광을 받는 오늘날의 경향 속에서 각각의 역할과 한계를 탐색하였다.

지금까지의 논의를 정리하면, 행정부의 선제적인 대응은 아래와 같은 장점을 가진다. 우선 법적 근거를 결여한 행정의 개입은, 몇몇 우려가 존재함에도 불구하고, 오히려 사회의 관심을 환기시키고 입법부의 정체를 해소하는 수단으로 작용할 수 있다는 점에 주목할 필요가 있다. 즉 정치과정의 작동을 촉발시키는 계기가 된다는 것이다. 여기에 착목하면, 행정의 선제적 대응은 그것 자체만으로도 나름의 의미가 있음을 말해준다. 또한 그 한계 중 하나로 지적되는 민주적 정통성과 기본권 침해의 우려는 입법부와 사법부의 사전적 그리고 사후적 통제의 건실화를 통하여 보완할 수도 있다.[218) 유사한 취지에서, 행정법은 사회를 자동차로 비유했을 때 브레이크로만 기능해서는 안 되고 엔진으로 작용할 필요가 있고, 사법심사는 행정이 그 한계를 넘는지 여부를 감시하는 역할을 하

---

217) Jerry Mashaw, *Greed, Chaos, and Governance: Using Public Choice to Improve Public Law*, Yale University Press, 1997. 4면.
218) 문병선, 앞의 논문. 172면.

여야 한다는 논리가 설득력을 가진다.[219] 물론, 이러한 접근방식은 우리 행정법의 핵심 원리인 법치행정과의 긴장관계를 초래한다는 지적을 고민하지 않을 수 없다.

2. 삼부의 상호작용

위에서의 논의와 연결하여, 행정부의 선제적인 문제 해결 시도가 만약 **권리의 문제**를 야기한다면, 여기에 대해서는 법원이 자신들의 존재 이유를 발휘하여 역할을 할 수 있다는 점을 밝혀둔다. 행정국가 속에서의 사법의 역할은 행정에 대한 견제이며, 이를 통해 행정국가를 향도하는 역할을 고수해야 한다는 지적이 이를 뒷받침한다.[220] 즉 만약 행정이 주어진 재량을 일탈 또는 남용하면 법원은 이를 통제하는 **범퍼**(bumper)에 충실해야 한다는 것이다.[221] 이처럼 행정부의 역할은 문제의 해결에만 초점을 맞추는 것이 아니라, 다른 국가 기관이 역할을 할 수 있는 여지를 넓히는 기능을 담당할 수도 있다. 이것이 바로 **협력적 거버넌스**(collaborative governance)의 전형적인 사례라 생각된다.[222] 이러한 입장은

---

219) "행정법은 사회를 자동차로 비유했을 때 브레이크로만 기능해서는 안 되고 엔진으로 작용할 필요가 있고, 사법심사는 행정이 그 한계를 넘는지 여부를 감시하는 역할을 하여야 한다. 실로 행정법 발전의 역사는 이를 증명하고 있다. 법이 설정한 경직된 기준이 공익달성을 위한 업무 수행에 차질을 빚자 사법심사를 피하기 위해 비공식적 행정작용으로 나아가고 법원이 다시 이를 따라잡으면 다시 새로운 방식을 개발하고 또 법원은 이를 적발하는 숨바꼭질을 계속해 왔다. 이것이 행정법의 역사이고 판례의 발전사이기도 한 것이다." 조홍식, 앞의 논문(2002), 123면.

220) David Zaring, 앞의 논문(2020), 745면.

221) Jody Freeman, 앞의 논문(2017). 행정국가의 부상과 함께 삼부간의 중심점이 행정부로 옮겨짐과 동시에 입법부와 사법부 모두 행정의 재량을 존중할 뿐 아니라, 특히 사법은 행정의 재량을 지나치게 통제하기보다 그것이 올바르게 행사되도록 향도하는 기능을 해야 한다는 주장으로는, Cass Sunstein & Adrian Vermeule, *Law & Leviathan: Redeeming the Administrative State*, Harvard University Press, 2020.

우리 법원도 받아들이고 있다.[223]

　즉 삼부간의 관계성은 시대의 요구와 사회적 과제의 해결을 위하여 어떠한 부(府)에 권한을 위임할 것인지 그리고 그에 따라 어떠한 관계성을 가져갈 것인지에 대하여 **고정적**(fixed)이라기 보단 **유동적**(fluid)인 동시에 어느 부가 가장 적절한가라는 선택의 문제를 넘어, 그들 간의 **관계성**의 문제로 확장된 것이다.[224] 이것이 오히려 시대의 민의를 반영할 수 있는 효과적인 방법이라는 견해[225]와 함께 행정부의 적극적인 법해석에 대한 법원의 자제적 태도가 보통법의 전통을 훼손시키는 것이 아닌 오히려 이를 보완할 수 있는 수단이라는 주장은 삼권의 권력분립 원칙을 훼손하지 않으면서도 현대 사회에서 제기되는 다양한 과제에 실질적으로 대응할 수 있다는 견해를 지원한다.[226]

---

222) Jody Freeman, 앞의 논문(2017). 6면 이하.

223) 헌결 2016. 2. 25. 2015헌바191.; 대판 2021. 7. 22. 선고 2020다248124 전원합의체.

224) Adrian Vermeule, "The Administrative State: Law, Democracy, and Knowledge," in Mark Tushnet , Mark A. Graber , & Sanford Levinson (eds.) *The Oxford Handbook of the U.S. Constitution*, Oxford University Press, 2015. 여기에 대한 실증적 분석은 John Ferejohn & Barry Weingast, "A Positive Theory of Statutory Interpretation," *International Review of Law and Economics*, 12(2), 1992. 국내 문헌으로는 허성욱, 앞의 논문(2015). 한편, 법률의 제정에 있어서 사법부를 제외한 입법부와 행정부의 관계를 국내적 맥락에서 살펴본 문헌으로는 조홍식 외., "그린뉴딜의 법정책학-그린뉴딜법안의 법이론적 검토 각서(覺書)-," 환경법연구 제43권 제2호, 2021.

225) Bruce Ackerman, *We the People, Volume 1: Foundations*, Harvard University Press, 1993. 35-40면. 여기에 관한 반론으로는 Michael Klarman, "Constitutional Fact/Constitutional Fiction: A Critique of Bruce Ackerman's Theory of Constitutional Moments," *Stanford Law Review*, 44(3), 1992.

226) Peter McCutchen, "Mistakes Precedent and the Rise of the Administrative State: Toward a Constitutional Theory of the Second Best," *Cornell Law Review*, 80(1), 1994. 5면. 뉴딜로 비롯되는 행정국가의 부상을 헌법의 권력분립 원칙에 대한 **대안적 보호장치**(surrogates safeguards)로 바라보는 견해로는, Cass Sunstein, "Participation, Public Law, and Venue Reform," *The University of Chicago Law*

물론 이러한 대응방식을 취하기 위해서는 기후위기라는 인류적 과제를 어떻게 바라볼 것인가 또한 중요한 요소로 작용한다. 예컨대 기후위기를 충분한 시간적 여유를 두고 충분히 대응할 수 있는 문제로 여긴다면 행정의 발 빠른 개입보단 의회에서 정치과정이 작동하여 논의와 숙고를 통해 사회적 선호를 결집하는 방식이 선호될 수 있다. 반면, 이를 긴급한 상황으로 간주한다면, 행정부의 일단의 대응이 정당화되고, 사후적인 입법부의 법적 뒷받침 또는 사법부에 의한 합법화의 추인 및 부인이 허용될 수 있기 때문이다.227) 이처럼 기후위기 대응은 무릇 삼부 간의 관계성을 어떻게 설정할 것인가에 따라 그 해결방식이 결정될 수 있는 것이다. 실로 행정법 발전의 역사는 이를 증명하고 있다. 법이 설정한 경직된 기준이 공익달성을 위한 업무 수행에 차질을 빚자 사법심사를 피하기 위해 비공식적 행정작용으로 나아가고 법원이 다시 이를 따라잡으면 다시 새로운 방식을 개발하고 또 법원은 이를 적발하는 숨바꼭질을 계속해 왔다. 이것이 행정법의 역사이고 판례의 발전사이기도 한 것이다.228)

Review, 49(4), 1982.

227) Jules Lobel, "Emergency Power and the Decline of Liberalism," *Yale Law Review*, 98(7), 1989.

228) 조홍식, 앞의 논문(2002). 123면.

제5장

탈석탄 문제의 해결방안과 함의

제1절 미세먼지 규제를 통한 해결방안

1. 행정부 주도의 해결방식

　지금까지의 검토에 터 잡으면, 탈석탄 문제의 해결은 －적어도 입법부의 공백 상황에 있어서－ 행정부에 의한 선제적이고 적극적인 동시에 창발적인 접근이 정당화될 수 있다. 아래에서는 이러한 주장에 입각하여 실제 우리가 펼치고 있는 탈석탄을 위한 행정부처 차원의 시도를 간략하게나마 검토한 후, 나름의 타개책을 제시한다.

　우선, 정부는 석탄화력발전소의 총 발전량을 제어하기 위하여 선도시장을 개설하고 입찰제를 도입한다고 발표한 바 있다. 여기에 발맞추어, 의회에서도 「전기사업법」의 일부개정을 통해 법적 근거를 마련하고자 노력하고 있다. 다만 그것이 성공적으로 통과될 것인가에 관해서는 부정적인 견해도 존재하는 것이 사실이다. 만약 석탄발전상한제를 뒷받침하기 위한 「전기사업법 일부개정안」과 「에너지전환 지원법안」이 통과하지 못한다면, 산업통상자원부에게는 두 가지 선택지가 남게 된다. 하나는 해당 방식을 포기하고 환경부가 제시한 단일 벤치마크 계수방식(이하 "단일 BM방식")[1]을 채택하는 것과 법률에 의한 근거지움 없이 시행령과 시행규칙만으로 석탄발전 상한제를 추진하는 것이다.[2] 각각의 내용과

---

[1] 환경부의 설명에 따르면, **단일 벤치마크 계수방식**이란 동일 업종 내의 배출시설의 배출원단위를 기준으로 할당함으로써 제품 생산량이 동일하나 온실가스 배출량이 적은 배출시설이 상대적으로 많은 배출권을 할당받게 되어 기술진보를 유도하는 방식이다. 다만 적용에 많은 자료 필요하다는 어려움도 가진다고 한다.

[2] 석탄화력발전소를 감축 수단을 둘러싸고 환경부와 산업통상자원부 간의 협의에 따르면, 2023년까지 연료별 MB를 적용하되, 석탄발전 상한제를 통한 결과를 내놓지 못한다면 그 이후부터는 환경부의 단일 BM방식을 채택하기로 합의하였다고 한다. 이러한 맥락에서 단일 BM방식의 현실적 한계에 공명한 이장섭

쟁점에 관해 아래에서 살펴본다.

2. 환경부의 단일 BM방식

가. 단일 BM방식의 내용

우선 환경부의 방식에 관해 살펴보고자 한다. 단일 BM방식이란 현재 배출권거래제 하에서 다양한 연료별로 다르게 적용되고 있는 벤치마크 계수를 하나로 통일하여 적용하려는 시도이다.[3] 현재 석탄발전은 0.89, LNG발전은 0.39 수준의 벤치마크 계수를 적용받고 있는데, 이를 0.68의 단일 수치로 통합하는 것이다. 그렇게 된다면 LNG발전은 배출권 할당 비율이 높아질 것이고, 반대로 석탄발전은 낮아질 것이다. 이를 통해 석탄발전사업자들로 하여금 자발적인 기술혁신과 효율성 향상을 유도하고, 궁극적으로는 석탄발전사업의 수익성과 사업성을 악화시켜, 궁극적으로는 발전 비중의 감소를 유도한다.

나. 단일 BM방식의 쟁점

우선 발전사업자들은 과도한 부담이라며 반발하고 있다.[4] 전술하였듯이, 석탄발전을 둘러싸고 다양한 규제와 부담이 이어지고 있는 가운데, 단일 BM방식이 적용된다면 석탄발전 사업자들에게 치명적인 반면,

---

의원이 석탄발전 상한제를 뒷받침하기 위한 전기사업법 개정안을 제안하게 된 것이라 읽는다. 에너지데일리, "연료통합 단일BM계수 적용시 민간 대기업에 1조6000억원 특혜," 2020. 10. 7. http://www.energydaily.co.kr/news/articleView.html?idxno=112 375 (2022. 3. 20. 최종방문).

3) 환경부, "제3차 계획기간(2021~2025) 배출권 할당계획," 2020. 9. 29.

4) 에너지신문, "석탄발전 배출권 연료통합 BM 할당, 지금은 무리," 2020. 9. 22. https://www.energy-news.co.kr/news/articleView.html?idxno=72849 (2022. 3. 20. 최종방문).

LNG발전 사업자들에게는 과도한 혜택이 돌아간다는 지적으로 말미암아 해당 방식의 시행 여부는 아직까지 미지수인 것으로 보인다.

다. 단일 BM방식의 한계

무엇보다, 단일 BM 방식은 우리가 해결하고자 하는 문제를 푸는 것이 아니라 그저 문제의 장을 옮기는 것에 불과하다. 다시 말하면, 전력부문의 탈탄소가 요구되는 상황에서 석탄화력발전의 삭감을 위해 LNG 발전을 확장한다면, 2050년 탄소중립을 향해 나아감에 있어서 현재 논의되는 "석탄화력발전을 어떻게 줄일 것인가"의 문제가 앞으로도 "LNG발전을 어떻게 줄일 것인가"의 문제로 탈바꿈하는 것이 지나지 않는다. 이러한 접근방식은 2050년이라는 장기적인 목표보다 2030년 중단기 목표에 초점을 맞춘 대응이다. 왜냐하면 LNG발전을 확대한다면 당장의 온실가스 배출량은 다소 내려가겠지만, 2050년 탄소중립이라는 목표에 비추어 보면 문제의 해결에는 그다지 효과적이지 못하기 때문이다. 요컨대, 이는 전형적인 대중(對症)적이고 문제를 더욱 복잡하게 만드는 결과를 초래할 것이라 비판받아 마땅하다.[5]

---

5) 2030년 **목표**와 2050년 **목표**의 구별에 관해서는, 빌 게이츠가 적절하게 지적하고 있다.
"앞으로 10년 동안 우리가 할 수 있는 일은, 그리고 해야만 하는 일은 2050년까지 대폭적인 탈탄소화 정책을 도입하는 것이다. 2030년까지 온실가스 배출량 감축과 2050년까지 제로 달성은 비슷하게 들리지만 굉장히 다르다. 2030년까지 온실가스 배출량 감축은 2050년까지 제로 달성을 위한 중간 단계의 목표가 아니다. 직감적이지는 않지만 굉장히 결정적인 차이가 존재한다. 잘못된 방식으로 2030년까지 온실가스를 감축하면 자칫 2050년까지 제로 달성을 못하게 될 수 있기 때문이다. 왜 그럴까? 2030년까지 온실가스를 감축하기 위해 해야 할 일들은 2050년까지 제로를 달성하기 위해 해야 할 일들과는 근본적으로 다르기 때문이다. 이 두 가지 목표는 서로 다른 성공의 척도를 가지고 있다. 우리는 이 둘 사이에서 하나를 선택해야 한다."
또한, 그는 석탄화력발전소를 LNG발전으로 대체하는 방식에 관해서는 특정하

3. 산업부의 석탄상한제

산업통상자원부의 석탄상한제는 앞에서 「전기사업법 개정안」을 검토하면서 그 내용을 살펴본 바, 여기서는 자세히 다루지 않는다.

다만 한 가지 특기할 점은, 석탄발전 상한제 시행을 위한 법적 근거가 구축되지 못하고 있다는 것이다. 그렇기에 해당 부처는 차선책으로 법률에 의한 수권 없는 시행령과 시행규칙을 통한 석탄발전에 대한 직접적 규제를 검토하고 있는 것으로 알려져 있다.[6] 이러한 접근은 애당초 느슨한 사전적 통제를 보이는 환경·에너지 영역의 법률과 그 집행에 있어서 오히려 근거 법률과 행정처분간의 간극을 확대하는 결과를 초래할 것이라는 지적이 충분히 제기될 수 있다.[7]

4. 대안으로서의 미세먼지 규제

가. 미세먼지 규제를 통한 탈석탄 과제의 해결

탈석탄을 이끌어낼 수 있는 시도의 예시로 기존의 환경규제, 그 중에서도 미세먼지와 관련된 엄격한 규율을 통해 석탄화력발전소의 가동 및 건설을 간접적으로 억제하는 형태를 고려해볼 수 있다. 주지하듯이, 석탄화력발전소는 「환경정책기본법」상 환경기준의 규제의 대상으로 설정되어 있는 미세먼지(PM10) 및 초미세먼지(PM2.5)를 발생시키며,[8] 그로 인한

여 언급하고 있다. 그리고 그것이 결코 **2050년 제로 달성**이 아니라, **2030년 온실가스 배출감축**이라는 목표를 **선택**한 것이며, 결과적으로 2050년 목표를 달성 불가능하게 만들 것이라 경고한다. 빌 게이츠, 『기후변화를 피하는 방법』, 김민주 옮김, 김영사, 2021. 280-1면.

6) 전자신문, "'석탄발전 상한제' 본격 시행 지연…발전부문 온실가스 저감 혼선 우려," 2022. 2. 16. https://m.etnews.com/20220216000143 (2022. 3. 3. 최종방문).

7) 문병선, "행정처분과 근거법률의 간극에 대한 고찰 – 환경, 에너지 영역을 중심으로 –," 환경법연구 제40권 제3호, 2018.

지역 주민의 건강상 피해는 물론, 사회적으로도 큰 쟁점이다. 환경부에 따르면, 국내 석탄화력발전소는 약 32,000톤의 미세먼지(PM2.5)를 발생시키는데, 이는 국내 미세먼지 다배출사업장의 약 30%가량을 차지한다.[9]

또한, 우리나라는 「대기환경보전법」상 초미세먼지의 대기환경기준을 선진국 수준으로 강화하였고, 2019년에는 「미세먼지 저감 및 관리에 관한 특별법」을 포함한 미세먼지 8법의 제·개정 등 정책 이행에 필요한 관련 법령을 보완하였다.[10] 여기에 덧붙여서, 「미세먼지 관리 종합계획(2020-2024)」을 수립하였고, 「수도권 대기환경개선에 관한 특별법」을 「대기관리권역의 대기환경개선에 관한 특별법」으로 확대 제정하는 등 겹겹의 규제를 펼치고 있다. 심지어는 2019년 12월부터 2020년 3월까지의 고농도 시기에는 한층 더 강화된 배출규제를 위한 「미세먼지 고농도 시기 대응 특별대책」을 발표하여, 처음으로 석탄 화력발전소의 가동제한과 고배출 차량의 운행 등을 통제하는 한시적이지만 강력한 대책을 시작하기에 이르렀다.[11]

또한, 근자의 「대기환경보전법」 시행규칙의 개정에 따라 발전연료인 유연탄을 옥외가 아니라 옥내에 보관해야 하기 때문에 발전 사업자들은

---

8) 「환경정책기본법」 시행령 제2조 별표1에 따르면, 미세먼지는 연간 평균치 50μg/㎥(24시간 평균치 100μg/㎥) 이하, 그리고 초미세먼지는 연간 평균치15μg/㎥(24시간 평균치 35μg/㎥) 이하로 설정하고 있다. 또한, 석탄화력발전소에서 미세먼지와 초미세먼지가 배출된다는 지적으로는, 장하나 외, "석탄화력발전소에서 배출되는 입자상물질 및 중금속 배출 특성," 한국대기환경학회 추계학술대회 논문집, 2003.

9) 환경부, 미세먼지 다량배출사업장 배출허용기준 최대 2배 강화, 2018. 6. 28. 보도자료.

10) 「재난 및 안전관리기본법 개정안」, 「학교보건법 개정안」, 「액화석유가스의 안전관리 및 사업법 개정안」, 「항만지역 등 대기질 개선에 관한 특별법안」, 「실내공기질 관리법 개정안」, 「대기관리권역 대기환경개선에 관한 특별법 제정안」, 「대기환 경보전법 개정안」, 「미세먼지 저감 및 관리에 관한 특별법 일부개정법률안」.

11) 관계부처 합동, "미세먼지 고농도 시기 대응 특별대책," 2019. 11.

여기에 맞추어 옥내저탄장을 건설해야 하며,[12] 3차로 이어진 미세먼지 계절관리제에서 석탄화력발전소의 가동 축소 및 노후발전소의 폐지가 내세워지고 있다.[13] 또한, 유연탄은 환경오염 기여도가 LNG발전보다 월등히 크지만 연료에 대한 세제 부담이 여기에 비례하지 않는다는 지적이 끊이지 않자, 2019년 4월부터 제세부담금이 46원/kg으로 상승하였으며 향후에도 유사한 기조가 이어질 것이라 예상된다.[14]

이러한 연속적이고 강력한 규제의 발현은 우리 사회가 미세먼지에 적극적으로 대응해야 한다는 합의가 어느 정도 이루어졌음을 뒷받침한다. 그럼에도 불구하고 석탄화력발전소에서 발생하는 미세먼지에 대한 대응은, 그 동안 기후위기 대응과는 별개의 차원으로 여겨지면서 통합적인 규제가 부재했던 것이 사실이다. 여기에 착목하면 미세먼지 규제를 강화하고, 그 주요 대상 중 하나인 석탄화력발전소를 본격적으로 규제한다면, 결과적으로 해당 발전소의 가동 등을 제한하여 기후위기에 효과적으로 대응할 수 있다.

이러한 접근방식은 「대기환경보전법」에서 행정부처에 위임하고 있는 규제권한에 의존하여 시행할 수 있다. 우리 「대기환경보전법」은 제16조에서 배출허용기준을 정하도록 규정하고 있고 구체적인 배출허용기준은 환경부령에 위임하고 있다. 그리고 이는 동법 시행규칙의 별표 8에서 체계화되어 있다. 즉 행정부는 해당 기준의 강화를 통해 석탄화력발전소에 대한 미세먼지 규제를 강화하고, 이는 결과적으로 해당 시설의 사업자로 하여금 추가적인 방지시설을 설치하도록 유도하는 등의 움직임을 취할수 있다.

---

12) 발전산업신문, "2024년까지 옥내저탄장 의무, 설치해야," 2019. 5. 2. http://www.pgnkorea.com/news/articleView.html?idxno=13003 (2022. 3. 20. 최종방문).
13) 관계부처 합동, "제3차 미세먼지 계절관리제 시행계획(안)," 2021. 11. 29.
14) 전기저널, "발전용 연료 세제 개편과 향후 전망," 2019. 10. 2. http://www.keaj.kr/news/articleView.html?idxno=2300 (2022. 3. 20. 최종방문).

나. 미세먼지 규제의 강점

(1) 규제수용성

기후위기 대응과 2050년 탄소중립 달성을 위한 석탄화력발전소에 대한 규제는 다양한 권리와 가치의 충돌로 인해 복잡한 이해관계자를 포괄하고 있어 이들을 지원하기 위한 법적 기반을 마련하기 어려운 현실에 부딪히고 있다. 앞에서 살펴본 두 가지 입법안의 정체가 이를 말해준다. 이는 우리 사회가 석탄화력발전소의 건설 또는 가동을 중단시킬 만큼 탄소규제에 대한 합의가 아직 이루어지지 않았음을 의미한다.

이러한 상황 속에서, 비교적 높은 수용성을 가진 미세먼지에 대한 규제를 주관하는 환경부가 「대기환경보전법」의 시행규칙을 개정하여 배출허용기준을 강화한다면, 이를 통해 실질적으로 석탄화력발전소의 가동 및 건설 등에 제약을 이끌어낼 수 있을 것이다. 즉 석탄화력발전소가 발생시키는 온실가스와 미세먼지 가운데, 후자를 규제함으로써 전자를 감축하는 결과를 이끌어내는 접근방식이다.[15]

만약 미세먼지 감축을 위해 기존의 석탄화력발전소에 강화된 규제를 통해 추가적인 설비 등을 요구한다면 발전단가는 상승할 것이며, 그로 인한 시장에서의 퇴출을 유도할 수 있다. [그림 11]은 두 가지 영역의 상호연결성을 적절하게 나타낸다. 이와 같은 방식은 특정 사회적 과제를 규율하기 위한 명확하고 분명한 법적 근거가 존재하지 않는 상황에서 행정부가 기존 법률의 해석과 유추 적용, 또는 행정입법을 통하여 해당 문제를 해결하고자 하는 점에서, 제4장 제2절에서 살펴본 미국의 CPP의 사례와 유사하다. 이는 도널드 엘리엇(Donald Elliott) 교수가 주창한 일종

---

15) 유인호, "미세먼지 시대의 환경·에너지 법정책 – 완화(mitigation)와 적응(adaption) 정책의 체계적 설계 –," 대한변호사협회, 미세먼지 해결 방안에 관한 법·정책적 접근, 환경·에너지문제연구총서 XIV, 2019. 71면.

의 **육로수송** 또는 **우회로**(portage)적 접근방식이기도 하다.16)

[그림 11] 기후위기 정책과 미세먼지 정책의 상관성

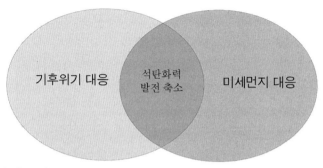

출처: 유인호, 2019 재구성

물론 여기에는 다양한 반론이 제기될 수 있다. 무엇보다 이러한 경우
는 규제하고자 하는 특정 대상에 대한 입법적 대응이 발현되지 않은 상
황임을 간과해선 안 된다. 바꾸어 말하면, 아직까지 사회적 논의와 숙고
가 충분히 이루어지지 않았으며, 사회 구성원의 선호가 결집되지 않은
(또는 못한) 상태인 것이다. 그렇다면, 이를 우회적 방법으로 규제하는
것은 오히려 민주주의의 정신에 위배되는 시도가 아닐까라는 의문도 고
개를 들게 된다.17) 여기에 덧붙여서, 탈석탄 문제와 같은 가치 충돌적인
사안은 필연적으로 의회의 민첩한 대응을 어렵게 만들고 그것은 민주주
의를 채택하고 있는 사회의 필연적인 비용이라는 관점도 수용할 만하다.
여기에 터 잡아, 시간적 제약이 존재하는 기후위기 대응을 위하여 석탄

---

16) Donald Elliott, 앞의 논문.
17) 물론 입법부의 침묵이 사회적 선호의 결집이 충분히 이루어지지 않았는지 혹은
그것이 어느 정도 달성되었음에도 불구하고 의회 구성원의 이익투쟁으로 인하
여 법률의 제정으로 나아가지 못하는지의 여부는 사안별로 판단되어야 할 것이
다. 국내의 민주적 입법과정이 가지는 어려움과 극복방안으로는 이한규, "국회
입법과정의 단계별 갈등해결방안에 대한 고찰" 국회 법제사법위원회, 2009.

화력발전소를 서둘러 폐쇄해야 한다는 주장도 나름 설득력을 가지는 바, 사안을 더욱 복잡하고 어렵게 만든다. 이러한 상황 속에서 입법부의 선호결집 과정에 앞서, 행정부의 기민한 대응은 문제의 해결 그 자체가 가지는 의미를 넘어, 입법부와 사법부의 대응을 이끌어 낼 수 있다는 점에서도 평가받아 마땅할 것이다.

(2) 파편화된 규제의 통합

미세먼지의 규제를 통한 탈석탄의 시도는 파편화된 규제를 통합하는 효과를 초래한다. 우리는 환경과 에너지를 각각 환경부와 산업통상자원부를 소관부처로 설정하고 있다. 그로 인해 석탄화력발전소의 문제는 오롯이 산업통상자원부의 규율 영역으로 여겨지는 경향이 있으나, 여기에 미세먼지 규제라는 수단을 통해 환경부의 개입 여지를 넓힌다면 양자가 상호 보완적으로 석탄화력발전소를 규율할 수 있으며, 이는 이미 미세먼지 규제의 경험을 통해 나타나고 있는 현실이기도 하다.

물론 아직까지 부처 간의 영역다툼의 수준에 그치고 있으나, 향후 기후위기 대응과 2050년 탄소중립의 달성이라는 목표가 본격화될수록 복수의 부처가 합동하여 규제를 설정하는 움직임은 활발하게 나타날 것이라 예상되기에, 미세먼지 규제를 통한 석탄화력발전소의 사안이 적절한 시작점이 되리라 생각한다.

(3) 지역 주도의 규제

국내 석탄화력발전소는 특정 지역에 밀집되어 있는 경향을 보인다. 예를 들어 충남이 대표적이다. 충남에는 총 53기의 화력발전소 가운데 26기가 집중되어 있다. 바꾸어 말하면, 석탄화력발전소의 가동으로 인한 환경 피해가 해당 지역에 편중되는 한편, 그로 인한 혜택은 전국, 특히 수도권으로 분산되는 윤리적 문제가 제기된다. 이러한 상황에 대응하기 위하여, 「대기환경보전법」은 배출허용기준을 설정함에 있어서 특별시·광역시·특별자치시·도·특별자치도 또는 그 외의 인구 50만 이상의 시는 환경기준의 유지가 곤란하다고 인정되거나 대기관리권역의 대기질 개선이 필요하다고 인정되는 경우, 조례로 행정부가 규정한 배출허용기준보다 강화된 기준의 적용을 허용하고 있다(제16조 제3항). 실제로 충청남도는 2019년 5월부터 「충청남도 대기오염물질 배출허용기준에 관한 조례」를 제정·시행 중에 있으며, 여기에서 2021년부터 24기의 발전소에 대한 배출허용기준을 약 60% 가량 강화하였고, 2026년부터는 모든 석탄화력발전소에 적용한다.[18]

이와 같은 방식은 오염시설이 위치한 지역과 해당 공간 속에서 삶을 영위하는 주민들의 권리를 보호하고, 지역의 여건에 부합하는 방식으로 규제를 직접 설계할 수 있도록 허용함으로써, 중앙행정기관 주도의 일률적인 규제에 대한 보완으로 작용할 수 있으리라 여겨진다. 또한, 지자체에 의한 유연하고 민주적인 규제의 설계와 이행은 점증적인 접근방식에 터 잡아 복잡한 문제에 대한 강력한 해결책으로 부상할 수 있다. 이를 통해 지역에서 발생하는 사회적 문제에 특화된 규제를 고안할 수 있으며, 여기에 적응하기 위해 다양하고 혁신적인 접근방식을 시도해볼 수 있다.[19] 한편 지역 주도의 규제는 반드시 중앙정부의 인적·물적 지원이 전제되어야 하는 바, 지역이 적극적으로 조례 등을 설계하고 운영할 수 있도록 서로 노력해야 할 것이다.[20]

---

18) 「충청남도 대기오염물질 배출허용기준에 관한 조례」. 충청남도 외에도 인천에서도 「인천광역시 대기오염물질 배출허용기준 조례」를 시행 중에 있으나, 아직까지 그 밖의 지역에서는 대기오염물질을 특정한 자체적인 기준을 마련하고 있지 않은 상황이다.

19) Donald Hornstein, "Complexity Theory, Adaptation, and Administrative Law," *Duke Law Journal*, 54, 2005.

20) 칼야니 로빈스, 『환경 연방주의의 법과 정책』, 한국법제연구원, 2016.

5. 문제의 해결을 위한 전제들

가. 규제 수준의 설정

탈석탄을 의도한 미세먼지의 규제를 수용한다면, 그 수준을 어느 정도로 설정할 것인가가 핵심이 된다. 석탄발전 사업자들의 이익을 위해 낮은 수준으로 설정하면 탈석탄을 이끌어내기 어려운 것이며, 반대로 과도하게 엄격한 규제 수준을 설정하면 현실성을 결여한 상징적 입법으로 귀결될 수 있기 때문이다. 이처럼 다양한 가치들이 경합하는 현대 사회에서는 문제의 해결을 위한 **잠정적인 타협**(modus vivendi) 조차도 이끌어내기 힘들다. 여기에서 떠올릴 수 있는 한 가지 방법은, 독립된 규제위원회를 설치하여 규제의 수준을 결정하도록 하는 것이다. 여기에 관해서는 이어지는 절에서 탄소중립 녹색성장위원회를 다루면서 상술한다.

나. 규제의 복잡성: 복잡계 이론

탈석탄 문제는 에너지법의 전형적인 쟁점이다. 바꾸어 말하면, 에너지법을 통해 해당 사안을 규율해야 한다. 그렇다면 탈석탄 문제의 해결은 결코 에너지법의 체계, 나아가서는 법체계 그 자체와 유리된 채로 내세워질 수는 없을 것이다. 이와 같은 배경에서 주목해야 하는 것이 논쟁적인 사안의 해결은 법체계의 복잡성을 해소하는 방향으로 이루어져야 한다는 점이다.

법체계는 시스템적 특성을 가지고 다양한 요소들이 중심 없는 네트워크를 구성하고 복잡한 집합행동, 정보처리, 그리고 학습과 진화를 통하여 적응하는데, 이러한 경향은 현대 사회에서 발생하는 **사악한 문제**에서 보다 현저하게 나타나곤 한다. 즉 복잡한 규제의 설계와 이행은 규제 시스템의 거대화 그리고 복잡화될수록, 그 속의 각 요소들 사이의 상호작용(interaction)과 환류(feedback)가 강력하게 나타난다. 이러한 현상은 자칫 시스템에 대한 **불의타**(surprise)로 해석될 수 있을 것이다.[21] 통상적으로 시스템은 현상유지와 함께 **회복탄력성**(resilience)을 가지며, 이는 법체계도 마찬가지이다.[22] 다만 법체계가 항상 지속가능성을 성공적으로 유지하는 것은 아니다.[23]

이러한 상황 속에서도, 기후위기를 둘러싼 자연과학적 사실들이 발견됨에 따라 새로운 입법과 규제가 끊임없이 도입되고 있는 과정을 보노라면, 기존의 기후위기 대응을 위한 법체계의 한계와 과제를 성찰하지 않은 채로 연속적으로 발의되는 대중적·분절적, 그리고 상징적 법안은 문제를 해결하기는커녕, 오히려 법체계의 복잡성을 더욱 증폭시키는 게 아닌가 하는 우려를 낳는다. 특히 탈석탄과 같이 이해관계가 복잡하게 얽혀있는 사안에서 법체계의 복잡성이 가져오는 부작용은 가히 치명적이다. 명확한 기준을 결한 법률은 예측가능성의 저하와 행위의 불일치, 그리고 이에 동반되는 사회적·법적 갈등을 초래하고, 결국 문제의 해결을 더욱 요원하게 만들기 때문이다.

이처럼, 불확실성으로 가득한 사안을 규율하기 위한 법률을 제정함에 있어서, 모든 문제를 일소(一掃)하고자 하는 태도는 대중적·분절적, 그리고 상징적 입법으로 이어질 수 있어, 오히려 사회의 불평등을 증폭시키는 결과를 초래할 수 있다. 그러므로 이러한 사안에 있어서는 급진적인 태도보다 점진적이고 실용적인 접근방식을 중시해야 한다.[24]

---

21) J. B. Ruhl, "Law's Complexity: A Primer," *Georgia State University Law Review*, 24(4), 2008. 875면.
22) 물론, 이러한 경향이 과도해질수록 전술한 고착과 경로의존성이 발현된다.
23) 어떤 법체계의 복잡성이 예상범주를 넘어설 경우, 사회의 불평등이 발생하고, 이를 완화하기 위하여 제정된 대중적·분절적 법률은 또 다른 복잡성과 불평등을 야기하는 악순환에 빠질 수 있다고 지적한다. 앞의 논문. 902-8면.
24) Daniel Farber, *Eco-Pragmatism: Making Sensible Environmental Decisions in an Uncertain World*, University of Chicago Press, 1999.; Daniel Farber & Philip Frickey, "Integrating Public Choice and Public Law," in *Law and Public Choice*, University of

다. 점증적 규제: 점증주의

점증주의(漸增主意, incrementalism)는 한 번의 규제 또는 정책으로 인해 특정 리스크를 완전히 제거하는 방식이 아니라 단계적이고 점증적인 접근방식이 사안의 해결에 기여한다는 것이다.[25] 점증주의가 제공하는 무수한 교훈 중 우리가 살펴봐야 할 내용은 다음과 같다.

무엇보다, 점증주의는 인간의 제한된 합리성을 바탕으로 아무리 촘촘하고 합리적인 정책의 설계에 임했다고 하여도, 실제 집행의 단계에서는 당초에는 예상치 못했던 어려움에 직면할 수밖에 없다. 이러한 사실을 받아들이면 우리는 조금씩 그 괴리를 좁히기 위해 노력해야 함을 일깨워준다. 합리주의에 터 잡은 방식은 예상치 못한 리스크를 간과하여 규제 등의 효과를 약화시키거나 오히려 문제를 더욱 악화시키는 결과를 초래할 수도 있기 때문이다. 바로 여기서 "이행(implementation)이 정책을 만든다"라는 애론 윌다브스키(Aaron Wildavsky)의 주장이 의미를 가진다.[26]

요컨대 전략의 효과적인 이행을 위해선, 전담조직의 안팎에서 지속적인 소통을 토대로 하여 우리의 사회·경제적 그리고 관련 기술의 개발 등의 여건 변화에 따라, 세부적 목표 역시 조정할 필요가 있다. 이러한 접근방식은 목표를 대치(displace), 즉 후퇴시키면서 결국 어려운 문제를 뒤

Chicago Press, 1991.

25) Colin Diver, "Policymaking Paradigms in Administrative Law," *Harvard Law Review*, 95(2), 1981.; Charles Lindblom, "The Science of "Muddling Through"," *Public Administration Review*, 19(2), 1959.; Charles Lindblom, "Still Muddling, Not Yet Through," *Public Administration Review*, 39(6), 1979. 국내 문헌으로는 하연섭, "Charles E. Lindblom의 정책연구: 정치와 시장 사이의 점증주의와 다원주의," 행정논총 제52권 제2호, 2014.

26) Giandomenico Majone & Aaron Wildavsky, "Implementation as Evolution," in Jeffrey Pressman & Aaron Wildavsky, *Implementation*, University of California Press, 1984.; Aaron Wildavsky, *Speaking Truth to Power: Art and Craft of Policy Analysis*, Routledge, 1987.

로 미루는 결과를 초래한다는 지적에 마주할 수 있지만, 그것이 결코 절대악으로 여겨져서도 안 된다.[27] 물론 보수적인 접근방식이 모든 상황에서 정당화되는 것도 아니다. 예컨대 점증주의는 기존의 상태에 터 잡은 소폭의 변화를 이끌어내는 방식이기에, 만약 그것이 권리 부여 등에 관한 사례의 경우 점진적인 권리의 변화는 오히려 기존의 상태로 인한 불이익을 연장시키게 된다. 물론 이와 같은 사례는 매우 제한적이다. 오히려 정책결정의 대부분의 사례는 점증주의적 접근방식이 정당화된다. 무엇보다 만약 목표가 지나치게 추상적이거나 이상적인 내용을 포함하고 있어 도저히 달성할 수 없는 수준으로 나아가고 있거나 해당 목표의 달성이 엄청난 정치적, 경제적, 그리고 사회적 비용을 야기하고 있다면, 목표를 재조정하는 것이 당연한 수순일 것이다.

이러한 배경에서 절대적 탈석탄이라는 물리적 목표에 과도하게 집착하지 않고, 암모니아 혼소와 같은 대안적 발전방식 또는 예비력 전원으로써의 활용 등의 방안이 함께 고려되어야 할 것이다.[28] 이와 같은 기술적 보완책을 통한 **실질적 탈석탄**이라는 방향에 대한 일정 정도의 여지를 남겨야 한다는 주장에 무게 추를 둘 수 있을 것이다.

덧붙여서, 점증주의는 탈석탄 사례와 같이 가치 투쟁의 난제를 해결하기 위해 적합한 방식이라는 점도 주목해야 한다.[29] 예컨대 사회적 쟁점을 해소하기 위해 일단의 목표를 향해 조그마한 대응이 진행된다면, 여기에 관한 각 부의 반응을 이끌어 낼 수 있다.[30] 바꾸어 말하면, 점증

---

27) Aaron Wildavsky, 위의 책. 53면.

28) 우리와 여건이 유사한 일본은 석탄화력발전소를 백업 전원으로서의 역할에 국한시키기 위해 2019년부터 기저전원(baseload) 시장을 신설하여 안정공급에 대한 우려를 불식하고 전원별 규제를 실시한다. 資源エネルギー庁, "ベースロード 市場について," 2022. 3. 16.

29) Charles Lindblom, "Still Muddling, Not Yet Through," *Public Administration Review*, 39(6), 1979. 520면.

30) 점증주의(Incrementalism)는 정책결정자의 제한적 합리성을 인정하고, 현상을 조금이라도 개선할 수 있는 정책적 변화를 반복적으로 취한다. 즉, **소규모의**

주의는 입법에 의한 문제의 완전한 해결보다 행정부에 의한 점진적인 개선을 되풀이하는 접근방식이 보다 효과적임을 시사한다. 이는 리처드 라자루스(Richard Lazarus)가 지적한 바람직한 기후위기 대응이 갖춰야 할 **유연성과 안정성**을 허락한다고 해석해 볼 수 있다.[31)]

　나아가서, 점증주의 모델은 오로지 정책실현으로 인한 단기적인 영향만을 고려하면 충분하기에 불확실하고 다원적인 미래의 대응에 유리하다.[32)] 심지어 만약 잘못된 판단이 이루어진 경우에도 발 빠른 교정을 통하여 궤도를 수정할 수 있다는 강점을 가진다.[33)] 이처럼 점증주의는 현대 사회의 가치 다원주의를 수용하면서, 그 속에서 이루어지는 정책결정 과정의 불확실성과 갈등을 제거하는 것이 아니라, 이를 어떻게 관리하고 조정할 것인가에 초점을 둔다.[34)]

　임시적인 교정(small and temporary adjustments)을 되풀이하는 방식이다.

31) Richard Lazarus, 앞의 논문(2009). 1157-8면.

32) 점증주의를 주장하는 대표적인 학자인 찰스 린드블롬(Charles Lindblom)은 허버트 사이먼(Herbert Simon)의 **제한된 합리성**(bounded rationality)의 개념을 받아들여, 정책결정자의 인지능력의 한계, 정보와 자원의 부족, 시간적 제약에 의하여 대안의 탐색과 그로 인한 합리적 의사결정의 가능성을 부정한다. Aaron Wildavsky, 앞의 책. 86면.

33) 앞의 책. 83면.

34) Weiss, Andrew & Edward Woodhouse, "Reframing Incrementalism: A Constructive Response to the Critics," *Policy Sciences* 25(3), 1992, 265면.; Charles Lindblom & Edward Woodhouse, *The Policy-Making Process*, Prentice Hall, 1993. 그리고 이는 자연스럽게 문제해결을 위한 **민주주의**에 대한 강조로 이어지게 된다. Adrian Vermeule, *Mechanisms of Democracy: Institutional Design Writ Small*, Oxford University Press, 2007.

제2절   탄소중립 녹색성장위원회를 통한 해결방안

1. 독립위원회를 통한 문제의 해결

앞의 절에서 미세먼지 규제의 강도를 설정함에 있어서 탄소중립 녹색성장위원회(이하, "탄중위")를 활용하는 방식을 언급하였다. 이는 가치다원주의 시대에 있어서 행정국가가 취할 수 있는 효과적인 접근방식의 하나이다. 현대 사회에서 행정부가 마주하는 사회적 쟁점들은 대부분이 매우 복잡하고 사실관계나 인과관계가 불확실하여 확실한 정답을 찾아내기 힘들다. 그렇기 때문에 전문가 집단의 판단에 기초하여 선택을 내릴 강력한 인센티브가 작동하는 것이다.

아래에서는 탈석탄 문제의 해결과 이를 위한 미세먼지의 규제를 위하여 탄중위가 어떠한 역할을 할 수 있는지 살펴보고자 한다.

2. 탄중위의 성격과 법적 근거

탄중위는 2020년 우리나라가 2050년 탄소중립을 선언하면서 이를 추진하기 위한 주요 정책·계획에 대한 자문 및 심의를 담당하는 조직으로 설립되었으며, 「탄소중립기본법」이 제정되면서 제15조에서 탄중위 설치의 법적 근거가 마련되었다.

3. 탄중위의 설립과 구성

가. 탄중위의 설립배경

2050년 탄소중립은 그 중요성이나 복잡성의 측면에서 국가적 과제인 까닭에 탄소중립에 대한 국가 비전, 탄소중립 이행계획의 수립에 관한 사항을 종합적이고 전문적인 관점에서 설계하고 또 이를 심의할 필요가 있다. 탄중위는 바로 이러한 역할을 위하여 설립되었다. 즉 기후·에너지 영역의 컨트롤 타워인 것이다. 그러한 까닭에 탄중위는 이전의 환경·에너지 관련 국가기구들을 재구성한 조직이기도 하다. 인력과 예산의 낭비를 방지하기 위하여 지속가능발전위원회, 녹색성장위원회, 국가기후환경회의, 그리고 미세먼지 특별대책위원회를 해제하고, 탄중위로 통합한 것이다.

무엇보다, 우리에게 탄중위와 같은 형태의 조직은 전혀 낯설지 않다. 이명박 대통령 시절, 저탄소 녹색성장이 우리 환경·에너지 영역의 기치(旗幟)로 내세워졌고, 2009년, 국가의 저탄소 녹색성장과 관련된 주요정책 및 계획과 이의 체계적·효율적 이행에 관한 사항을 심의하기 위하여 녹색성장위원회를 설립하였다. 해당 위원회는 민간위원 29명과 당연직 18명의 총 47명의 규모로 녹색성장·산업, 기후변화·에너지, 녹색생활·지속발전분과로 구성되었고, 과학적 전문성을 보완하기 위하여 총 60여명의 전문가 워킹그룹을 두었다. 이처럼 오늘날의 탄중위는 녹색성장위원회와 유사한 기능과 구성을 가지고 있다.

나. 탄중위의 구성

「탄소중립기본법」 제15조 제2항에 따르면, 탄중위는 위원장 2명을 포함하여 50명 이상 100명 이하로 구성되어야 한다. 구체적으로 살펴보면, 탄중위는 국무총리와 민간 공동위원장을 정점으로 18명의 정부부처의 장관 그리고 75명의 위촉 민간위원으로 구성된 대규모 위원회이다. 각 위원들은 업무를 효율적으로 수행하기 위하여 기후변화, 에너지혁신, 경제산업, 녹색생활, 공정전환, 과학기술, 국제협력, 그리고 국민참여의 8개 분과에 소속되어 관련 정책·계획을 심의한다.[35] 또한 동 규정에 따르면 위원회를 지원하기 위하여 사무기구를 두도록 규정하고 있다.

4. 탄중위의 기능과 한계

가. 탄중위의 기능

「탄소중립기본법」은 제16조에서 탄중위의 기능을 열거하고 있는데, 이는 크게 정책과 계획의 심의, 이행점검, 그리고 국민소통으로 구분된다.[36] 여기에는 탄소중립 추진을 위한 정책의 기본방향, 국가비전 및 전략, 국가기본계획, 시·도계획 및 시·군·구계획 등과 같은 사항이 포함되며 중장기감축목표 및 부문별감축목표를 위한 연도별 목표의 이행현황을 점검하도록 규정하고 있다.[37] 그 외에도 법·제도, 재원배분 및 효율적 사용, 연구개발, 인력양성 및 산업육성, 국민 이해증진 및 홍보·소통, 국제협력에 관한 사항도 심의·의결의 대상에 포함된다.[38]

나. 탄중위 기능의 한계

전술한 바와 같이, 탄중위는 과거의 녹색성장위원회를 계승한 만큼 그로 인한 유사한 한계 또한 내재한다. 그 중에서도 자문기구로서의 한계가 바로 그것이다.[39] 녹색성장위원회와 마찬가지로, 탄중위 또한 심의·자문기구이다. 즉 준입법권이나 재결권, 집행기능을 가진 행정위원회와는 달리, 정책을 직접 설계·수행할 수 없다. 이를 바꾸어 말하면, 탄소

---

35) 「2050 탄소중립위원회의 설치 및 운영에 관한 규정」 제8조(분과위원회 등의 설치).
36) 「탄소중립기본법」 제16조.
37) 동조 1-7항.
38) 동조 8-14항.
39) 전의찬, "총론적 평가 및 차기정부 과제," 이명박정부 기후변화정책 평가 및 차기정부 정책과제, 기후변화정책연구소, 2012. 11. 58-60면.

중립을 구현하기 위하여 아무리 핵심적인 쟁점일지라도 탄중위가 직접적으로 그 해결에 나설 수는 없으며, 정부부처를 구속할 수도 없다.[40] 이는 탈석탄 사례에서 여실히 드러난다. 민간 위원장인 윤순진 교수는 탄중위의 설립 당시부터 탈석탄 문제의 심각성을 인지하고 해결의지를 내비추었지만, 법적 근거와 사회적 합의의 부재라는 현실적 어려움에 부딪혔다.[41]

5. 제언: 영국 기후변화위원회와의 비교

가. 다양성과 전문성의 사이에서

탄중위의 거버넌스를 실질화하기 위한 한 가지 방안은 탄중위에 합의제 행정위원회의 지위를 부여하는 것이다. 그러나 탄중위 구조의 변화 없이 단순히 행정위원회의 지위만 변경하는 것은 근본적 해결책이 되지 못한다. 현행 위원회의 형식으로는 합의를 이끌어내기 어렵기 때문이다.

한편, 영국 기후변화위원회(Climate Change Committee)는 법적 근거를 가진 독립기구이자 정부의 탄소중립 정책·계획을 자문하고 관련 목표의 이행점검을 위해 설치되었다는 점에서 우리 탄중위와 유사하지만, 그 구성을 살펴보면, 기후변화위원회는 8명의 기후변화위원회와 5명의 적응위원, 그리고 전문연구인력 30명의 사무국으로 구성되어 있으며, 이행평가 및 특정 쟁점에 관한 보고서를 발간하는 만큼, 전문성에 대한 강조가 내세워지고 있다. 반면, 탄중위는 100여명이 넘는 규모의 대규모 조직이며, 그 구성에 있어서도 각계각층의 인사와 성별을 고려한 만큼, 전문성보단 다양성을 가치로 내세우고 있다고 읽힌다. 다만 한 가지 유념할 것

---

40) 조정찬, "녹색성장 추진을 위한 행정조직 개편방안," 녹색성장 법제(Ⅰ), 법제처, 2010. 16면.
41) 아시아경제, "윤순진 "석탄화력발전, 하루 빨리 폐쇄하는 것이 바람직"," 2021. 8. 5. https://www.asiae.co.kr/article/2021080512314871510 (2022. 3. 15. 최종방문).

은 이러한 다양성이 자칫 전문성을 해칠 수 있다는 점이다. 즉 위원의 수가 많아질수록 개별 위원의 의견이 결론에 미치는 영향력이 작아지고, 이는 결국 개별 위원으로 하여금 보다 정확하고 풍부한 정보를 수집·제공하고자 하는 인센티브를 저하시킨다.[42] 특히 단순 다수결제도를 통해 의결하는 탄중위의 경우, 이러한 경향성이 더욱 강조될 것이다.[43]

물론, 이와 같은 차이는 양 조직이 어떠한 임무를 수행하고 있는가에 따라 발생할 수 있다. 영국의 기후변화위원회는 탄소예산의 작성과 감축 프로세스의 점검 등 과학적이고 기술적인 영역에서 활동하는 반면, 우리는 정부의 정책 및 계획의 심의하는 비교적 전문성 조건이 완화된 역할을 하고 있다. 나아가서, 탈석탄과 같이 다양한 가치가 엮여있는 쟁점을 다룬다고 생각하면, 전문성과 다양성 중 어느 한 쪽에 무게 추를 두기가 더욱 어려울 것이다.[44]

나. 책임성과 투명성의 확보

탄중위의 규모에 따른 전문성과 다양성의 균형은 정답이 존재하는 물음이 결코 아니다. 양자 가운데 어떠한 가치를 둘 것인가는 우리 사회가 처한 여건과 탄중위의 역할을 고민한 뒤에 판단해야 할 것이다. 다만, 어떠한 선택을 내리는가와 별도로 탄중위의 책임성과 투명성은 더욱 강

---

42) Christian List & Philip Pettit, "An epistemic free-riding problem?" In Philip Catton & Graham Macdonald (eds.), *Karl Popper: Critical Appraisals.*, Routledge, 2004.

43) 탄중위의 의결은 출석위원 과반수의 찬성으로 이루어진다고 규정되어 있다. 「2050 탄소중립위원회의 설치 및 운영에 관한 규정」 제7조 제2항.
David Austen-Smith & Timothy Feddersen, "Deliberation, Preference Uncertainty, and Voting Rules," *The American Political Science Review*, 100(2), 2006.

44) 탄중위 내부에서도 전문성 강화를 위해 분과 및 위원의 수를 축소해야 한다는 의견이 나오고 있다. 매일경제, "출범 1년차 탄소중립위원회 내부서도 "분과 너무 많아" 자성 목소리," 2022. 5. 16. https://www.mk.co.kr/news/economy/view/2022/05/429897/ (2022. 6. 4. 최종방문).

조되어야 마땅하다.

우선, 탄중위의 심의·의결 사항과 그 내용, 그리고 여기에 대한 관계부처의 대응이 투명하게 공개되어야 한다. 이는 탄중위의 전문성을 강조하는 동시에, 탄중위와 정부에 대한 책임성을 확보하기 위한 시도이기도하다. 탄중위의 법적 성격을 고려하면, 그들의 심의·의결 사항은 관계부처를 구속할 법적인 근거가 존재하지 않는다. 물론, 행정청으로서는 심의 결과를 배척해야 할 다른 합리적인 사정이 없는 한 심의 결과를 존중하여야 한다. 또한, 탄중위에는 모든 중앙행정기관의 장이 위원으로 포함되어 있으며, 위원회 활동을 뒷받침하기 위한 사무처가 설치되어 있기에 심의·의결에 있어서 정부와의 충분한 공식·비공식 조율이 이루어질 여지가 확보되어 있다. 그럼에도 불구하고, 위원회의 심의·의결 사항과 정부의 선호가 부합하지 않는 경우가 발생할 우려를 완전히 부정할 수는 없는 만큼, 이러한 상황을 대비하여 정부가 탄중위의 심의·의견 및 자문을 배척하는 경우에는 그 이유를 공개하도록 의무화할 필요도 있다고 생각된다. 이는 영국의 기후변화위원회가 채택하고 있는 방식이기도 하다.[45]

다. 개별 쟁점에 대한 검토

탄중위는 2021년 8월에 2050년 탄소중립을 위한 시나리오의 초안을 발표하고, 각 종 분야와 시민의 의견수렴을 걸쳐 동년 10월에 최종안을 공개하였으나, 이는 어디까지나 우리 사회가 나아가야 할 방향성을 거시적인 차원에서 제시하는 비전일 뿐,[46] 그 달성을 위해 논의되어야 할 무수하고 복잡한 쟁점에 대한 충분하고 구체적인 검토는 이루어지지 않았

---

45) 이혜경, "영국 기후변화법의 이행현황 및 국내적 시사점 – 기후변화 감축분야를 중심으로," 외국 입법·정책 분석 제1호, 국회입법조사처, 2021. 5. 27.
46) 프레시안, "탄소 중립 시나리오'를 바라보는 극과 극의 시선들," 2021. 9. 13. https://www.pressian.com/pages/articles/2021091316053597589 (2022. 3. 4. 최종방문).

다.[47] 탄중위가 탄소중립 및 녹색성장에 관한 정부의 정책·계획의 심의·의결하는 기구인 까닭에, 필연적으로 수동적인 태도를 취하게 되고 제한된 범위의 쟁점에 대한 논의를 할 수 밖에 없다. 그럼에도 불구하고, 구체적이고 개별적인 쟁점에 대한 검토가 전제되지 않으면 시나리오는 공허한 선언에 불과하게 된다.

물론 현 체제에서도 탄중위가 탈석탄이라는 사안에 관하여 논의 자체를 시작하지 못하는 것은 아니다.[48] 「탄소중립기본법」에 따르면, 탄중위는 온실가스 감축, 기후위기 적응, 정의로운 전환 및 녹색성장과 관련하여 필요하다고 인정되는 사항을 심의할 수 있고(제16조 제14항), 필요에 따라 특정 사안을 전문적으로 심의하기 위하여 분과위원회에 전문위원회를 둘 수 있다(제19조 제1항 및 제4항). 또한, 필요에 따라 중앙행정기관의 장에게 자료·서류의 제출, 이해관계인 및 관계 공무원의 의견진술, 관계 행정기관에 대한 현지 조사를 허용하고 있으며, 특정 사안에 관한 전문가를 출석시켜 의견의 진술 및 자료를 제출하도록 요구할 수 있다(제20조). 실제로 위원회를 회의록을 살펴보면, 이와 같은 거버넌스를 둘러싼 논의가 이루어지고 있는 것으로 보인다. 예를 들어, 공정전환 분과에서는 해당 분과의 중요성과 광범위성을 고려하여 **특별위원회**로 격상시킬 것인가 또는 기존의 여러 분과를 통합하여 논의를 진행할 수 있는 **통합 분과**를 신설할 것인가, 나아가서 특정 사안에 관한 전문적인 검토를 수행할 수 있는 **전문위원회**를 설치할 것인가 등이 대표적이다.[49] 여기에 터 잡으면, 탈석탄 문제를 전담하여 논의하는 **탈석탄 전문위원회**를 설치하는 것도 생각해봄직 하다.

---

47) 물론, 석탄화력발전 쟁점이 탄중위에서 전혀 논의되지 않은 것은 아니다. 특히 공정전환분과, 기후변화분과, 경제산업분과에서 다루어지고 있다.

48) 아시아경제, "윤순진 탄소중립위원장 "석탄발전소 존치 여부는 중요 쟁점…심도있는 논의 진행 중,"" 2021. 7. 1. https://www.asiae.co.kr/article/2021070117320079261 (2022. 3. 15. 최종방문).

49) 탄소중립 녹색성장위원회, 공정분과 제11,12,13차 회의 결과. 해당 자료는 위원회 홈페이지에서 찾아볼 수 있다. https://www.2050cnc.go.kr (2022. 6. 3. 최종방문).

이처럼, 탄중위의 거버넌스는 현행의 법적 테두리 안에서도 비교적 유연하게 구성해볼 수 있으며, 이를 통해 2050년 탄소중립이라는 거대한 목표의 달성을 위한 핵심 쟁점을 추려낼 수 있을 뿐 아니라, 구체적인 문제의 포착과 해결을 위한 전문적이고 깊은 논의에 돌입할 수 있을 것으로 사료된다. 그 논의의 과정에서, 다양한 기관과 이해관계자, 지역, 그리고 발전사업자와의 공식·비공식적 협의를 통하여 탈석탄을 이끌어 내기 위한 협상을 시도해 볼 수도 있다.50)

---

50) 임형우 외, "신정부의 탄소중립 목표 달성을 위한 주요 정책 제안," 환경포럼 제26권 제2호, 한국환경연구원, 2022. 15면.

제3절 탈석탄 문제가 제기하는 공법적 함의

1. 최적화 입헌주의(Optimazing Constitutionalism)

가. 두 가지 리스크

앞 장에서 살펴본 바와 같이, 행정부와 사법부는 각자 다른 역할과 한계를 가진다. 그렇다면 "우리는 미증유의 사악한 문제에 마주하고 그로 인한 의회의 정체, 나아가서 입법부의 공백에 맞닥뜨렸을 때, 어떠한 태도를 취해야 할까?" 이러한 물음은 사회적 선호의 결집체로서의 법규범이라는 공법의 근거에 대한의문을 제기한다.

사회가 세분화·전문화될수록 다종다양하고 기존에 예상치 못했던 리스크에 마주하게 된다. 뿐만 아니라, 이러한 리스크는 이따금 가치 의존적이고 상호대립적인 까닭에, 무엇을 선택 또는 중시해야 하는지에 관한 정답이 존재하지 않는 영역이다. 이러한 가운데, 버뮬은 특정 리스크의 완전한 통제에만 초점을 맞춘 예방책은 왕왕 역효과를 발생시킬 뿐 아니라, 리스크의 규제에 관한 또 다른 리스크를 초래하기에, 이를 고려한 최적화 체계가 필수불가결하다고 본다.[51] 그는 삼부의 권한배분이 결코 일률적으로 확정될 수 없으며, 오히려 사안별 맥락에 따라 유연하게 변화해야 한다고 강조하면서, 이를 **최적화 입헌주의**(optimizing constitutionalism)라 일컫는다.

여기에 따르면, 현대 사회에서 발생하는 다양한 리스크에 대한 통제와 관리는 어떠한 기관이 주도권을 가지고 대응해야 하는지는 각 기관이 가지는 제도적 능력과 한계에 따라 결정되어야 한다. 예컨대 어떠한

---

51) 이러한 취지는 버뮬의 아래의 저서에서 명확히 나타난다. Adrian Vermeule, *The Constitution of Risk*, Cambridge University Press, 2013.

개별적 리스크가 발생하였을 때, 그것이 권리의 문제라면 이를 해결하는 주체로서 법원이 꼽힐 수 있다. 그러나 해당 사안이 개인이 아닌 집단을 대상으로 하거나 법원의 한정된 정보수집능력으로는 그 해소에 적절하지 않다는 지적으로 인해 입법부 또는 의회의 정체가 발생한 경우에는 행정부에게 문제의 해결이 요청될 수 있다. 이처럼, 각 기관이 가진 제도적 역량을 충분히 고려하지 않고 권한을 배분하거나 극도의 예방적 접근방식과 같은 극단에 치우친 방식이 일률적으로 적용된다면, 그로 인한 법률 제정의 지연과 비용의 급등 등으로 인해 역으로 독제와 억압과 같은 또 다른 리스크를 야기할 수 있다고 한다.[52]

그는 전자의 리스크를 **일차적 리스크**(first-order risk), 후자를 **이차적 리스크**(second-order risk) 또는 **정치적 리스크**(political risk)라 명명하고, 현실 세계에서 발생하는 일차적 리스크에 삼부가 적절하게 대응할 수 있도록 최적화하여 그것이 이차적 리스크로 이어지는 것을 방지해야 한다고 주장한다.[53] 이러한 논리는 행정의 포획과 관료제의 문제와 함께, 법적 근거가 불분명하거나 존재하지 않는 상황이 대두되는 오늘날의 현실 속에서 행정이 어떠한 고려와 기준 그리고 조합을 통해 사회적 문제에 대응해야 하는가라는 확장된 쟁점을 불러일으킨다.

나. 입법부의 공백과 행정의 우위

(1) 행정부의 우위

의회, 그리고 본질적인 주인에 해당하는 국민으로 하여금, 대리인 비

---

52) 위의 책. 187면. "권력의 분립이 입법의 정체를 생성하고, 이를 해소하기 위한 초헌법적인 대응의 요구로 이어진다면, 행정의 독주 또는 입법의 독재를 예방하기 위한 행정권력과 입법권력의 분립이 오히려 독주와 독재의 리스크로 작용할 수 있다."
53) 위의 책. 3-4면.

용의 측면에서 행정이 가장 경쟁력을 가질뿐더러, 사안에 따라서 행정이 대리인이 아닌 국민의 선호를 직접 추구할 수 있는 지위를 획득할 수 있음을 확인하였다. 거듭 강조하듯이, 의회는 사안이 가치 투쟁적일수록 법률의 제·개정을 통해 사회적 문제의 해결에 기여하기 힘들고, 소송은 그 구조적 한계로 인해 법원의 문을 두드리기 조차 힘들다는 점을 확인하였다. 또한, 설사 해당 요건을 통과하였다고 한들, 소송은 결코 실체적 진실을 파헤치기 위한 절차가 아니라는 점을 간과해선 안 된다. 이러한 가운데, 행정은 부분적으로나마 가지는 민주적 정통성을 토대로 사회적 난제에 대응할 수 있으며, 이는 어떠한 접근방식을 채택하는가에 따라 보완할 수 있을뿐더러 오히려 개별 사안에 따라서는 의회의 민주적 정통성보다 더 큰 그것을 확보할 수도 있다. 예컨대 신고리 5, 6호기 원자력발전소의 사례에서 행해진 공론화가 대표적일 것이다. 즉, 사회적 선호의 결집과 반영이 수월하고 여기에 따른 통제와 유인이 작동하기 용이하다는 것이다. 여기에 착목한다면, 행정부가 의회의 선호 추구 방향으로부터 일탈하는 현상을 대리인 비용으로 인식하는 것으로부터 벗어나게끔 해준다.

요컨대, 지금까지 행정부는 의회의 대리인으로 인식되어 왔지만, 그들이 가지는 양면성은 더 이상 의회의 선호를 추구하고 그들에게 종속된 대리인이 아닌 **독자적이고 자율적인 존재**임을 말하고 있다. 이러한 함의는 사회적 과제의 해결을 위한 행정의 적극적인 개입을 뒷받침한다는 점에서 의미를 가진다. 물론, 행정이 의회에 항시적으로 우월적 지위를 점한다는 주장은 과도하다.[54] 그럼에도 불구하고 그들이 제도적 우위를 가지는 개별적 사안에 관해서는 행정이 주도적으로 해당 과제에 대한 법규를 탐색하고, 이를 해석할 수 있는 일차적 해석재량을 가짐과 동시에 그것이 넓게 인정될 수 있음을 상기해야 한다.

---

54) Brigham Daniels, 앞의 논문. 420면.

(2) 행정부의 도구적 가치

행정부의 적극적이고 선제적인 대응은 두 가지 주요한 가치를 가진다. 그 중 하나는 사회적 문제의 해결이 가져오는 가치이다. 이를 통해 사회의 부와 권리의 재분배를 도모할 수 있으며, 약자와 소수자를 보호하고 사회적 공익을 추구할 수 있다. 두 번째 가치는 우리 사회가 미증유의 사악한 문제에 마주하였을 때, 특히 가치 의존적 사안이 초래하는 입법부의 공백을 해소하기 위한 도구로서의 행정부의 가치를 찾아볼 수 있다. 즉 행정부의 **도구적 가치**가 도출된다.

조금 더 구체적으로 말하자면, 시급한 대응이 요구되는 사안이 존재하지만 이에 관한 법률을 통한 매듭이 요원한 경우, 행정이 나름의 민주적 정통성과 전문성 등을 토대로, 이를 해결하기 위한 창발적인 정책적 대응을 내세운다면, 그로 인한 사안의 해결을 도모할 수 있을 뿐만 아니라, 입법부와 사법부의 이차적인 반응을 이끌어낼 수 있다. 의회는 행정부의 정책 및 규제가 자신들의 선호의 범위를 벗어나게 된다면 정체되어 있던 입법안을 통과시켜 다시 자신들의 선호를 추구하도록 만들거나 또 다른 법안을 마련할 수도 있다.[55] 다른 한편, 사법부는 행정재량의 일탈·남용 여부를 심사하여 행정의 규제 등이 법률 또는 헌법에 반한다고 선언할 수 있으며, 반대로 그 합법성을 추인할 수도 있다. 이처럼 행정의 선제적인 움직임은 난제의 해결을 위한 유용한 도구로써 활용될 수 있다.[56]

---

55) Climate Analytics & 기후솔루션, "탈석탄 사회로의 전환: 파리협정에 따른 한국의 과학 기반 탈석탄 경로," 2020. 2.

56) 행정이 아닌, 법원에 의해서도 **환류작용**(feedback)이 발생할 수 있다. 예컨대, 사법이 특정 법률에 대한 위헌법률심사 또는 특정 규제 등에 대한 위법성을 선언한다면, 의회는 다시 법률을 제·개정하여 자신들의 의도를 관철시킬 수 있다. 다만, 사회적 문제에 대한 해결을 법원이 선제적으로 나선다는 지점에서 그들은 행정에 대한 비교열위를 가진다. 허성욱, 앞의 논문(2005). 373면.; Jerry Mashaw, *Greed, Chaos, and Governance: Using Public Choice to Improve Public Law*, Yale University Press, 1997. 101-5면. 한편, 여기에 관하여, 입법부와 사법부의 이

2. 행정의 우위에 대한 비판과 반론

가. 재량의 일탈·남용

버뮬이 강조한 **최적화**를 거꾸로 바라보면, 행정에 대한 지나치게 엄격한 통제 및 견제를 지양해야 한다는 주장으로도 읽힐 수 있다. 즉 정부에 의한 권한의 남용은 전면적으로 제거되기보단 최적의 지점을 찾아야 한다고 그는 밝히고 있다.[57]

현대 사회의 발전에 따라 점차 복잡하고 전문적인 쟁점과 분쟁이 발생하면서 여기에 대응하기 위해 보다 많은 권한과 재량이 행정에 위임되고 있다. 그렇다면 자연스럽게 그 대응의 과정에서 권한의 오·남용의 여지가 넓어진다는 것이다. 이러한 상황 속에서 모든 일탈을 원천적으로 방지하고 그 전부를 제거하는 접근방식은 비용 효율적이지도 않을뿐더러 오히려 규제와 관리의 체계를 더욱 복잡하게 만들곤 한다는 것이다.[58] 즉 예상가능한 정도의 남용은 최적의 대응을 위한 불가피한 **부산물**(byproduct)로 선해해야 한다는 것이다.[59] 현대 행정국가에서 삼부의 관계성은 바로 이러한 여건 속에서 이루어질 수밖에 없다고 그는 주장한다.[60]

위의 주장과 연결하여, 그는 행정재량의 남용을 최적화하기 위해선 점진적인 리스크 대응방식을 취해야 한다는 주장을 개진한다. 우리는 무(無)의 상태에서 무언가를 만들어 내는 것이 아니라 지금까지의 경험과 시행착오를 토대로 하여, 무엇이 이차적(또는 정치적) 리스크를 발생시

차적 반응을 유도한다는 행정의 역할에 착목한 삼부의 관계성의 설정은 효율적이지 못하다는 지적이 제기되기도 한다. Frederick Schauer, 앞의 책. 23-4면.

57) Adrian Vermeule, "Optimal Abuse of Power." *Northwestern University Law Review*, 109, 2015. 673면.

58) 위의 논문. 10면.

59) 위의 논문. 676면.

60) 위의 논문. 677면.

키는지 그리고 이를 어떻게 해소할 것인지를 사안별로 조정해야 한다는
것이다. 이러한 주장은 그가 특정한 삼부의 권한배분의 방식을 지지하는
것은 아니라는 바를 분명히 밝히지만,[61] 행정의 적극적인 사회적 문제의
해결, 즉 행정에 대한 존중에 어느 정도 무게의 추를 두는 것으로 읽히
기도 한다.[62]

나. 영역주의에 대한 반박

앞에서, 행정부가 복수의 선호를 가지는 조직이라 지적한 바 있다.
즉 행정부라는 하나의 일원적 주체가 존재하는 것이 아니라, 그 속에서
도 다양한 부처가 존재하며, 이들은 서로 다른 선호를 추구하기 때문에
사안에 따라 협력하기도 하고 또는 대립하기도 한다는 것이다. 여기에
터 잡으면 과연 행정이 특정 사회적 문제의 해결에 주도적인 역할을 할
수 있을 것인가라는 회의적 태도를 취하게 된다. 그러나 이와 같은 지적
은 버뮬과 제이콥 거슨(Jacob Gersen)이 고안한 **적에 대한 위임**(이하, "적
대 이론")에 의해 쉽게 반박된다. 아래에서는 해당 이론의 자세한 내용
과 시사점을 살펴본다.

통상적인 주인-대리인 이론에 의거한다면, 궁극적인 주인의 지위를
누리는 국민은 자신의 이해 추구에 가장 부합하는 대리인을 선별하여
권한을 부여한다. 이를 위해서는 관련 정보를 명확히 파악하고 자신에게
이득을 제공할 수 있는 대리인을 선택해야 한다. 다만, 대리인의 정보를
완벽히 획득하기란 불가능에 가깝다. 따라서 주인-대리인 관계의 거의
모든 문제는 정보의 불확실성 속에서 위임과 통제가 이루어진다는 점에

---

61) 버뮬의 주장이 무엇을 지향하는지 불분명하다는 비판도 제기되곤 한다. Jonathan
　　Turley, "A Fox in the Hedges: Vermeule's Vision of Optimized Constitutionalism in a
　　Suboptimal World," *The University of Chicago Law Review*, 82(1), 2015.

62) Cass Sunstein & Adrian Vermeule, "Interpretation and Institutions", *Michigan Law
　　Review*, 101(4), 2003. 특히 932면.

유래한다.[63] 이러한 관점에 기초한다면 주인과 대리인의 관계를 동맹으로 바라보는 기존의 주인-대리인 이론은 오늘날의 삼부간의 관계성을 설명함에 있어서 치명적인 한계를 가지게 된다.[64] 여기서 등장하는 것이 적대 이론이다.[65]

　해당 이론은 위임을 대리인에 대한 정보 획득의 기회로 간주하고, 만약 서로의 이해관계가 일치하지 않을 경우에도 그들을 자신의 편으로 포섭함으로써 위임을 정당화시킬 수 있다. 이를 통하여 대리인에 대한 명확한 정보의 획득 가능성을 높이고, 경우에 따라서는 주인의 선호와 상반되는 이해관계를 가진 대리인을 자신의 편으로 만들기에 특화된 접근방식으로 작동할 수 있다. 즉 해당 관점은 행정이 가지는 문제 중 하나인 **어떤 부처에 권한을 위임할 것인가**라는 선택의 문제에 대해서도 일정한 기여를 한다. 여기에는 크게 세 가지 특징을 보인다. 그것은 ① 행위자 유형의 명확화, ② 행위자 유형의 활용(exploit), 마지막으로 ③ 행위자 유형의 변화이다. 이하에서 각각에 대해서 살펴보고자 한다.

(1) 행위자 유형의 명확화

　만약 입법부가 행정부에게 특정 사안의 해결을 위하여 권한을 위임하려고 하는 상황을 상정해보자. 여기서 중요한 점은 과연 행정부, 나아

---

63) Stephen Ross, "The Economic Theory of Agency: The Principal's Problem," *The American Economic Review*, 63(2), 1973. 134면.

64) 물론, 동맹 이론을 유지하면서 주인-대리인 이론을 통하여 다양한 조직 간의 관계성과 법률 및 정책의 결정과정을 설명하려는 시도도 여전히 존재하지만, 앞에서 살펴본 한계를 보완하기에는 부족한 것으로 보인다. 예컨대, Jonathan Bendor *et al.*, "Theories of Delegation," *Annual Review of Political Science*, 4, 2001.

65) Jacob Gersen & Adrian Vermeule, "Delegating to Enemies," *Columbia Law Review*, 112(8), 2012. 추측컨대, 여기서 사용하는 적(敵)이라는 것이 반드시 적대적 관계에 있는 대상을 의미하는 것이 아니라 불확실성 속에서의 선택의 취지에서 기존의 동맹과 상반되는 용어를 사용한 것이라 보인다.

가서는 해당 문제를 담당하는 부처가 자신들과 유사한 이해관계를 가지고 있는가의 여부일 것이다. 만약 그렇지 않다고 판단되는 경우, 위임은 이루어지지 않을 것이며 그렇다고 판단되면 위임을 통하여 사안의 해결을 도모할 것이다. 그러나 입법부가 행정부와 그 내부의 부처의 선호를 명확하게 파악하지 못한 경우는 어떠할까.[66] 이러한 상황에서는 입법부가 행정부의 이해관계와 선호를 어림짐작으로나마 파악하고, 주변적 요소를 고려한 채로 선택에 나설 수 있다.

물론 그것은 완벽한 선택은 아닐지라도, 적어도 해당 행위자의 선호를 파악할 수 있는 추가적인 정보를 얻을 수 있다. 이를 통하여 해당 부처가 자신과 잠재력 동맹을 맺을 수 있는지를 파악할 수 있다. 만약 각자가 선호가 서로 다른 적으로 밝혀짐에도 불구하고 이를 파악하는 것이 입법부로서는 더욱 큰 이득을 초래할 수 있다. 그 이후, 입법부는 특정 부처를 자신들의 동맹으로 끌어들이든 또는 특정 사안을 해결하기 위하여 해당 부처가 아닌 다른 부처에 권한을 위임하는 등의 선택지를 이끌어 낼 수 있다. 이것이 적대 이론의 첫 번째 특징이자 장점이다.

(2) 행위자 유형의 활용

앞에 행위자의 선호를 파악하는 것 자체가 의미를 가지는 경우가 있다고 지적하였다. 이는 해당 행위자의 유형을 통하여 또 다른 전략을 이끌어 낼 수 있기 때문에 그러하다. 예컨대, 그 행위자가 어떠한 선호를 가지고 있다면(그것이 자신의 선호와 어떠한 관계를 가지든) 그들의 선호와 반대되는 선호를 가진 행위자는 자신들의 잠재력 동맹관계로 포섭할 수 있을 것이다. 즉 **적의 적은 나의 동지**(enemy's enemy is my friend)라는 전략을 사용할 수 있게 된다. 그러나 해당 전략은 사안과 맥락에

---

66) 여기서 지칭하는 유형이 무엇인가는 주로 진솔함(honesty), 개인적 목표(personal goal), 그리고 정책에 대한 태도(policy position) 등으로 정리해 볼 수 있다. Terry Moe, 앞의 논문(1984). 766면.

의존적이며 동시에 임시적 관계에 지나지 않기 때문에 일정 정도의 리스크를 가진다는 점을 유념해야 한다.[67] 이러한 관점을 취한다면, 각 부와 부처는 서로 잠재적 동맹이 될 수 있으며 반대의 경우도 가능하다. 즉 상호의존성과 갈등, 그리고 이를 기반으로 한 경쟁 및 파트너쉽의 상호작용이 가능하다는 함의를 도출할 수 있다.[68]

나아가서, **적의 적은 나의 적이다**라는 전략을 허용한다면, 적대 이론은 삼권의 분립에도 일정 정도 기여를 한다고 판단된다.[69] 애당초 권력 분립은 한 기관이 너무 큰 권한을 가지고 폭압을 휘두르지 못하도록 견제와 균형을 도모하는데 의의를 가지기 때문에 분립 그 자체가 적과의 공존을 의미한다고 살필 수 있는 것이다.[70]

(3) 행위자 유형의 변화

적대 이론의 마지막 특징은 대리인의 유형을 **변환**(transform)시키는데 있다. 지금까지 적대 관계에 있는 행위자에 대한 위임을 통해 그들의 유형을 파악하고, 그 정보를 바탕으로 **적의 적은 나의 동맹이다** 전략을 사용하는 방안을 제시하였다. 이러한 시도에도 불구하고 자신의 이득을 위하여 그들을 활용할 수 없다고 판단이 된다면, 여기서 한 단계 더 나아간 선택을 할 수 있다. 그것은 바로 자신과 다른 이해관계를 가진 대리인의 신념 또는 손익관계를 변환시켜 자신의 동맹으로 끌어들이는 것이다.

---

67) Jacob Gersen & Adrian Vermeule, 앞의 논문(1984). 7면.
68) 적대 이론을 탑재한 주인-대리인 이론은 **혼합된 동기 게임**(mixed motive game)임을 밝혀준다. Thomas Schelling, *The Strategy of Conflict*, Harvard University Press, 1981. 1960면.
69) Jacob Gersen & Adrian Vermeule, 앞의 논문. 8면.
70) M.J.C. Vile, *Constitutionalism and the Separation of Powers*, Liberty Fund, 1967. 여기서 한 발 더 나아가면, 권력의 분립은 필연적 그리고 자생적으로 구축될 수 있다고 간주할 수 있을 것이다. Jacob Gersen & Adrian Vermeule, 앞의 논문. 303면.; Robert Ellickson, *Order Without Law*, Harvard University Press, 1991.

대표적인 방식은 새로운 정보의 제공이다. 어떠한 조직이든 제한된 정보 접근 권한으로 인하여 자신들의 규율영역에 관한 정보만을 가지고 상황을 파악하지만 새로운 권한을 부여함으로써 새로운 정보에 접근할 수 있고, 이를 통해 상황을 재인식하게 만든다. 기존의 동맹이론에서는 주인이 자신의 동맹에게만 정보에 대한 접근을 위한 권한을 부여한다고 설명하지만, 적대 이론에서는 새로운 정보의 접근을 활용하여 적대 관계에 있는 자들의 유형을 변환시킬 수 있다. 여기서 제공될 수 있는 정보는 매우 다양한데, 그것은 반드시 주인인 자신과의 동맹 관계를 유도하는 것이 아닐 수 있으며, 오히려 복수의 적들 사이의 관계성을 흔들 수 있다. 이를 통해 적들의 동맹관계를 붕괴시키고 서로 적대 관계를 형성하게끔 유도하여, **적의 적은 나의 동맹이다** 전략을 도모한다.

제4절 에너지법의 진화: '전환적 에너지법'의 형성

1. '전환적 에너지법'이란 무엇인가

탈석탄 문제는 에너지법에 대해서도 적지 않은 함의를 제기한다. 앞의 제2장에서, 에너지법이라는 영역에 관한 논의가 활발하게 이루어지고 있으며, 그것이 하나의 법영역으로 확립되었음을 확인할 수 있었다. 그럼에도 불구하고, 기존의 에너지법에 관한 논의는 이를 둘러싸고 있는 여건의 변화를 충분히 반영하지 못하고 여기에 적응하지 못하고 있다고 지적한 바 있다. 특히 기후위기 대응과 2050년 탄소중립의 달성이라는 목표를 고려하면, 에너지 영역에서의 근본적인 개선이 요구됨에도 불구하고, 그것이 내재하는 가치 조정 문제적이고 경로의존적인 경향은 자발적인 변화의 수용을 저해하곤 한다. 여기에 착목한다면, 에너지법은 그 **존재**(is), 즉 현행 법규범을 정리하는 작업을 넘어, 그것이 어떻게 내·외부적 여건에 적응하고 끊임없이 발생하는 미증유의 문제들에 대응해야 하는지를 고민하는 **당위**(ought)의 차원으로 전환되어야 할 필요성이 도출된다. 이것이 바로 **전환적 에너지법**의 등장 배경이자 존재 이유이다.

이를 뒷받침하기 위해선 우선 에너지법이 마주한 여건을 면밀히 살펴봐야 한다. 거시적인 차원에서 출발한다면 우리가 어떠한 정치체제를 채택하고 있는지 살펴보아야 마땅하지만, 일단은 입헌 민주제를 전제로 한 채로 논의를 진행한다.[71] 그 외에 대표적으로 기후위기의 부상, 탈석탄 문제로 인한 의회의 정체, 에너지 전환 담론의 함의, 마지막으로 삼부의 관계성의 재정립이 포함된다. 이는 모두 본 글에서 주요하게 다룬 사

---

71) 서로 다른 정치체제, 즉 민주주의를 채택하고 시장원리를 강조하는 영국과 사회주의 국가인 중국에서의 에너지 전환과 에너지법을 검토한 문헌으로는, Philip Andrews-Speed, "Energy law in support of the low-carbon transition: Lessons from the United Kingdom and China," *Frontiers of Law in China*, 10(2), 2015.

항들인 만큼, 구체적인 언급보단 각각에 대한 정리에 의미를 둔다.

2. 에너지법의 전환적 여건

가. 사악한 문제로서의 기후위기

앞에서도 지적한 바와 같이, 우리 에너지법이 마주한 여건 가운데 가장 주요한 요인으로 작용하는 것은 바로 기후위기와 여기에 대응하기 위한 2050년 탄소중립이라는 목표일 것이다. 바꾸어 말하면, 우리 에너지법은 기후위기에 효과적으로 대응하고, 2050년 탄소중립을 성공적으로 이끌어낼 수 있도록 우리 사회를 향도해야 한다. 그럼에도 불구하고, 기후위기 대응과 이를 위한 2050년까지 탄소중립의 달성은 지난한 과제임에 틀림이 없다.

기후위기와 2050년 탄소중립이라는 여건의 부상으로 인하여 기존의 에너지법이 예상하지 못한 다양한 난제를 제기하였음은 이미 언급한 바 있다. 특히 탄소배출량을 공격적으로 감소해야 한다는 차원의 문제가 아니라 실질적인 탄소중립, 즉 탄소배출량의 실질적인 제로화를 내세우기 때문에, 이는 기존의 에너지법정책을 강화하는 것만으로는 충분히 대응하기 어렵다. 즉 석탄화력발전과 LNG발전 등 화석연료를 에너지원으로 삼는 발전원의 효율을 향상시키는 차원을 넘어, 이러한 발전원을 어떻게 최소화하고 탄소를 전혀 또는 거의 발생시키지 않는 전원으로의 **전환**을 도모해야 한다.[72]

---

[72] 여기에 관하여, 탄소 포집 및 저장(CCS) 기술을 활용한다면, 굳이 완전한 탈탄소를 지향하지 않아도 문제가 되지 않는다는 반론이 제기될 수 있으나, 이는 지나친 낙관론에 불과하다고 생각된다. 무엇보다, 에너지, 그 중에서도 발전 영역에서는 탈탄소화가 최우선적 과제임은 분명하다. 이는 해당 영역이 기타 수송, 산업(특히, 제철 등), 항공, 농업 등의 부문에 비교하여 탈탄소의 난도가 현저하게 낮기 때문이다. 그렇기에 만약 발전 영역에서 CCS를 활용하게 된다

나. 탈석탄 문제와 의회의 정체

통상적으로 에너지 자원에 관한 개발 및 이용권, 에너지산업 경영권 등은 헌법상 재산권으로서 보호를 받고, 에너지 산업은 자유시장경제에서 자율과 창의를 발휘하여 영업을 할 수 있지만, 국가의 에너지자원 개발 및 이용을 위한 정책에 의해 일정 부분 한계나 제한이 가해질 수 있다. 탈석탄은 그 한계와 제한이 어디까지 허용될 수 있는가를 묻는 질문이기도 하다. 즉 에너지 산업에서 적법한 절차를 거쳐 인·허가를 획득한 민간 사업자에게 기후위기 대응과 탄소중립의 달성이라는 흐름 속에서 도출된 탈석탄 목표를 위하여 그들의 재산권을 어느 정도까지, 어떠한 방법과 절차를 통해 제한할 수 있는가의 문제인 것이다.

나아가서, 탈석탄 문제가 내재하는 가치의 다발로서의 성격은 입법부의 원활한 작동을 어렵게 만들고, 결국 의회의 정체를 유발한다. 이러한 현실적 문제에 마주하면 우리 사회가 미증유의 난제에 맞닥뜨렸을 때, 이를 어떻게 해결할 것인가라는 보다 메타적인 차원의 고민거리를 제기한다.[73]

다. 삼부 관계성의 재정립

전술한 입법의 정체와 여기에 대한 메타적 해결방식은 삼부의 관계성의 재정립에 해당한다. 앞 장에서 상술한 바와 같이 본래 정치의 영역

면, 다른 영역에서의 실질적인 탈탄소화의 가능성은 더욱 낮아지게 된다. 물론, 여기에 더하여 CCS 기술 자체에 대한 회의 또한 지적하지 않을 수 없다. IEA, 앞의 보고서(2021).

[73] 무엇보다 탈석탄은 어디까지나 눈앞의 예시에 불과하다. 2050년 탄소중립은 석탄화력발전소 외에도 좌초자산으로 평가받고 있는 LNG발전에 대해서도 차가운 시선을 보내고 있으나 우리는 여기에 제대로 대응하지 못하고 있다. Climate Analytics & 기후솔루션, 앞의 보고서.

에서 매듭지어져야 할 에너지 문제는 더 이상 해당 영역에 한정되지 않
고 사법부와 행정부의 개입을 허용한다. 그 중에서도, 행정은 탈석탄 문
제가 초래하는 입법의 공백의 상황에서 유의미한 역할을 요구받고 이를
통해 사안의 해결에 한 발 더 나가갈 수 있게 된다. 물론 사법의 역할이
전무한 것은 결코 아니며, 행정의 선제적 대응이 권리의 문제를 야기한
경우, 사법은 권리의 수호자로서 나설 수 있다. 이처럼, 탈석탄 문제와
같은 미증유의 사악한 문제에 대응하기 위해선, 그것이 결코 입법, 행정,
사법의 하나의 영역에 머무르지 않고, 삼부의 관계성이라는 메타적 차원
의 거버넌스 구조와 이해를 고려하지 않을 수 없게 되었다. 이것이 바로
에너지법이 놓인 세 번째 전환적 여건이다.

라. 에너지 전환 담론의 함의

에너지 전환은 우리 환경·에너지 영역을 대표하는 구호였으나, 오늘
날은 그린뉴딜 그리고 탄소중립이 전면에서 내세워지고 있다. 각각의 개
념은 공통되는 부분과 상이한 부분이 존재할 것이며, 용어의 변경은 해
당 사회의 관심을 반영하는 것이라 읽힌다. 그럼에도 불구하고, 에너지
전환이 더 이상 우리 사회에서 어떠한 의미를 가지지 못하는 것도 아니
다. 오히려, 지금이야말로 **에너지 전환**이 함의하는 바를 읽어낼 필요가
있다.[74]

인류의 역사상, 우리는 여러 번의 에너지 전환을 겪어왔지만, 지금까
지의 에너지 전환과 오늘날의 그것은 차이를 가진다.[75] 예컨대 기존의

---

74) Kaisa Huhta, 앞의 논문. 3면.
75) 대표적인 에너지 전환으로 목재연료에서 석탄으로의 전환을 꼽을 수 있다. 그
    외에서도 석유, 가스, 원자력 등 다양한 에너지원의 경우를 예시로 들 수 있다.
    과거의 전환과 오늘날 그리고 미래의 전환의 차이에 관해서는 Vaclav Smil,
    "from wood to coal to oil, energy transitions take a long time," *energy skeptic*, 2018.
    11. 17. https://ene rgyskeptic.com/2018/vaclav-smil-from-wood-to-coal-to-oil-energy-

전환이 경제적 요인과 기술의 발달에 의해 추진되어 온 반면, 오늘날 우리가 마주하고 있는 전환은 **규범적 정당성**을 통해 추진해 나아가야 한다는 점이다. 다시 말해, 기존의 전환이 시장경제의 논리에 따라 에너지원의 발전과 보급, 그리고 사용이 결정되었다면, 오늘날의 전환은 어디까지나 사전에 공통되는 특징을 가진 에너지원의 조합을 상정한 후, 그것이 시장성이라는 강력한 동인(動因)이 부족한 상황임에도 불구하고 이를 정치적 그리고 정책적 수단을 통해 뒷받침하면서 추진하는 방식인 것이다.[76] 예를 들어, 상대적으로 경제성이 약하다고 여겨지는 태양광과 풍력 등을 비롯한 재생에너지의 도입을 강조하고 있는 상황에서, 그 정당성을 어떻게 사회 구성원에게 설명하고 어떠한 정책적 수단을 통해서 보다 효율적으로 그 도입과 보급을 추진할 것인가를 고민해야 한다.[77]

---

transitions-take-a-long-time/ (2022. 3. 4. 최종방문).

[76] 물론 여기에 관해서는 다음과 같이 반박 가능하다. 우선 기술의 선택에 있어서 시장의 논리가 유일한 그리고 완벽한 척도가 아니라고 지적할 수 있다. 또한, 이미 재생에너지가 경제적 관점에서도 화석연료를 능가하였다는 반론이 바로 그것이다. 전자에 대해서는 일단 아래의 문헌으로 설명을 대체한다. Karsten Newhoff & Paul Twomey "Will the market choose the right technologies?" in Michael Grubb, *Delivering a low carbon electricity system: technologies, economics, and policy*, Cambridge University Press, 2008. 후자에 관해서는 수많은 논의가 존재하지만, 적어도 국내에서의 재생에너지의 경제성은 한계가 뚜렷하다고 보인다. 태양광발전과 풍력발전을 비롯한 재생에너지는 그간 세계적으로 눈부신 가격 하락을 기록하였지만, 국내에서는 아직까지 높은 발전단가를 보인다. 아래의 그림이 이를 여실히 보여준다. 2020년 기준, 발전에 소요되는 모든 가격을 포함하여 발전단가를 측정하는 균등화발전원가(Levelized Cost of Electricity, LCOE)를 살펴보면, 인도, 중국, 호주, 미국, 독일, 그리고 영국과 비교하면 우리의 LCOE는 대략 2배이다. 여기에는 프로젝트의 규모의 차이가 작동하는데, 인도와 호주는 각각 48, 60메가와트인 반면, 우리는 4메가와트에 불과하다. 이처럼 우리는 태양광발전을 설치하기 위한 평지가 부족하고 소유관계가 불분명한 토지가 다수 존재하는 등의 지리적 한계로 인해 규모의 경제가 작동하지 않는 것이다. 물론, 재생에너지의 낮은 경제성이 그것을 더 이상 보급하지 않아야 한다는 주장으로 이어질 수는 없다. 바로 여기서 해당 에너지원을 확장해야 할 경제성 외의 규범적 정당성이 작동하는 것이다.

즉, 에너지 전환은 경제적으로 효율적인 에너지원을 선택하는 것을 넘어, 환경친화성, 안정성, 사회적 형평성, 지속가능한 발전 등의 다양한 사회적 가치들이 최적화 반영되는 에너지 시스템으로의 전환을 요구한다. 이처럼, 오늘날의 에너지법은 전환을 요구받고 있으며, 그 전환은 다분히 규범적이라는 것이다.

3. '전환적 에너지법'의 형성

지금까지의 논의에 터 잡아, **전환적 에너지법**의 필요성을 도출할 수 있으며, 동시에 이를 기존의 **전통적 에너지법**과 구분해볼 수 있다. 후자는 탈석탄과 같은 미증유의 난제에 대응하지 못하는 오늘날의 에너지법을 지칭하며, 전자는 우리가 앞으로 갖추어야 할 에너지법의 모습이다. 양자의 구분은 기후위기 시대에 우리가 갖춰야 할 에너지법의 모습을 선명화한다는 점에서 논의의 실익을 가질 것이다. 앞에서 소개한 에너지법의 전환적 여건과 여기에 부합하기 위해 확장된 에너지법 영역이 바로 **전환적 에너지법**에 해당하는 것이다.

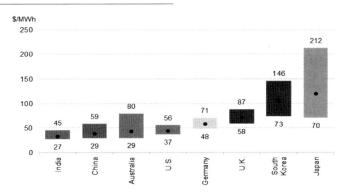

출처: 菊間一柊, 2022에서 재인용

77) 전환을 이끌어내기 위한 접근방식으로 위에서 언급한 규범적 동력을 활용하는 접근방식으로는, Clark Miller *et al.*, "Narrative futures and the governance of energy transitions," *Future*, 70, 2015.

한편, 양자가 완전히 분리된 별개의 영역이 아니라는 점을 강조하지 않을 수 없다. 즉 양자 모두 에너지법이라는 공통 영역에서 출발하지만 에너지를 둘러싼 여건의 변화, 그 중에서도 기후위기와 2050년 탄소중립과 같은 외부적 충격으로 인하여 의회의 정체와 공백, 그리고 이를 보완하기 위한 삼부의 관계성의 재정립과 같은 임무가 제기되며, 결과적으로 **전통적 에너지법**에서 **전환적 에너지법**이라는 영역으로의 확장이 발생한 것이다. 즉 양자는 결코 단절된 영역이 아니라, 끊임없이 상호작용하며 공진화(共進化)한다는 특성을 가진다.[78] 이를 도식화하면 아래의 [그림 12]와 같을 것이다.

[그림 12] 전통적 에너지법과 전환적 에너지법의 관계

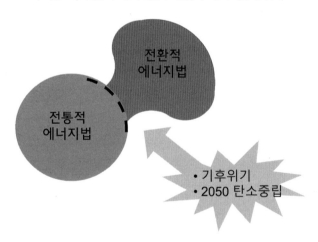

---

78) 법진화론에 관해서는 양건, 『법사회학』, 아르케, 2004, 여기에 관한 한 가지 관점으로 J. B. Ruhl의 복잡적응 시스템(Complex Adaptive System)을 꼽을 수 있다. 그에 따르면, 법체계는 특유의 역동성을 가지는 까닭에, 특정 방향으로 나아가는 단순한 **발전**의 모델이 아닌, 비선형적이고 역동적인 **적응**의 형태를 띤다고 주장한다. 즉, 오늘날 끊임없이 발생하는 다양한 사회의 변화와 자연과학적 발견에 발맞추어 법체계 또한 수시로 그에 적응한다는 것이다. J. B. Ruhl, "Law's Complexity: A Primer," *Georgia State University Law Review*, 24(4), 2008. 관련 내용을 다룬 국내 문헌으로는 조홍식 외, 앞의 논문(2021). 제3장.

제5절 소결

1. 미세먼지 규제

탈석탄이 사회적 쟁점으로 부상한 만큼, 환경부와 산업통상자원부와 같은 관계부처에서도 나름의 해결책을 강구하고 있다. 전자는 단일 BM 방식, 후자는 석탄상한제가 그것이다. 그럼에도 불구하고, 양자는 나름의 한계를 가진다. 여기에 대한 대안으로, 미세먼지 규제를 통한 탈석탄의 유도를 타진한다. 해당 수단은 앞에서 살펴본 환경부와 산업통상자원부의 접근방식에 비하여 높은 규제 수용성을 확보할 수 있으며 석탄화력발전소라는 에너지 문제에 대한 파편화된 규제를 통합하는 효과를 기대해볼 수 있다. 여기에 더하여, 「대기환경보전법」에서 규정하는 지자체 조례를 통하여 지역의 사정에 부합하는 기준을 설정할 수 있도록 허용한 만큼, 중앙행정부처의 일괄적 기준설정의 한계를 보완할 수도 있다. 결과적으로, 미세먼지 배출기준의 강화는 석탄발전 사업자로 하여금 방지시설의 추가 부담으로 인해 사업의 시장성이 저하를 도모할 수 있다. 또한, 환경부와 산업통상자원부의 규제방식은 모두 그 설계가 매우 복잡하다는 치명적인 약점을 내재한다. 즉, 설계방식 여하에 따라 의도한 효과를 이끌어내지 못하거나 오히려 예상치 못한 부작용에 마주할 가능성도 배제할 수 없다. 이러한 측면에서 미세먼지 규제는 비교적 단순한 메커니즘을 가진다는 점 또한 강점으로 작용할 것이다.

한 가지 유념해야 할 점은 미세먼지 배출기준의 강도를 어느 정도로 설정할 것인가이다. 만약 이를 과도하게 끌어올린다면 사업자들의 극렬한 반대에 부딪힐 것이며, 반대로 터무니없게 낮게 설정한다면 탈석탄 효과를 누리지 못할 것이다. 여기에 관해서는 행정부가 독자적으로 검토하여 이행하는 방식과 함께, 외부의 독립된 위원회를 설치하여 전문적이고 객관적인 의견에 터 잡아, 설정하는 방식을 상정해볼 수 있다.

2. 탄소중립 녹색성장위원회

탄중위는 탈석탄을 향한 높은 기대와 함께 발족하였다. 그럼에도 불구하고, 탈석탄 문제가 가치의 다발로서의 성격을 가짐으로 인해, 다양한 이해관계자 사이에서 첨예한 갈등이 발생하고, 결과적으로 법률이 제정되지 못하는 입법부의 공백이 발생하였기 때문에, 법적 근거 없이는 민간 발전사업자에 대한 규제를 이끌어내기 어렵다는 한계에 봉착한 것이다.

다만 탄중위는 현재의 법적 성격을 유지한채로 다양한 시도를 해볼 수 있다. 우선 전문성을 강화할 필요가 있다. 현재 탄중위는 100명 규모의 조직으로 운영되면서 민간 위원들의 전문성이 충분히 활용되지 못하고 있다. 즉 개별 위원들이 자신의 전문성에 터 잡은 정보의 수집과 제공을 노력하도록 이끌어내기 힘든 구조이다. 여기에 관해서는 분과와 위원 수의 통·폐합 등을 포함한 구조적 개혁이 필요하다고 보인다. 여기에 더하여, 탄중위의 책임성과 투명성을 향상시키는 노력도 병행되어야 한다. 탄중위는 전문성을 담보로 하여 여러 정책·계획 및 제언을 투명하게 제공해야 한다. 예컨대, 개별 쟁점에 대한 보고서 발간도 고려해봄직하다. 또한, 정부 역시 탄중위의 검토에 대한 반응을 밝혀야 한다. 만약 그들의 결정을 수용하지 않는다면 그 이유가 무엇인지, 그리고 어떠한 배제적 이유가 존재하는지말이다. 마지막으로, 탄중위는 현재 정부 정책·계획의 심의·의결에 집중하고 있으나, 탄소중립과 녹색성장을 위한 개별 쟁점에 관해서도 집중적으로 검토해야 한다. 탈석탄이 바로 대표적이다. 이를 위해서는 현재 논의되고 있는 전문위원회 및 통합분과 등의 구조적인 변화를 통해 해당 논점을 전담하여 분석할 수 있는 조직이 마련되어야 할 것이다. 전술한 바와 같이, 이러한 검토는 반드시 보고서 등의 형태로 외부에도 투명하게 공개되어, 사회 전체의 논의를 촉발시키는 계기로 활용되어야 한다.

3. 공법적 함의: 최적화 입헌주의

행정부와 탄중위를 통한 탈석탄 문제의 해결을 위한 시도는 그것이 가지는 직접적인 영향을 넘어, 보다 메타적인 차원에서의 공법적 함의를 찾아볼 수 있다. 무엇보다, 행정부가 주도적으로 가치 의존적인 쟁점에 대한 정치과정의 결집이 이루어지지 않은(또는 못한) 상황에서 선제적으로 대응하는 방식은 삼부의 권한배분에 관한 적지 않은 함의를 제공한다. 그것이 가지는 의미는 현대 사회에서 나타나는 **일차적 리스크와 이차적 리스크**의 구분에 의해 더욱 짙어진다. **일차적 리스크**는 탈석탄과 같은 개별적 문제를 지칭한다. 그 외에도 현대 사회에서는 기술의 발전 등으로 인해 환경, 유전자 조작식품, 안전, 식품, 개인정보, 생물다양성 등 다양한 사회적 문제가 발생하는데 여기에 대한 적절한 대응은 누가, 어떻게, 어느 정도까지 규제할 것인가라는 삼부 권한배분의 관계성에 관한 질문으로 연결된다. 특히, 이러한 문제들은 대부분이 가치 의존적인 특성을 가지는 까닭에, 입법부에 의한 해결이 요원하고 설사 법률이 만들어졌다하여도 그것이 상징적 입법에 그치는 경향이 더러 보인다. 이러한 배경에서 행정부와 사법부가 어떠한 제도적 강점과 한계를 가지는지 살펴보고, 여기에 터 잡아 누가 개별적인 해결할 것인가를 판단하는 것이 바로 **이차적 리스크**이다.

위와 같은 문제의식에서 출발하면, 그 귀결은 **행정부의 우위**이다. 행정부는 사회적 문제를 기민하게 포착하고 여기에 대한 신속하고 전문적인 규제를 설계·이행하여 그 해결에 기여한다. 이러한 강점은 상징적 입법이 마련된 경우에 더욱 힘을 발휘하며, 심지어 법적 근거가 모호하고 충분하지 않은 상황에서도 시도되곤 한다. 이와 같은 일차적 대응이 의미를 가지는 이유는 그것이 법원과 의회의 이차적인 대응을 이끌어낼 수 있기 때문이다. 즉 만약 행정의 규제가 권리의 문제라면 사법에 의한 판단이 내려질 것이고, 사회 공동체의 선호에서 벗어난다면 정치과정이 작동하여 법률을 제·개정할 것이다. 즉, 행정부의 선제적인 대응은 그것이 문제의 해결에 기여할뿐더러, 의회의 정체를 해소하고 수동적인 사법의 과정을 작동시켜 우리의 해결책을 보다 나은 방향으로 이끌어가는 **도구적인 역할**도 하는 것이다. 이것이 바로 **바람직한 삼부의 관계의 최적화**라고 생각된다.

4. 전환적 에너지법의 형성

나아가서, 에너지법의 내용 역시 그것이 마주하고 있는 전환적 여건에 비추어 보면 몇 가지 보완점이 고민되어야 한다. 특히 기후위기의 부상과 함께, 탈석탄과 같은 새로운 문제들이 초래되고 있으나 여기에 대한 법적 해결이 요원한 상황이라는 지점에 주목할 필요가 있다. 여기에 덧붙여, 에너지법의 전환적 측면은 에너지 전환 담론을 통해 더욱 두드러질 수 있다. 즉 에너지 전환은 우리 사회가 생산, 배분, 그리고 소비하는 에너지원의 변경을 넘어, 그것을 둘러싼 체제의 전환을 요구한다. 그렇다면, 에너지 전환의 관점에서 바라본 에너지법은 단순히 에너지와 관련된 법규범을 수집하고, 이를 체계화하는 작업을 넘어서 우리 사회를 보다 지속가능한 방향으로 전환해야 할 규범적 동인으로 자리매김해야 한다는 함의를 제기한다. 바꾸어 말하면, 오늘날 요구되는 에너지법은 현상 유지가 아닌 **전환을 위한 에너지법**이어야 한다는 것이다.

제6장

결 론

제1절   연구의 요약 및 의의

기후위기는 지구를 감싸고 있는 기후 시스템의 회복불가능한 변화로 인해 인류의 생존 그 자체를 위협하는 사안이다. 특히 우리는 유래없는 압축성장을 이룩하면서 탄소 의존적인 에너지 수급 체계를 구축·유지·강화해왔다. 이러한 에너지 시스템은 조정 문제인 동시에 경로의존적 특성을 가진다. 여기에 에너지 문제의 가치의존성을 덧붙인다면, 그것이 기후위기와 탄소중립이라는 여건의 변화에 발맞추어 자발적이고 발본적인 변화를 시도하기는 기대라기 어렵다. 바로 여기서 **에너지법**이라는 영역의 필요성과 중요성이 도출된다.

국내에서도 에너지법이라는 영역에 대한 선구적 연구가 나타나고 있지만, 그 중요성에 비하면 여전히 부족하다. 특히 현행 에너지법체계는 대부분이 공학 및 과학기술 그리고 경제학 등의 관점에서 개별 에너지원의 개발, 진흥, 그리고 규제 등에 관한 법률의 집합에 그치고 있다. 또한 내용적인 측면에서도 현행의 에너지법은 우리 사회가 지속가능한 방향으로 나아가는 동력으로 작용하지 못하고 있다. 오히려 현행 법규범를 체계화하고 이를 관통하는 원리의 추출에 매몰되어, 미증유의 불의타에 대응하지 못하는, 즉 회복탄력성이 결여된 법체계를 구성하고 있다고 생각된다. 결과적으로 앞으로 본격적으로 2050년 탄소중립 목표를 향해 나아가는 과정에서 마주하는 여러 난제들은 도저히 전통적인 에너지법으로 대응하기 어렵다.

본 글에서 다룬 민간 석탄화력발전소를 어떻게 취급할 것인가의 문제가 대표적인 예시이다. 석탄화력발전소를 비롯한 석탄의 생산과 소비는 국내 탄소배출량의 약 절반 이상을 차지하는 배출원이기 때문이다. 이러한 상황에도 불구하고, 우리는 새로운 석탄화력발전소를 건설 중에 있고, 그것들은 2050년 이후에도 여전히 가동될 계획이다. 바꾸어 말하면, 기후위기와 2050년 탄소중립은 현재 우리가 가지고 있는 탄소집약적 인프라의 전환을 요구한다. 다만 이러한 요청은 기후위기 대응이라는 공익적 가치와 발전사업자들의 재산권이라는 사적 가치의 갈등을 넘어, 지역경제, 관련 산업 종사자들의 고용, 전기요금, 지역 주민들의 건강, 미세먼지와 기후위기 대응 등 그 속에 얽혀있는 다양한 가치들의 첨예한 대립을 두드러지게 한다. 즉 탈석탄 문제는 **가치의 다발**로서의 성격을 가지는 것이다. 이러한 가치 의존적 특성은 문제의 입법적 해결을 요구하지만 동시에 요원하게 한다. 즉 **의회의 공백**이 발생하게 된다.

제레미 월드론(Jeremy Waldron)은 입법에 대한 불신으로 인해 사법(司法)이 대안으로 부상하는 경향을 신랄하게 비판한다. 그리고 그는 입법에 대한 존경을 복원하고자 시도하였다.[79] 다만, 현실 세계에서 첨예하게 대립하는 가치의 투쟁은 정치과정의 정체를 유발한다. 여기에 덧붙여 입법부의 구성원들은 자신의 지상 과제인 재선(再選)을 추구하기 위해 상징적 입법 또는 골격 입법을 남발하여 문제의 해결은커녕 오히려 갈등을 더욱 증폭시키는 결과를 초래하곤 한다. 이러한 의회의 공백 상황에도 불구하고 우리는 2050년 탄소중립이라는 목표를 향해 나아가야 하고, 그 과정에서 민간 석탄화력발전소를 어떻게 취급할 것인가는 피해갈 수 없는 과제이다. 그렇다면, 의회에서의 정치과정이 작동하지 않는 오늘날의 상황을 받아들이고, 그 속에서 우리가 어떠한 수단과 방법을 통해 해당 사안의 해결에 한 발 더 다가갈 수 있는가를 고민하지 않으면 안 된다.[80] 정리하자면, 의회에 사회적 문제의 해결을 요청할 수 없는 상황에서 우리는 행정부와 사법부 가운데 어떠한 기관의 문을 두드려야 할 것이며, 그로 인해 삼부 간의 권한배분의 관계성, 특히 삼권분립과 연관하여 어떠한 변화가 요구되는가를 고민해야 한다. 무엇보다 이러한 고민은 실천적인 사안 속에서 비로소 의미를 가진다는 점을 상기해야 할

---

79) Jeremy Waldron, *The Dignity of Legislation*, The Cambridge University Press, 2009.
80) 강재규, "헌법상 기능적 권력분립론의 행정법적 수용에 관한 연구," 공법연구 제41권 제1호, 2012.

것이다.[81]

본 연구에서는 위에서 언급한 "탈석탄 문제를 해결하기에 적합한 국가기관은 어디인가?" 그리고 "그것이 삼부간의 관계성에 어떠한 변화를 초래할 것인가?"라는 물음을 탐구하기 위해서 주인-대리인 이론을 분석의 도구로 사용한다. 해당 관점은 삼부 간의 관계성을 검토하기 위한 전형적 도구로 활용된 까닭에 풍부한 선례 연구를 가지며, 특유의 직관성과 적용가능성으로 인한 강점도 누릴 수 있다. 추가적으로 에너지법은 그것이 실천적이고 학제적 특징을 가지는 까닭에 고전적인 개념법학의 틀을 넘어, 그것이 구성된 배경에 대한 사회과학적 탐구가 요구되곤 한다는 점에서 주인-대리인 이론은 적지 않은 함의를 제공할 것이다.

위의 물음에 대한 검토 결과, 의회의 공백 상황에서 행정부와 사법부는 모두 각각의 정당성과 한계를 가진다. 특히 기후위기의 맥락에서 양 기관은 서로 다른 측면에서 문제의 해결사로 주목을 받고 있다는 점도 특기할 만하다. 그럼에도 불구하고, 주인-대리인 이론은 법원을 대리인으로 간주할 경우 초래되는 대리인 비용이 행정부의 그것을 상회한다는 일단의 결론을 제공한다. 구체적으로 말하자면, 특정 사안을 직접적으로 규율하기 위한 법적 근거가 부재한 상황에서도 행정부가 선제적으로 창발적인 법률해석 및 유추적용을 통해 첫 단추를 끼운다면, 여기에 반응하는 방식으로 사법부 또는 입법부가 후속적인 움직임을 제시하는 일련의 움직임이 도출될 것이다. 이러한 방식은 민주주의, 법의 지배, 그리고 기능적 삼권분립에도 부합한다. 또한 이러한 행정국가의 경향에 대한 반작용으로 지적되는 관료의 포획에 관해서도, 그것이 혜택을 제공할 수 있기에 최적화의 대상이 된다는 주장도 음미해볼 필요가 있다.[82]

81) David Zaring, "Toward Separation of Powers Realism," *Yale Journal on Regulation*, 37(2), 2020. 726면.; Dawn Johnson, "Functional Departmentalism and Nonjudicial Interpretation: Who Determines Constitutional Meaning?," *Law and Contemporary Problems*, 67, 2004. "권력분립론은 현대 사회의 모습의 변화에 적응하면서 그 모습을 바꾼다." 허영, 『한국헌법론』, 제17판, 박영사, 2021, 763면.

이처럼, 에너지법이 마주한 오늘날의 여건은 결코 만만하지 않다. 그것은 단순히 에너지 영역에 머무르지 않고 사회적 문제해결의 방식으로까지 논의와 숙고의 범위를 확대한다. 이러한 확장성은 향후 탄소중립 노력이 본격화되면서 더욱 두드러질 것이라 예측해 볼 수 있다. 탄소중립은 탈석탄을 우선적 과제로 삼지만, 나아가서는 화석연료 그 자체로부터의 극복을 궁극적인 목표로 삼기 때문이다. 바꾸어 말하면, 에너지를 둘러싼 물적 그리고 제도적 인프라의 전환의 문제와 함께, 여기에 대응하기 위한 바람직한 접근방식이 무엇인가를 고민하지 않고는 2050년 탄소중립에 다가갈 수 없다는 것이다. 이와 같은 에너지법의 확장은 해당 영역을 **전환적 에너지법**으로 명명하여 이전의 그것과 구분하도록 만들어주며, 에너지 영역을 넘어 우리 사회가 미증유의 불의타에 마주하였을 때 그 해결방식과 의사결정의 방식을 고민하도록 만듦으로써 오늘날의 행정국가 그리고 법의 지배에 대한 숙고의 단초를 제공할 수 있으리라 기대된다. 바로 이것이 본 연구의 의의이기도 하다.

---

82) Adrian Vermeule, 앞의 책(2013).

제2절 연구의 한계 및 향후 전망

본 연구가 검토의 대상으로 삼는 탈석탄이라는 에너지 문제와 이를 둘러싼 삼부의 관계설정은 매우 광범위한 주제이다. 이러한 시도는 한편으로는 종합적이고 복합적인 고민을 허용하지만 다른 한편으로는 보다 깊고 정치한 검토를 수행하기에는 부족할 수 있다.

그 중에서도 자료 입수의 어려움을 꼽을 수 있다. 무엇보다 탈석탄이라는 문제는 우리 사회가 경험하지 못한 미증유의 갈등인 동시에 아직까지 본격화되지 않았다는 이유에서 충분한 자료를 입수하기에도 한계를 느꼈다. 또한, 행정부의 구체적인 대응방식을 논함에 있어서도 환경부와 산업통상자원부의 내부적 고민을 보다 심도 깊게 접할 수 있었다면 한층 더 풍부하고 설득력을 갖춘 논리를 이끌어 낼 수 있었다고 생각한다. 나아가서, 탈석탄 문제는 이제야 본격적으로 우리 사회에서 논의되기 시작한 쟁점인 만큼, 아직까지 판례가 존재하지 않는다는 점도 아쉬운 대목이다.

한편, 본 연구가 탈석탄 문제를 둘러싸고 삼부의 관계성을 중점적으로 검토한 까닭에, 보다 실천적이고 구체적인 해결방안을 도출하지 못했다는 지적을 받을 수 있다고 생각한다. 예컨대, 행정부의 개입에 대한 규범적 통제, 시민참여, 책임 및 인센티브의 구조, 그리고 정책의 이행점검 체계 등이 대표적이다.[83] 해당 주제들은 각각이 매우 중요하고 방대한 쟁점이다. 이러한 고민들은 점차 우리 사회에서 탈석탄 문제가 쟁점으로 부상함에 따라 보완될 수 있기에, 후속 연구 등을 통해 충분히 고민할 수 있으리라 기대한다.

---

83) 유사한 취지의 지적으로는, 박지혜, "기후위기 시대의 에너지 법·정책: 공공선택이론에 기반한 온실가스 감축 실패 사례 분석과 법·정책 대안의 모색," 서울대학교 법학과 박사학위 논문, 2021.

　여기에 덧붙여, 본 연구는 다양한 후속연구로 연결될 수 있을 것이다. 예컨대, 삼부의 관계성이라 함은 해당 사회의 정치·경제적 변화 및 여건에 따라 유동적인 까닭에, 예를 들어, 우리 사회가 행정의 전문성과 책임에 얼마나 사회적 신뢰를 부여하고 있는지, 유사한 맥락에서 사법적극주의 또는 자제적 사법을 어떻게 바라보는지, 심지어는 대의 민주주의를 채택하고 있는 우리 사회의 입법부가 진정으로 민의를 반영할 수 있는 제도적 시스템을 갖추고 있다고 여기는지 등의 세부적 조건에 따라 다양한 입장의 견해를 도출할 수 있으리라 생각한다. 이러한 쟁점들은 모두가 거대한 주제이기에 각각에 대한 연구가 활발하게 이루어지기를 희망한다.

참고문헌

1. 단행본

(1) 국내

강원택, 『한국의 정치개혁과 민주주의』, 인간사랑, 2005.

김동희, 『행정법 I 』, 박영사, 2007.

김홍균, 『환경법』, 제4판, 홍문사, 2017.

나오미 클라인, 『이것이 모든 것을 바꾼다』 이순희 옮김, Open Books, 2014.

데이비드 월러스 웰즈, 『2050 거주불능 지구』, 김재경 옮김, 청림출판, 2020.

로버트 클릭스먼 & 제시카 웬츠, "환경을 위한 협력적 연방주의에 대한 수정주의적 이해의 실체" in 칼야니 로빈스 외, 『환경 연방주의의 법과 정책』, 한국법제연구원 옮김, 고시계사, 2016.

론 풀러, 『법의 도덕성』, 박은정 옮김, 서울대학교 출판문화원, 2015.

막스 베버, 『지배의 사회학』, 한길사, 1981.

몰스타인 마르크스, 『행정국가와 관료제』, 박영사, 1987.

박균성 & 함태성, 『환경법』, 제8판, 박영사, 2017

박세일, 『법경제학』, 박영사, 2019.

박정재, 『기후의 힘』, 바다출판사, 2021.

빌 게이츠, 『기후변화를 피하는 방법』, 김민주 옮김, 김영사, 2021.

송성수, 『과학기술은 사회적으로 어떻게 구성되는가』 새물결, 1999.

앤서니 기든스, 『기후변화의 정치학』, 홍욱희 옮김, 에코리브르, 2009.

이언 모리스, 『가치관의 탄생』, 이재경 옮김, 반니 출판사, 2016.

이종영, 『에너지법학』, 박영사, 2021.

조지프 테인터, 『문명의 붕괴』, 이희재 옮김, 대원사, 1999.

조홍식, 『기후변화 시대의 에너지법정책』, 박영사, 2013.

_____, 『사법통치의 정당성과 한계』, 제2판, 박영사, 2010.

_____, 『환경법원론』, 제2판, 박영사, 2020.

존 로크, 『통치론』, 강정인 & 문지영 옮김, 까치, 1996.
존 하트 일리, 『민주주의와 법원의 위헌심사』, 전원열 옮김, 나남출판, 2006.
최송화, 『공익론』, 서울대학교출판부, 2002.
칼야니 로빈스, 『환경 연방주의의 법과 정책』, 한국법제연구원, 2016.
페레이둔 시오샨시, 『에너지 전환: 전력산업의 미래』, 2판, 김선교 옮김, 이모션미
     디어, 2018.
프레드릭 샤우어, 『법률가처럼 사고하는 법』, 김건우 옮김, 길, 2019.
프리드리히 하이에크, 『노예의 길』, 자유기업원, 2019.
허성욱, "기후변화 시대의 에너지법," in 조홍식 편저, 「기후변화 시대의 에너지
     법정책」, 박영사, 2013.
허영, 『한국헌법론』, 제17판, 박영사, 2021,
홍준형, 『상징입법』, 한울, 2020.
황진택, "에너지 메가트렌드와 비지니스 솔루션" in 조홍식 편저, 『기후변화 시대
     의 에너지법정책』, 박영사, 2013.

(2) 해외

Aaron Wildavsky, *Speaking Truth to Power: Art and Craft of Policy Analysis*, Routledge,
     1987.
Adrian Bradbrook *et al.*, *The law of energy for sustainable development*, IUCN Academy
     of Environmental Law Research Studies, Cambridge University Press, 2005.
Adrian Vermeule, "The Administrative State: Law, Democracy, and Knowledge," in Mark
     Tushnet *et al.*, (eds.) *The Oxford Handbook of the U.S. Constitution*, Oxford
     University Press, 2015.
Adrian Vermeule, *Judging under Uncertainty: An Institutional Theory of Legal
     Interpretation*, Harvard University Pres, 2006.
＿＿＿＿＿＿＿, *The Constitution of Risk*, Cambridge University Press, 2013.
Alexander Bickel, *The Least Dangerous Branch: The Supreme Court at the Bar of
     Politics*, Yale University Press, 1962.
Andrew Hoffman, *How Culture Shapes the Climate Change Debate*, Stanford Briefs,
     2015.
Anthony Downs, *An Economic Theory of Democracy*, Harper and Row, 1957.
Barry Mitnick, *The Political Economy of Regulation: Creating, Designing, and Removing*

Regulatory Forms, Columbia University Press, 1980.

Braun & Gilardi, "Introduction" in Braun & Gilardi (eds.), *Delegation in Comtemporary Democracies*, Routhledge, 2006.

Bruce Ackerman, *We the People*, Volume 1: Foundations, Harvard University Press, 1993.

Cass Sunstein & Adrian Vermeule, *Law & Leviathan: Redeeming the Administrative State*, Harvard University Press, 2020.

Charles Lindblom & Edward Woodhouse, *The Policy-Making Process*, Prentice Hall, 1993.

Chris Hilson, "Climate Change Litigation in the UK: An Explanatory Approach" in F. Fracchia & M. Occhiena (eds.), *Climate Change: La Ripostadel Diritto*, Editoriale Scientifica, 2010.

Daniel Farber & Marjan Peeters, *Climate Change Law*, Edward Elgar Publishing, 2016.

Daniel Farber & Philip Frickey, "Integrating Public Choice and Public Law," in *Law and Public Choice*, University of Chicago Press, 1991.

Daniel Farber, *Eco-Pragmatism: Making Sensible Environmental Decisions in an Uncertain World*, University of Chicago Press, 1999

David Gauthier, "David Hume, Contractarian", in David Boucher & Paul Kelly(eds.), *Social Justice: From Hume to Walzer*, Routledge, 1998,

David Lewis, *Convention*, Blackwell Publishing, 1969.

David Moss & Daniel Carpenter, *Preventing Regulatory Capture: Special Interest Influence and How to Limit It*, Cambridge University Press, 2014.

David Schoenbrod *et al.*, "Smarter Government: The Tool-Wielding Monkey," in *his, Breaking the Logjam: Environmental Protection That Will Work*, Yale University Press, 2010.

David Schoenbrod, *Power Without Responsibility: How Congress Abuses the People through Delegation*, Yale University Press, 1995.

Deborah Stone, *Policy Paradox and Political Reason*, Scott Foresman & Co, 1988.

Elmer Robinson & Robert Robbins, *Sources, abundance, and fate of gaseous atmospheric pollutants*, Stanford Research Institute, 1968.

Eric Posner & Adrian Vermeule, *The Executive Unbound*, Oxford University Press, 2010.

Eric Posner & David Weisbach, *Climate Change Justice*, Princeton University Press, 2009.

Felix Frankfurter, *The Public and Its Government*, Yale University Press, 1930.

Francis Deng, *Sovereignty as Responsibility: Conflict Management in Africa*, Brookings Institution Press, 2010.

Francis Rourke, *Bureaucracy, Politics, and Public Policy*, Little Brown, 1984.

Francisco Urbina, *A Critique of Proportionality and Balancing*, Cambridge University Press, 2017,

George Klosko, *Political Obligations*, Oxford University Press, 2005,

Gerald Rosenburg, *The Hollow Hope*, The University of Chicago Press, 2nd Eds, 2008.

Giandomenico Majone & Aaron Wildavsky, "Implementation as Evolution," in Jeffrey Pressman & Aaron Wildavsky, *Implementation,* University of California Press, 1984.

Gosseries, Axel., & Lukas H. Meyer, *Intergenerational Justice*, Oxford University Press, 2009.

Gregory Kavka, *Hobbesian Moral and Political Theory*, Princeton University Press, 1986.

H.L.A Hart, *The Concept of Law*, 3rd Edition. Oxford University Press, 2012.

Henry Hart & Albert Sacks, *The Legal Process: Basic Problems in the Making and Application of Law*, Foundation Press, 1994.

Heidi Hurd, Moral Combat, Cambridge University Press. 1999.

Jacqueline Peel & Hari Osofsky, *Climate Change Litigation: Regulatory Pathways to Cleaner Energy*, Cambridge University Press, 2015.

James Lands, *The administrative process*, Greenwood Press, 1974.

James MacGregor Burns, *The Deadlock of Democracy: Four-Party Politics in America*, Prentice-Hall, 1963.

Jean-Jacques Laffont & David Martimort, *The Theory of Incentives: The Principal-Agent Model*, Princeton University Press, 2002.

Jeremy Waldron, *Law and Disagreement*, Oxford University Press, 1999.

_____, *The Dignity of Legislation*, The Cambridge University Press, 2009.

Jerry Mashaw, *Greed, Chaos, and Governance: Using Public Choice to Improve Public Law*, Yale University Press, 1997.

John Chipman Gray, *The Nature and Sources of Law*, 2nd, 1921.

John Finnis, *Natural Law and Natural Right*, Oxford: Clarendon Press, 1980.

Joseph Sax, *Defending the environment: A strategy for citizen action*, Knopf, 1971.

Kenneth Culp Davis, *Discretionary Justice: A Preliminary Inquiry*, Louisiana State University Press, 1969.

Kent Weaver, *The Politics of Blame Avoidance*, Cambridge University Press, 1986.

Larry Alexander & Emily Sherwin, *The Rule of Rules: Morality, Rules, and the Dilemmas of Law*, Duke University Press, 2001.

Liam Wren-Lewis, "Regulatory Capture: Risks and Solutions," in Antonio Estache (eds.) *Emerging Issues in Competition, Collusion, and Regulation of Network Industries*, London Publishing Partnership, 2011.

Louis Fisher, *Constitutional Dialogues: Interpretation as Political Process*, Princeton University Press, 1988.

M.J.C. Vile, *Constitutionalism and the Separation of Powers*, Liberty Fund, 1967.

Mancur Olson, *The Logic of Collective Action*, Harvard University Press, 1965.

Marver Bernstein, *Regulating Business by Independent Commission*, Princeton University Press, 1955.

Michael Gerrard & Jody Freeman, *Global Climate Change and U.S. Law*, ABA Book Publishing, 2014.

Michael Taylor, *The Possibility of Cooperation*, Cambridge University Press, 1987.

Milton Friedman, *The Machinery of Freedom*, Open Court, 1989.

Paul Hirst, *Quangos and democratic government*, Oxford University Press, 1995.

Peter Lindseth, "Agents Without Principals?: Delegation in an Age of Diffuse and Fragmented Governance", in F. Cafaggi (ed.), *Reframing Self-Regulation in European Private Law*, Kluwer Law International, 2006.

Philip Soper, *A Theory of Law*, Harvard University Press, 1984.

Pierre Rosanvallon & Arthur Goldhammer, *Counter-Democracy Politics in an Age of Distrust*, Cambridge University Press, 2008.

Richard Hildreth *et al.*, *Climate Change Law: Mitigation And Adaptation*, WEST, 2009.

Richard Lazarus, *The Making of Environmental Law*, The University of Chicago Press, 2004.

Richard Posner, *Catastrophe: Risk and Response*, Oxford University Press, 2005.

Richard Rhodes, *Energy: A human history*, Simon & Schuster, 2018.

Robert Ellickson, *Order Without Law*, Harvard University Press, 1991.

Robert Merton, *Social Theory and Social Structure*, Free Press, 1968.

Sharon Byrd & Joachim Hruschka, *Kant's Doctrine of Right A Commentary*, Cambridge University Press, 2012.

Stephen Breyer, *Breaking the Vicious Circle: Toward Effective Risk Regulation*, Harvard University Press, 1995.

_____, *Making Our Democracy Work: A Judge's View*, Vintage, 2011.

_____, *Regulation and Its Reform*, Harvard University Press, 1982.

Stephen Humphereys, "Introduction: human rights and climate change" in Stephen Humphereys, (eds.) *Human Rights and Climate Change*, Cambridge University Press, 2010.

_____, *Human Rights and Climate Change*, Cambridge University Press, 2010.

Theodore Lowi, *The End of Liberalism*, 2nd Edition, Norton, 1979.

Thomas Hughes, *Networks of Power: Electrification in Western Society*, Johns Hopkins University Press, 1983.

Thomas Schelling, *The Strategy of Conflict*, Harvard University Press, 1981.

Thorstein Veblen, T*he Instinct of Workmanship and the Industrial Arts*, Routledge, 1990.

Vaclav Smil, *Energy and Civilization: A History*, MIT Press, 2017

William Eskridge, Jr., *Dynamic Statutory Interpretation*, Harvard University Press, 1994.

William Eskridge, Jr., Philip Frickey & Elizabeth Garrett, *Legislation and Statutory Interpretation*, Foundation Press, 2006.

William Niskanen, *Bureaucracy and Representative Government*, Routledge, 1971.

六本佳平,『現代型訴訟とその機能』, 裁判の現狀と硏究課題 シンポジウム, 1991.

小山剛,『基本權の內容形成－立法による憲法價値の實現』, 尙學社, 2004.

新堂幸司,『現代型訴訟とその役割』, 有斐閣, 1993.

樋口陽一,『近代立憲主義と現代國家』, 勁草書房, 1973.

平井宜雄,『法政策學』, 제2판, 有斐閣, 2000.

2. 논문

(1) 국내

이재희, "기후변화에 대한 사법적 대응의 가능성: 기후변화 헌법소송을 중심으로," 「저스티스」, 통권, 제182-2호, 2021

게르트 윈터(Gerd Winter), "기본적 자유권의 세대간 효과: 독일 연방헌법재판소의 기후보호를 위한 노력," 「환경법연구」, 제43권 제3호, 2021.

강윤원, "헌법재판에 의한 정책형성," 「헌법논총」, 제7집, 1996,

강재규, "헌법상 기능적 권력분립론의 행정법적 수용에 관한 연구," 「공법연구」,

제41권 제1호, 2012.

김길수, "원자력 정책공동체의 참여자와 형성요인,"「한국자치행정학보」, 제30권
　　　 제3호, 2016.

김영수, "독일 연방 기후보호법의 분석 및 2021년 3월 24일자 연방헌법재판소의
　　　 동 법률 일부 위헌결정과 그 후속 논의,"「법학논문집」, 제45권 제2호,
　　　 2021.

김선택, "헌법재판소 판례에 비추어 본 행복추구권,"「헌법논총」, 제9집, 1998,

김태호, "공익소송과 행정소송,"「행정판례연구」, 제22권 제2호, 2017.

_____, "기후변화 헌법소송의 논리 -독일 헌재 위헌결정 법리의 비교법적 함의
　　　 를 중심으로-,"「저스티스」, 통권 제186호, 2021.

김현준, "환경법과 공법,"「환경법연구」, 제39권 제3호, 2017.

김형국, "경제발전과정과 환경문제: 현대 한국의 경험,"「환경논총」, 제32권, 1994.

남궁술, "형평에 대하여 -그 역사적 조명과 아리스토텔레스的 정리-."「법철학
　　　 연구」, 제8권 제2호, 2005.

남기윤, "미국의 법사고와 제정법 해석방법론-한국 사법학의 신과제 설정을 위
　　　 한 비교 법학방법론 연구",「저스티스」, 99호, 2007.

문병선, "행정처분과 근거법률의 간극에 대한 고찰 -환경, 에너지 영역을 중심으
　　　 로-,"「환경법연구」, 제40권 제3호, 2018.

박규용, "독일의 기후변화 소송에서의 민사책임,"「법학연구」, 제48권, 2012.

박시원 & 박태현, "기후변화와 국가의 책임- 최근 정부에 온실가스 감축 상향을
　　　 명한 네덜란드 판례를 중심으로,"「환경법과 정책」, 제15권, 2015.

박시원, "기후변화와 인권침해소송 -Urgenda 고등법원 판결을 중심으로,"「환경법
　　　 과 정책」, 제23권, 2019.

박은정, "'정치의 사법화(司法化)'와 민주주의,"「서울대학교 법학」, 제51권 제1호,
　　　 2010.

박지혜, "기후위기 시대의 에너지 법·정책 -공공선택이론에 기반한 온실가스 감
　　　 축 실패 사례 분석과 법·정책 대안의 모색-," 서울대학교 법학과 박사
　　　 학위논문, 2021.

_____, "석탄발전 조기폐쇄와 손실보상의 법리에 관한 소고-석탄발전 감축정
　　　 책에 따른 손실보상의 필요성에 대한 검토를 중심으로-."「일감부동산
　　　 법학」, 제24권, 2022.

_____, "석탄화력 발전소 관련 법·정책의 개선 과제-삼척 석탄화력 발전소 추
　　　 진 사례를 중심으로-,"「환경법과 정책」, 제21권, 2018.

박태현 & 이병천, "'커먼즈'로서 기후시스템과 공공신탁법리-기후변화소송을 소

재로-,"「법학논총」, 제40권 제2호, 2016.

박태현, "기후변화소송과 파리협정,"「환경법과 정책」, 제23권, 2019.

박효근, "환경행정소송의 제기요건과 본안심리,"「법제」, 2009. 1.

성중탁, "현대 사회국가와 행정법의 과제,"「공법학연구」, 제19권 제2호, 2018.

유찬효, "석탄화력 미세먼지 감축협약 이행의 환경개선 효과와 사회적 편익 연구," 중앙대학교 산업창업경영대학원 기후경제과 석사학위논문, 2021.

윤삼석, "칸트 자연법 이론에서 자연상태의 의미,"「칸트연구」, 37, 2016.

이광제, "인·허가의제 제도의 입법적 대안 연구,"「법제논단」, 2015. 11.

이광필, "공공성과 형량문제,"「공법연구」, 제24권 제2호, 1996.

이상윤, "미국 제정법 해석에서의 신문언주의 방법론에 관한 고찰," 서울대학교 법학과 박사학위 논문, 2016.

이용훈, "환경오염피해 구제와 법원의 역할-환경권의 해석에 있어-,"「환경법연구」, 제38권 제2호, 2016.

이은기, "한국과 미국의 에너지 관련 법제의 변화-기후변화에 대한 최근 에너지 입법을 중심으로,"「환경법연구」, 제34권 제2호, 2012.

이정환, "현대형 소송의 문제점과 그 대책,"「영남법학」, 제38호, 2014.

임미원, "칸트의 실천철학의 기초-자율성과 사회계약론을 중심으로,"「법철학연구」, 제22권 제3호, 2019.

전종익, "헌법 제120조 제1항 천연자원 규정의 해석,"「서울대학교 법학」, 제61권 제2호, 2020.

정철, "한국의 에너지산업 관련 주요 법규 및 최근의 동향"「국제거래법연구」, 제17권 제2호, 2008.

조홍식, "리스크법-리스크관리체계로서의 환경법-,"「서울대학교 법학」, 제43권 제4호, 2002.

_____, "물경시정치-비례입헌주의를 주창하며,"「서울대학교 법학」, 제49권 제3호, 2008.

_____, "법에서의 가치와 가치판단: 원고적격의의 규범학(Ⅰ),"「서울대학교 법학」, 제48권 제1호, 2007.

_____, "경제학적 논증의 법적 지위,"「서울대학교 법학」, 제48권 제4호, 2007.

조홍식, 최지현, 박진영, "그린뉴딜의 법정책학-그린뉴딜법안의 법이론적 검토 각서(覺書)-,"「환경법연구」, 제43권 제2호, 2021.

진상현, "한국 탄소 배출권 거래제의 규제포획에 관한 연구,"「환경정책」, 제27권 제1호, 2019.

최계영, "신뢰보호 원칙의 적용요건 - 공적 견해표명의 의미를 중심으로,"「사법」,

제1권 제38호, 2016.

최병선, "규제의 목표, 수단, 자원의 관계에 대한 연구,"「규제연구」, 제22권 제2호, 2013.

최봉철, "법현실주의,"「미국학」, 제20권, 1997.

최종화, "공익의 법문제화,"「서울대학교 법학」, 제47권 제3호, 2006.

최지현, "기후 변화 관련 해외 소송 사례 및 시사점－배출권 거래제를 중심으로－,"「환경법연구」, 제38권 제1호, 2016.

_____, "미국 셰일가스 개발 및 수출 규제에 대한 소고－환경 규제 관련 거버넌스를 중심으로,"「환경법연구」, 제39권 제3호, 2017.

최효재, "원자력발전 관련 환경행정소송에서 원고적격 및 사정판결의 요건－서울행정법원 2019. 2. 14. 선고 2016구합75142 판결－,"「법학평론」, 제10권, 2020.

한상운, "환경정의의 규범적 의미 － 환경, 정의, 법의 3면 관계를 바탕으로 －,"「환경법연구」, 제31권 제1호, 2009.

함태성, "녹색성장과 에너지법제의 대응"「법제」, 제36호, 2009.

허성욱, "경제규제행정법이론과 경제적 효율성,"「서울대학교 법학」, 제49권 제4호, 2008.

_____, "기후변화 시대의 불법행위법－기후변화 대응 정책수단으로서 불법행위소송의 장·단점 및 발전방향에 관한 소고－,"「사법」, 통권 제21호, 2012.

_____, "정치와 법－법원의 법률해석 기능에 대한 실증적 고찰에 관하여,"「서울대학교 법학」, 제46권 제2호, 2005.

홍준형, "제도화된 행정국가와 법치주의,"「행정논총」 제38권 2호, 2000.

홍진영, "행정청이 행한 법률해석의 사법심사 방법론에 관한 고찰－규칙과 기준의 관점에서 살펴본 Chevron 판결을 중심으로－," 서울대학교 법학과 석사학위 논문, 2013.

황형준, "지속가능한 에너지법의 이념과 기본 원리," 서울대학교 법학과 박사학위논문, 2018.

(2) 해외

Abram Chayes, "The Role of the Judge in Public Law Litigation," *Harvard Law Review*, 89(7), 1976.

Adrian Vermeule, "Optimal Abuse of Power," *Northwestern University Law Review*, 109,

2015.

Alexandra Klass, "Climate Change and the Convergence of Environmental and Energy Law," *Fordham Environmental Law Review*, 24(2), 2017.

Amy Stein, "Breaking Energy Path Dependencies Amy," *Brooklyn Law Review*, 2, 2017.

Amy Wildermuth, "Is Environmental Law A Barrier to Emerging Alternative Energy Source?," *Idaho Law Review*, 46, 2010.

_____, "The next step: The integration of energy law and environmental law," *Utah Environmental Law Review*, 31(2), 2011.

Aziz Huq & Jon Michaels, "The Cycles of Separation of Powers Jurisprudence," *The Yale Law Journal*, 126, 2016.

Benjamin Sovacool & Ishani Mukherjee, "Conceptualizing and Measuring Energy Security: A Synthesized Approach," *Energy*, 36(8), 2011.

Benjamin Sovacool, "Valuing the greenhouse gas emissions from nuclear power: A critical survey," *Energy Policy*, 36, 2008.

Breman Andrew, "Moral Pluralism and the Environment," *Environmental Values*, 1(1), 1992.

Brian Arthur, "Competing technologies, increasing returns and lock-in by historical events," *Economic Journal*, 99, 1989.

Brianne Gorod, "Defending Executive Nondefense and the Principal-Agent Problem," *Northwestern University Law Review*, 106(3), 2015.

Brigham Daniels, "Agency as Principal," *Georgia Law Review*, 48, 2014.

Carlos Gonzalez, "Reinterpreting Statutory Interpretation," *North Carolina Law Review*, 73(4), 1996.

Cass Sunstein & Adrian Vermeule, "Interpretation and Institutions", *Michigan Law Review*, 101(4), 2003.

Cass Sunstein, "Incommensurability and Valuation in Law," *Michigan Law Review*, 779, 1993.

_____, "Interpreting Statutes in the Regulatory State," *Harvard Law Review*, 103(2), 1989.

_____, "Nondelegation," The University of Chicago Law Review, 67(2), 2000; John Manning, "Separation of Powers As Ordinary Interpretation," *Harvard Law Review*, 124, 1942.

_____, "Participation, Public Law, and Venue Reform," *The University of Chicago Law Review*, 49(4), 1982.

Charles Lindblom, "Still Muddling, Not Yet Through," *Public Administration Review*, 39(6), 1979,

Charles Lindblom, "The Science of "Muddling Through"", "*Public Administration Review*, 19(2), I959.

Charles Reich, "The New Property," *The Yale Law Journal,* 73(5), 1964.

Christopher Smith *et al.*, "Current fossil fuel infrastructure does not yet commit us to 1.5° C warming," *Nature Communication*, 10(101), 2019.

Colin Diver, "Policymaking Paradigms in Administrative Law," *Harvard Law Review*, 95(2), 1981.

Dan Tong *et al.*, "Committed emissions from existing energy infrastructure jeopardize 1.5° C climate target," *Nature*, 572. 2019.

Daryl Levinson & Richard Pildes, "Separation of Parties, Not Powers," *Harvard Law Review*, 119(8), 2006.

David Woodward & Ronald Levin, "In Defence of Defence: Judical Review of Agency Action," *Administrative Law Review*, 29, 1979.

David Zaring, "Toward Separation of Powers Realism," *Yale Journal on Regulation*, 37(2), 2020.

Don Grant, "Reducing CO2 emissions by targeting the world's hyper-polluting power plants," *Environmental Research Letters*, 16, 2021.

Donald Elliot, "Portage Strategies for Adapting Environmental Law and Policy During a Logjam Era," *NYU Environmental Law Journal*, 17, 2008.

Elizabeth Magill & Adrian Vermeule, "Allocating Power Within Agencies," *Yale Law Journal*, 120(5), 2011.

Elke Weber, "E.U. Experience-Based and Description-Based Perceptions of Long-Term Risk: Why Global Warming does not Scare us (Yet)." *Climatic Change* 77, 2006.

Eric Poser, "Theories of Economic Regulation," *The Bell Journal of Economics and Management Science*, 5(2), 1974.

Eric Posner & Adrian Vermeule, "Interring the Nondelegation Doctrine," *University of Chicago Law Review*, 69, 2002.

Ernesto DAL BÓ, "Regulatory Capture: A Review," *Oxford Review of Economic Policy*, 22(2), 2006.

Fabien Prieur, "Costs of climate politics," *Nature Climate Change*, 9, 2019.

Fouquet Roger, "Path dependence in energy systems and economic development,"

Nature Energy, 1, 2016.

Frank Easterbrook, "Cyberspace and the Law of the Horse," *The University of Chicago Legal Forum*, 207, 1996.

Frederick Schauer, "Ambivalence about the Law," *Arizona Law Review*, 49, 2007.

_____, "Judicial Supremacy and the Modest Constitution," *California Law Review*, 92(4), 2004.

_____, "Legal Development and the Problem of Systemic Transition," *The Journal of Contemporary Legal Issues*, 13(1), 2003.

_____, "The Annoying Constitution: Implications for the Allocation of Interpretive Authority," *William & Mary Law Review*, 58(5), 2017.

Gary Yohe *et al.*, "Inaction on the climate threat is NOT an option," *Yale Climate Connections*, 2020. 10. 30.

George Stigler, "The Theory of Economic Regulation," *The Bell Journal of Economics and Management Science*, 2(1), 1971.

Gillian Metzger, "The Interdependent Relationship Between Internal and External Separation of Powers," *Emory Law Journal*, 59(2), 2009.

Gregory Unruh, "Understanding carbon lock-in," *Energy Policy*, 28(12), 2000.

Harold Hongju Koh, "The Coase Theorem and the War Power: A Response," *Duke Law Journal*, 41(1), 1991.

Harold Leventhal, "Environmental Decisionmaking and the Role of the Courts," *University of Pennsylvania Law Review*, 122(3), 1974.

Hepburn Pfeifer *et al.*, "Committed emissions from existing and planned power plants and asset stranding required to meet the Paris Agreement," *Environmental Research Lettters*, 13, 2018.

Holly Doremus, "Adapting to Climate Change with Law That Bends Without Breaking," *San Diego Journal of Climate & Energy Law*, 45, 2010.

_____, "Climate Change and the Evolution of Property Rights," *U.C. Irvine Law Review*, 1(4), 2011.

_____, "Constitutive Law and Environmental Policy," *Stanford Environmental Law Review*, 22, 2003.

_____, "Takings and Transitions," Florida State *University Journal of Land Use and Environmental Law*, 19(1), 2018.

Horst Rittel & Melvin Webber, "Dilemmas in a general theory of planning," *Policy Science*, 4, 1973.

J. B. Ruhl & David Markell, "An Empirical Survey of Climate Change Litigation in the United States," *Environmental Law Reporter*, 47(7), 2010.

J. B. Ruhl & Harold Ruhl, Jr., "The Arrow of the Law in Modern Administrative States: Using Complexity Theory to Reveal the Diminishing Returns and Increasing Risks the Burgeoning of Law Poses to Society," *U.C. Davis Law Review*, 30(2), 1997.

J. B. Ruhl & James Salzman, "What Happens When the Green New Deal Meets the Old Green Laws?," Vermont Law Review, 44(4), 2020.

J. B. Ruhl, "Law's Complexity: A Primer," *Georgia State University Law Review*, 24(4), 2008.

Jack Beermann, "Congressional Administration," *San Diego Law Review*, 43, 2006.

Jacob Gersen & Adrian Vermeule, "Delegating to Enemies," *Columbia Law Review*, 112(8), 2012

Jacob Gersen & Anne Joseph O'Connell, "Deadlines in Administrative Law," *University of Pennsylvania Law Review*, 156(4), 2008.

Jaehyup Lee & Jisuk Woo, "Green New Deal Policy of South Korea: Policy Innovation for a Sustainability Transition," *Sustainability*, 12(23), 2020.

Jamelle Sharpe, "Legislating Preemption Legislating Preemption," *William & Mary Law Review*, 53(1), 2011.

James Gardner, "Democracy Without a Net? Separation of Powers and the Idea of Self-Sustaining Constitutional Constraints on Undemocratic Behavior," *St. John's Law Review*, 79, 2005.

Jinyoung Park & Benjamin Sovacool, "The contested politics of the Asian atom: peripheralisation and nuclear power in South Korea and Japan," *Environmental Politic*, 27(4), 2018.

Jody Freeman & David Spence, "Old Statutes, New Problems," *University of Pennsylvania Law Review*, 163(1), 2014.

Jody Freeman & Jim Rossi, "Agency Coordination in Shared Regulatory Space," *Harvard Law Review*, 125, 2012

Jody Freeman, "Collaborative Governance in the Administrative State," *UCLA Law Review*, 45(1), 1997.

_____, "The Limits of Executive Power: The Obama-Trump Transition," *Nebraska Law Review*, 96, 2017.

_____, "The Uncomfortable Convergence of Energy and Environmental Law."

Harvard Law Review, 41, 2017.

_____, "Why I Worry About UARG," *Harvard Environmental Law Review*, 9, 2015.

John Cook *et al.*, "Consensus on consensus: a synthesis of consensus estimates on human-caused global warming," *Environmental Research Letters*, 11(4), 2016.

John Dernbach & Seema Kakade, "Climate Change Law: An Introduction," *Energy Law Journal*, 29(1), 2008.

John Dewey, "The Pathology of Symbolic Legislation," *Ecology Law Quarterly*, 17, 1990.

John DiIulio, Jr. & John DiIulio, Jr., "Association Principled Agents: The Cultural Bases of Behavior in a Federal Government Bureaucracy," *Journal of Public Administration Research and Theory*, 4(3), 1994.

John Ferejohn & Barry Weingast, "A Positive Theory of Statutory Interpretation," *International Review of Law and Economics*, 12(2), 1992.

John Manning, "Inside Congress's Mind," *Columbia Law Review*, 115(7), 2015.

_____, "Separation of Powers as Ordinary Interpretation," *Harvard Law Review*, 124(8), 2011.

_____, "Textualism and the Equity of the Statute," *Columbia Law Review*, 101(1), 2001.

_____, "The New Purposivism," *The Supreme Court Review*, 2011(1), 2012.

John Roberts, Jr., "In Memoriam: Justice Antonin Scalia," *Harvard Law Review*, 130(1), 2016.

Jonathan Turley, "A Fox in the Hedges: Vermeule's Vision of Optimized Constitutionalism in a Suboptimal World," *The University of Chicago Law Review*, 82(1), 2015.

Joshua Macey, "Zombie Energy Laws," *Vanderbilt Law Review*, 73, 2020.

Jules Lobel, "Emergency Power and the Decline of Liberalism," *Yale Law Review*, 98(7), 1989.

Julian Rivers, "Proportionality and Variable Intensity of Review," *Cambridge Law Journal*, 65(1), 2006.

Kejioneth Shepsle, "Congress Is a "They," Not an "It": Legislative Intent as Oxymoron," *International Review of Law and Economics*, 12(2), 1992.

Kenneth Arrow, "A Difficulty in the Concept of Social Welfare," *The Journal of Political Economy*, 58(4), 1950.

Kevin Maréchal, "Not irrational but habitual: The importance of "behavioral lock-in" in energy consumption, "*Ecological Economics*, 69(5), 2010.

Larry Alexander & Frederick Schauer, "On Extrajudicial Constitutional Interpretation," *Harvard Law Review*, 110(7), 1997.

Larry Alexander, "Law and Politics: What is Their Relation?," *Harvard Journal of Law and Public Policy*, 42(1), 2017.

Lawrence Lessig & Cass Sunstein, "The President and the Administration," *Columbia Law Review*, 94(1), 1994.

Lincoln Davies, "Alternative Energy and the Energy-Environment Disconnect," *Idaho Law Review*, 46, 2010.

Louis Kaplow & Steven Shavell, "Fairness versus Welfare," *Harvard Law Review*, 114, 2001.

Mark Coeckelbergh & Wessel Reijers, "Narrative Technologies: A Philosophical Investigation of the Narrative Capacities of Technologies by Using Ricoeur's Narrative Theory," *Human Studies*, 39, 2016.

Mathew McCubbins, "Abdication or Delegation? Congress, the Bureaucracy, and the Delegation Dilemma," *Regulation*, 22(2), 1999.

Matthew Adler & Eric Posner, "Rethinking Cost-Benefit Analysis," *Yale Law Journal*, 109, 1999.

Matthew McCubbins *et al.*, "Structure and Process, Politics and Policy: Administrative Arrangements and the Political Control of Agencies," *Virginia Law Review*, 75(2), 1989.

Matthew Zinn, "Adapting to Climate Change: Environmental Law in a Warmer World," *Ecology Law Quarterly*, 34(1), 2007.

Michael Gerrard, "Legal Pathways for a Massive Increase in Utility-Scale Renewable Generation Capacity," *Environmental Law Report*, 47, 2017.

_____, "Sadly, the Paris Agreement Isn't Nearly Enough," *The Environmental Forum*, 33(6), 2016.

Michael Hoel, "Coordination of Environmental Policy For Transboundary Environmental Problems?," *Journal of Public Economics*, 66(2), 1997.

Michael Klarman, "Constitutional Fact/Constitutional Fiction: A Critique of Bruce Ackerman's Theory of Constitutional Moments," *Stanford Law Review*, 44(3), 1992.

Michael Stokes Paulsen, "The President and the Myth of Judicial Supremacy," *University of St. Thomas Law Journal*, 14(3), 2018.

Minwoo Hyun *et al.*, "Feasibility trade-offs in decarbonisation of power sector with high coal dependence: A case of Korea," arXiv(Prepring), 2021. 11.

Myles Gartland *et al.*, "Old Habits Die Hard: Path Dependency and Behavioral," *Journal of Economic Issues*, 38(2), 2004.

Neal Devins & Louis Fisher, "Judicial Exclusivity and Political Instability," *Virginia Law Review*, 84(1), 1998.

Neal Kumar Katyal, "Internal Separation of Powers: Checking Today's Most Dangerous Branch from Within," *Yale Law Journal*, 115, 2006.

Niels Petersen, "Proportionality and Judicial Activism: Fundamental Rights Adjudication in Canada, Germany and South Africa," *International Journal of Constitutional Law*, 16(3), 2017.

Oona Hathaway, "Path Dependence in the Law: The Course and Pattern of Legal Change in a Common Law System," *Iowa Law Review*, 86, 2000.

Pauline Kleingeld, "Kantian Patriotism," *Philosophy & Public Affairs*, 29(4), 2000.

Peter Aranson *et al.*, "A Theory of Legislative Delegation," *Cornell Law Review*, 68(1), 1982.

Peter McCutchen, "Mistakes Precedent and the Rise of the Administrative State: Toward a Constitutional Theory of the Second Best," *Cornell Law Review*, 80(1), 1994.

Pfeifer Hepburn *et al.*, "Committed emissions from existing and planned power plants and asset stranding required to meet the Paris Agreement," *Environmental Research Lettters*, 13, 2018.

Raphael Heffron *et al.*, "A treatise for energy law," *Journal of World Energy Law and Business*, 11(1), 2018.

Raymond Clémençon, "The Two Sides of the Paris Climate Agreement: Dismal Failure or Historic Breakthrough?," *The Journal of Environment & Development*, 25(1), 2016.

Richard Epstein, "Modern Environmentalists Overreach: A Plea for Understanding Background Common Law Principles," *Harvard Journal of Law and Public Policy*, 37(1), 2014.

_____, "The Perilous Position of the Rule of Law and the Administrative State," *Harvard Journal of Law and Public Policy*, 36(1), 2013.

Richard Lazarus, "A Different Kind of "Republican Moment" in Environmental Law," *Minnesota Law Review*, 87, 2003.

_____, "Congressional Descent: The Demise of Deliberative Democracy in Environmental Law," *Georgetown Law Journal*, 94(3), 2006.

_____, "Environmental Law Without Congress," *Journal of Land Use & Environmental Law*, 30(1), 2014.

_____, "Super Wicked Problems and Climate Change: Restraining the Present to Liberate the Future," *Cornell Law Review*, 94, 2009.

Richard McAdams, "A focal Point Theory of Expressive Law," *Virginia Law Review*, 86, 2000.

Richard Stewart, "The Reformation of American Administrative Law," *Harvard Law Review*, 88(8), 1975.

Robert Beyer *et al.*, "Shifts in global bat diversity suggest a possible role of climate change in the emergence of SARS-CoV-1 and SARS-CoV-2," *Science of The Total Environment*, 767(1), 2021.

Robert Goodin, "What is So Special about Our Fellow Countrymen?," *Ethics*, 98(4), 1988.

Robert Post & Reva Siegel, "Popular Constitutionalism, Departmentalism, and Judicial Supremacy," *California Law Review*, 92, 2004.

Robert Post, "The Supreme Court, 2002 Term- Foreword: Fashioning the Legal Constitution; Culture, Courts, and Law," *Harvard Law Review*, 117(1), 2003.

Robert Postt & Reva Siegel, "Popular Constitutionalism, Departmentalism, and Judicial Supremacy," *California Law Review*, 92(4), 2004.

Saikrishna Prakash & John Yoo, "Against Interpretive Supremacy," *Michigan Law Review*, 103(6), 2005.

Samuel Huntington, "The Marasmus of the ICC," *Yale Law Journal*, 61(4), 1952.

Shmuel Eisenstadt, "Bureaucracy and Bureaucratization," *Administrative Science Quarterly*, 4(3), 1959.

Smith, Forster *et al.*, "Current fossil fuel infrastructure does not yet commit us to 1.5° C warming, *Nature Communication*," 10(101), 2019.

Stephen Ross, "The Economic Theory of Agency: The Principal's Problem," *The American Economic Review*, 63(2), 1973.

Steve Sorrell, "Reducing energy demand: A review of issues, challenges and approaches," *Renewable and Sustainable Energy Reviews*, 47, 2015.

Steven Calabresi, "Some Normative Arguments for the Unitary Executive," *Arkansas Law Review*, 48(1), 1995.

Steven Croley, "Theories of Regulation," *Columbia Law Review*, 98(1), 1998.

Steven Davis *et al.*, "Future CO2 emissions and climate change from existing energy infrastructure," *Science*, 329, 2010.

Stewart Schwab, "Union Raids, Union Democracy, and the Market for Union Control," *University of Illinois Law Review*, 368(2), 1992.

Terry Moe, "Control and Feedback in Economic Regulation: The Case of the NLRB," *American Political Science Review*, 79(4), 1985.

_____, "The New Economics of Organization," *American Journal of Political Science*, 28(4), 1984.

Theodore Lowi, "Two Roads to Serfdom: Liberalism, Conservatism and Administrative Power, "*American University Law Review*, 421, 1987.

Thomas Covert, "Will We Ever Stop Using Fossil Fuels?," *Journal of Economic Perspectives*, 30(1), 2016.

Thomas Hughes, "The Seamless Web: Technology, Science, Etcetera, Etcetera," *Social Studies of Science*, 16(2), 1986.

Thomas Scanlon, "A Theory of Freedom of Expression," *Philosophy & Public Affairs*, 1(2), 1972.

Tim Groseclose & Nolan McCarty, "The Politics of Blame: Bargaining before an Audience," *American Journal of Political Science*, 45(1), 2001.

Timothy Lenton *et al.*, "Climate Tipping Points-Too Risky to Bet Against," *NATURE*, 575, 2019.

Todd Aagaard, "Energy-Environment Policy Alignments," *Washington Law Review*, 90(4), 2015.

_____, "Regulatory Overlap, Overlapping Legal Fields, and Statutory Discontinuities," *Virginia Environmental Law Journal*, 29(3), 2011.

Ugo Bardi, "Peak oil, 20 years later: Failed prediction or useful insight?," *Energy Research & Social Science*, 48, 2019.

Virgi'lio Da Silva, "Comparing the Incommensurable: Constitutional Principles, Balancing and Rational Decision," *Oxford Journal of Legal Studies*, 31(2), 2011.

Weiss, Andrew & Edward Woodhouse, "Reframing Incrementalism: A Constructive Response to the Critics," *Policy Sciences* 25(3), 1992,

Wesley Hohfeld, "Fundamental Legal Conceptions as Applied in Judicial Reasoning and Other Legal Essays," *The Yale Law Journal*, 23(1), 1913.

William Anderegg *et al.*, "Expert credibility in climate change," *PNAS*, 2010.

William Eskridge Jr. "No Frills Textualism," *Harvard Law Review*, 119(7), 2006.

William Nordhaus, "Critical Assumptions in the Stern Review on Climate Change,"

Policy Forum, 2007. 9. 21.

——————————, "A Review of the Stern Review on the Economics of Climate Change," *Journal of Economic Literature*, 17, 2007.

Zeki Sarigil, "Showing the path to path dependence: The habitual path," *European Political Science Review*, 7(2), 2015.

藤原淳一郎, "日本におけるエネルギー法學の現狀: エネルギー法研究序說," 法學研究: 法律·政治·社會, 50(12), 1977.

3. 보고서

(1) 국내

관계부처 합동, "2050 탄소중립 시나리오," 2021. 10. 18.

——————————, "제3차 미세먼지 계절관리제 시행계획(안)," 2021. 11. 29.

——————————, "미세먼지 고농도 시기 대응 특별대책," 2019. 11.

——————————, "산업구조 변화에 대응한 공정한 노동전환 지원방안," 2021. 7. 22.

기후솔루션, "석탄화력 정책과 외부비용의 내부화 전략," 2020. 9.

——————————, "탈석탄 시대, 전력시장의 개선 방향 심포지움," 2021. 4. 21.

김남일 & 신힘철, "환경급전을 고려한 전력시장 운영방안 연구," 에너지경제연구원, 수시 연구 보고서17-01, 2017.

김동구 & 손인성, "우리나라 온실가스 배출 정점 도달 시점 분석," 에너지경제연구원 기본연구보고서 18-13, 2018.

김미희 & 조원무, "흔들리는 민자석탄발전의 위상 - 민자석탄발전사 신용도방어 가능할까?," 한국기업평가 Issue Report, 2020.11.

김성배, "녹색성장을 위한 환경정의의 기초연구 -지속가능한 사회와 환경정의-," 녹색성장 연구 13-23-9, 한국법제연구원, 2013.

김성수, "녹색성장기본법과 환경·에너지법익," 대한변호사협회, 한국의 환경 및 에너지에 관한 법원리, 환경·에너지문제연구총서 XII, 2010.

류해웅 & 성소미, "토지에 대한 공익과 사익의 조정에 관한 연구," 국토연구원, 2000.

명형남, "충남의 석탄화력발전 일시 가동중단에 따른 주민건강실태조사 결과와 제언," 2017. 12. 7.

배성렬, "에너지정책기본법 제정에 관한 소고," 대한변호사협회, 한국의 환경 및 에너지에 관한 법원리, 환경·에너지문제연구총서 XI, 2005.

산업연구원, "장기 저탄소 발전전략(LEDS)을 산업 전환의 기회로 활용해야," 2020. 10. 23.

산업통상자원부, "석탄발전 폐지·감축을 위한 정책 방향," 2021. 12. 10.

_____, 「제9차 전력수급기본계획」, 2020. 12. 28.

에너지경제연구원, "재생에너지 공급확대를 위한 중장기 발전단가(LCOE) 전망 시스템 구축 및 운영," 기본연구보고서, 20-21, 2020.

_____, 「2021 에너지수급통계연보」, 2022.

유인호, "미세먼지 시대의 환경·에너지 법정책-완화(mitigation)와 적응(adaption) 정책의 체계적 설계-," 대한변호사협회, 미세먼지 해결 방안에 관한 법·정책적 접근, 환경·에너지문제연구총서 XIV, 2019.

이유수, "에너지전환시대의 전력시장 개혁 방향," 2019. 1. 17.

이준서, "한국의 경제성장과 입법발전의 분석-에너지 법제-," 한국법제연구원, 2013.

이진철, "원자력 발전소 설비 폐쇄의 헌법적 쟁점," 환경법의 새로운 지평-기후변화 시대의 에너지법-, 환경법학회 제142회 정기학술대회 자료집, 2020. 7.

이한규, "국회입법과정의 단계별 갈등해결방안에 대한 고찰" 국회 법제사법위원회, 2009.

전력거래소, "2020년 4분기 발전소 건설사업 추진현황," 2020.

전력시장감시위원회, "전력시장분석보고서," 2020.

산업통상자원중소벤처기업위원회, 제387회 임시국회 산업통상자원특허소위원회 제1차 회의록, 2021. 5. 11.

_____, 제387회 임시국회 산업통상자원특허소위원회 제2차 회의록, 2021. 5. 20.

조홍식, "기후변화의 법정책-녹색성장기본법을 중심으로," 녹색성장 법제(Ⅰ), 법제처, 2011.

조홍식, 송상현 & 노상환, "우리나라 환경법체계 정비에 관한 연구Ⅰ," KEI 기본과제 연구보고서, 1997.

지현영, "탈탄소사회로의 정의로운 전환을 위한 연구," 대한변호사협회, 변화하는 에너지와 환경 정책에 대한 법적 연구, 환경·에너지문제연구총서 XV, 2021.

채수근, "에너지전환 지원에 관한 법률안 검토보고," 제328회 국회 제13차 산업통상자원중소벤처기업위원회, 2020. 11.

천근영, "정부승인차액정산제도 시행에 따른 전력산업계 대응 방안," 전기저널,

대한전기협회, 2015. 3.

충남연구원, 노후석탄화력발전소의 단계적 폐쇄와 친환경에너지(발전소) 전환
　　　타당성 연구 (2차년도) : 충청남도 정의로운 전환 전략과 과제, 2021. 2.

한국환경정책·평가연구원, "국내 발전소 주변 주민건강영향조사 방안 마련 연
　　　구," 2016. 12.

한상운, "대전환의 시대: 지속가능사회를 향한 새로운 출발," KEI 포커스 제10권
　　　제3호 통권 제85호, 한국환경연구원, 2022. 5.

현대경제연구원, "친환경 전력정책의 비용과 편익," 2017. 8. 21.

환경부, "제3차 계획기간(2021~2025) 배출권 할당계획," 2020. 9. 29.

KAIST & 기후솔루션, "2050 탄소중립 전환 시나리오," 2021. 5.

KOTRA, "일본의 전력시장과 재생에너지 지원정책," 2021. 4. 12.

(2) 해외

Barry Weingast, "Self-enforcing Constitutions," Hoover Institution Working Paper, 2008.

Climate Analytics, "Transitioning towards a coal-free society: science based coal
　　　phase-out pathway for South Korea under the Paris Agreement," 2020. 2. 20.

Department for Business, Energy & Industrial Strategy, "Capacity Market," 2014. 7. 24.

Eric Posner, Agency Models in Law and Economics, Coase-Sandor Working Paper Series
　　　in Law and Economics, 92, The University of Chicago Law School, 2000.

ETC, "Making Clean Electrification Possible: 30 years to electrify the global economy,"
　　　2021. 4.

IEA, "Global Energy Review: CO2 Emissions in 2021," 2022

___, "Net Zero By 2050: A Roadmap for the Global Energy," 2021. 5.

IPCC, Climate Change 2014 Synthesis Report Summary for Policymakers, 2014.

_____, "Global warming of 1.5°C," 2019.

Jacob Gersen, "Overlapping and Underlapping Jurisdiction in Administrative Law,"
　　　University of Chicago Public Law & Legal Theory Working Paper, 161, 2007.

Larry Alexander & Saikrishna Prakash, "Delegation Really Running Riot," San Diego
　　　Legal Studies Paper 07-54, 2006.

Linda Tsang & Alexandra Wyatt, "Clean Power Plant: Legal Background and Pending
　　　Litigation in West Virginia v. EPA," Congressional Research Service, 2017.

Mark Kosmo, "Money to burn? The High Costs of Energy Subsidies," WRI, 1987.

McKinsey & Company, "Climate risk and response: Physical hazards and socioeconomic impacts," 2020. 1. 16.

NRDC, "There Is No Such Thing as "Clean Coal"," 2008.

資源エネルギー庁, "電力小売面前自由化に関する進捗状況," 2016.

4. 신문기사 및 보도자료

(1) 국내

경향신문, "곧 사라질 직장에 다니는 석탄 노동자들" 2021. 6. 4.

_____, "삼척화력발전소, 환경권 침해…회사채 발행 중단하라," 2021. 6. 21.

매일경제, "[기후위기, 노동위기] ① 탄소와의 싸움, 일자리는 안전할까" 2021. 10. 30.

_____, "文 업무지시 3호, 노후 발전소 셧다운…'미세먼지' 줄이기," 2017. 5. 15.

_____, "전기요금 누진제 개편안 열띤 토론…한전 소액주주들 반발," 2019. 6. 11.

_____, "탈석탄에 돈 새는 발전공기업 "정부가 손실 메꿔달라"," 2021. 3. 7.

매일노동신문, "정의로운 전환? "석탄화력 노동자 최대 7천935명 실직"," 2022. 5. 27.

매일신문, "[속보] 文, G20서 "한국 2050년까지 석탄발전 전면 폐기"," 2021. 10. 31.

박진표, "석탄화력발전 퇴출 법정책을 둘러싼 몇 가지 법적 쟁점," 전기저널, 2021. 5. 7.

_____, "전력산업의 제다이는 귀환할 수 있을까?," 전기신문, 2021. 3. 2.

발전산업신문, "2024년까지 옥내저탄장 의무, 설치해야," 2019. 5. 2.

서울경제, "[단독]"원전·석탄발전 사업권 박탈 지나쳐"…'에너지전환법'독소조항 들어내기로," 2021. 3. 10.

_____, ""삼척火電 1·2호기공사중단땐 매몰비용 2조'… 발전사업자·정부도 반발," 2020. 10. 8.

아시아경제, "윤순진 "석탄화력발전, 하루 빨리 폐쇄하는 것이 바람직"," 2021. 8. 5.

_____, "윤순진 탄소중립위원장 "석탄발전소 존치 여부는 중요 쟁점 … 심도 있는 논의 진행 중"," 2021. 7. 1.

에너지경제, "신규 석탄발전, 전력시장 진입해도 제도 개편 없으면 말라죽는다," 2021. 11. 25.

에너지데일리, "연료통합 단일BM계수 적용시 민간 대기업에 1조6000억원 특혜," 2020. 10. 7.

에너지신문, "'멸종' 앞둔 석탄발전, 끝이 아닌 '새로운 시작'," 2022. 1. 13.

_____, "노후 석탄화력 조기폐쇄, 급해진 발전사들," 2020. 4. 14.

_____, "석탄발전 배출권 연료통합 BM 할당, 지금은 무리," 2020. 9. 22.

연합뉴스, "홍남기, 신규 석탄발전소 7기, 2050년 이전 조기중단도 검토," 2020. 4. 21.

이투뉴스, "[기자수첩] 정치가 점령한 에너지정책," 2021. 11. 29.

_____, "[칼럼] 석탄발전 감축을 통한 미세먼지저감은 에너지정책인가," 2018. 2. 26.

_____, "가스발전도 좌초자산화 경고등 켜졌다," 2021. 3. 29.

_____, "석탄잡는 직도입가스⋯ 환경급전 가속화," 2020. 9. 7.

_____, "누더기 전력시장 규제, 곪아터져 法분쟁으로 비화," 2019. 3. 9.

_____, "전력거래소, CBP→PBP 전환 논의 본격화," 2020. 9. 21.

전기신문, "'석탄발전 상한제' 본격 시행 지연⋯발전부문 온실가스 저감 혼선 우려," 2022. 2. 16.

전기저널, "발전용 연료 세제 개편과 향후 전망," 2019. 10. 2.

_____, "매몰비용 집단 지성 발휘된 신고리 5·6호기 공사 재개 결정," 2017. 10. 21.

충청신문, "박완주, 화력발전 지역자원시설세 100%인상 법률안 국회 통과," 2021. 12.

한겨레, "독일 헌재 "온실가스 감축 부담, 미래세대로 넘기면 위헌," 2021. 4. 30.

_____, "신규 석탄발전소 7곳 가동되면 온실가스 감축 노력 물거품 돼," 2021. 8. 25.

한경경제, "환경부, 에너지 정책에 '개입'⋯불편해진 산업부," 2019. 11. 26.

(2) 해외

GRIST, "The scientist who first warned of climate change says it's much worse than we thought," 2016. 3. 22.

The Guardian, "Stern: Climate change a 'market failure,'" 2017. 10. 29.

The Japan Times "A lesson in energy diversification," 2013. 11. 1.

TIME, "President Obama Takes the Lead on Climate Change," 2015. 8. 6.

VOX, "Trump's EPA just replaced Obama's signature climate policy with a muchweaker rule," 2019. 5. 19.

5. 판례

(1) 국내

대판 1984. 5. 29. 선고 84도554.
대판 1985. 9. 24. 선고 85다카644, 8645.
대판 1993. 7. 13. 선고 93누2131.
대판 1995. 5. 23. 선고 94마2218.
대판 1998. 4. 24. 선고 97누1501.
대판 1998. 9. 4. 선고 97누19588.
대판 2001. 9. 28. 선고 2000두8684.
대판 2002. 11. 8. 선고 2001두1512.
대판 2005. 4. 28. 선고 2004두8828.
대판 2019. 10. 17. 선고 2018두104.
대판 2021. 7. 22. 선고 2020다248124.
서울중앙지판 2020. 12. 11. 선고 2017가합23139.
서울행판 2017. 2. 2. 선고 2015구합55370.
서울행판 2020. 1. 10. 선고 2018구합53344.
서울행판 2020.9.18. 선고 2018구합60793.
헌결 1989. 12. 22. 88헌가13.
헌결 1990. 6. 25. 89헌마107.
헌결 1992. 6. 26. 90헌바26.
헌결 1993. 7. 29. 92헌바20.
헌결 1995. 2. 23. 92헌바14.
헌결 1998. 12. 24. 89헌마214
헌결 1999. 10. 21. 97헌바26
헌결 1999. 4. 29. 94헌바37.
헌결 1999. 7 .22. 97헌바76.
헌결 2002. 7. 18. 99헌마574.
헌결 2003. 4. 24, 99헌바110.
헌결 2005. 3. 3. 2003헌마930.
헌결 2009. 4. 30. 2006헌바66
헌결 2013. 6. 27. 2011헌마315.

헌결 2015. 4. 30. 2013헌마666.
헌결 2016. 2. 25. 2015헌바191.

(2) 해외

Bendix Autolite Corp. v. Midwesco Enters., Inc., 486 U.S. 888, 897 (1988).
BverfG Beschl.v.24.3.2021, 1 BvR 2656/18, 1 BvR 78/20, 1 BvR 96/20, 1 BvR 288/20.
Church of the Holy Trinity v. United States, 143 U.S. 457 (1892)
City of Los Angeles v. NHTSA 912 F.2d 478 (D.C. Cir. 1990).
International News Service v. Associated Press, 248 U.S. 215 (1918).
Massachusetts v. EPA, 549 U.S.497 (2007).
Morrison v. Olson, 487 U.S. 654, 706 (1988).
Office of Communication of the United Church of Christ, Petitioner, v. Federal
    Communications Commission and United States Of America, Respondents, 465
    F.2d 519 (D.C. Cir. 1969).
Palmore v. Sidoti, 466 U.S. 429 (1984).
Scenic Hudson Preservation Conference v. Federal Power Commission, 453 F.2d 463
    (1971).
Utility Air Regulatory Group v. EPA, 573 U.S. 302 (2014).
Urgenda Foundation v. The Netherlands, HR. 20 Dec. 2019, ECLI:NL:HR:2019:2007.

박진영

現 한국법제연구원 초청연구원
서울대학교 법과대학 대학원, 법학박사(환경법)
Science Policy Research Unit, University of Sussex, UK, Master of Energy Policy
일본 法政대학교 법률학과, 법학사

탈석탄의 법정책학:
삼부의 권한배분과 전환적 에너지법에 대한 법적 함의

초판 인쇄 2023년 10월 10일
초판 발행 2023년 10월 17일

저 자 박진영
펴낸이 한정희
펴낸곳 경인문화사
등 록 제406-1973-000003호
주 소 경기도 파주시 회동길 445-1 경인빌딩 B동 4층
전 화 (031) 955-9300 팩 스 (031) 955-9310
홈페이지 www.kyunginp.co.kr
이메일 kyungin@kyunginp.com

ISBN 978-89-499-6742-4 93360
값 23,000원

서울대학교 법학연구소 법학 연구총서